高职高专公共基础课系列教材

演讲与口才

刘晓燕／主　编

清华大学出版社

北京

内 容 简 介

本书立足于培养学生的操作技能、工匠精神、创新思维、较强的就业能力和可持续发展能力,着重介绍了职业教育教学特点,注重教学内容的实用性、操作性,在编写体例及内容的选择上进行了创新,设置了认识演讲与口才,演讲与口才基础,命题演讲,即兴演讲,社交口才,面试口才6章内容。每章就是一个训练单元,由课程思政要求、学习目标、案例导入、演讲与口才的基本知识、课后练习等构成。为增强演讲与口才基本知识的可读性、趣味性和指导性,在每章的基本知识介绍中设立了"小故事""小贴士""小训练"等栏目。通过本书的学习和训练,将全面提升大学生及普通读者的演讲与口才素质。

本书可作为应用本科和高职高专院校"演讲与口才"课程的教材,也可作为企事业单位的培训教材,还可作为演讲与口才爱好者的自学读物。

图书在版编目(CIP)数据

大学生演讲与口才/刘晓燕主编. —北京:清华大学出版社,2021.5(2024.1重印)
高职高专公共基础课系列教材
ISBN 978-7-302-56343-3

Ⅰ.①大… Ⅱ.①刘… Ⅲ.①演讲-高等职业教育-教材 ②口才学-高等职业教育-教材
Ⅳ.①H019

中国版本图书馆 CIP 数据核字(2020)第 167351 号

责任编辑:张龙卿
封面设计:范春燕
责任校对:赵琳爽
责任印制:丛怀宇

出版发行:清华大学出版社
   网 址:https://www.tup.com.cn,https://www.wqxuetang.com
   地 址:北京清华大学学研大厦 A 座   邮 编:100084
   社 总 机:010-83470000   邮 购:010-62786544
   投稿与读者服务:010-62776969,c-service@tup.tsinghua.edu.cn
   质量反馈:010-62772015,zhiliang@tup.tsinghua.edu.cn
   课件下载:https://www.tup.com.cn,010-83470410
印 装 者:三河市龙大印装有限公司
经 销:全国新华书店
开 本:185mm×260mm   印 张:15   字 数:340 千字
版 次:2021 年 5 月第 1 版   印 次:2024 年 1 月第 2 次印刷
定 价:49.00 元

产品编号:087204-01

前　言

　　竞争日益激烈的当今社会,演讲与口才已经成为一个人成功的必备能力之一。没有演讲与口才能力,不善于表达,缺乏交际和沟通能力,是大学生求职失利和职场发展不利的一个重要因素。令人欣慰的是,近年来不少高职院校开始注重加强学生演讲与口才能力的提升,积极推进相关教学改革,演讲与口才类课程甚至成为大学生们的必修课。为适应新的教学方式,帮助大学生了解演讲与口才的基本理论,提高实用口才技能,为学生全面可持续发展夯实基础,我们编写了这本书。

　　本书以提高学生整体素质为目的,以增强学生实践能力为本位,兼顾知识教育、素质教育和能力教育。在编写上以理论为指导,以训练为主线,力图为高职院校教师提供一套科学实用的演讲与口才训练教材,为学生提供一份切实有效的训练手册。本书共6章,内容包括认识演讲与口才,演讲与口才基础,命题演讲,即兴演讲,社交口才,面试口才。全书将实例与理论相结合,案例新颖、鲜活、生动、典型,给人强烈的时代感。每章都设计了大量训练题和练习题,力求系统、科学,针对性强。通过学习和训练,启发学生进行深入思考,调动学生"说"的兴趣,使学生掌握演讲与口才的基本要领和技巧,全面提高演讲与口才的素养和能力。

　　本书由刘晓燕担任主编,孙小杰担任副主编。具体分工为:刘晓燕编写第一章、第二章和第三章;孙小杰编写第四章和第五章;张岩松、孙小杰编写第六章。本书由刘晓燕、孙小杰制作PPT课件、习题答案等教学辅助素材并统稿。

　　在本书的编写过程中参考了大量文献以及网络资源,在此向各位作者、各位专家、各位同人表示衷心的感谢。

　　鉴于编者水平所限,书中难免存在疏漏之处,恳请诸位读者批评指正!

编　者

2021年1月

目　录

第一章 认识演讲与口才

口者,心之门户也。心者,神之主也。志意、喜欲、思虑、智谋,此皆由门户出入。故关之以揵阖,制之以出入。

——鬼谷子

对我们每个人而言,言谈本身是文化修养最可靠的标志。

——[古希腊]伊索克拉底

课程思政要求

- 进行社会主义核心价值观教育;
- 进行爱国主义教育;
- 开展诚信教育、法律意识教育和道德意识教育;
- 塑造职业形象,提高职业素养;
- 促进学生全面发展。

学习目标

- 提高对演讲与口才的认识;
- 掌握演讲的含义、特征、作用和类型;
- 掌握口才的含义、要素、标准和类型;
- 明确口才能力的构成;
- 掌握口才的特征和作用。

案例导入

口才是把"双刃剑"

《伊索寓言》里有这样一个故事:有一天,主人在家设宴,来参加宴会的宾客很多都是哲学家,主人令奴隶伊索准备最好的菜肴待客。伊索认真思考了主人的要求,去收集了很多种动物的舌头,精心准备了一场舌头宴。就餐时,酒菜端上桌,主人一看非常吃惊,问道:"这就是最好的菜?"伊索从容地答道:"主人让我为各位尊敬的客人准备最好的菜肴,舌头是传授道理、学问的关键,一切最动听、最美妙的声音不都是从舌头发出来的吗?对于这些哲学家来说,舌头难道不是最好的菜吗?"客人听后觉得很有道理,都露出赞许的笑容。主人不甘心地吩咐伊索说:"明天我还要再办一次酒席,你去准备吧,这回的菜要最坏的。"

第二天,伊索把菜端上来,主人一看,依然是满桌子的舌头做成的菜。主人大发雷霆,斥问伊索为什么要这样做。伊索还是从容地回答:"舌头能编造一切谎言,世界上一切的

>>>>>>>>>

坏事都是通过舌头去教唆他人做的。所以,舌头不仅是世界上最好的东西,同时也是世界上最坏的东西啊!"主人听后,虽然很生气,但也无话可驳。

问题:

(1) 这个故事说明了什么道理?

(2) 你认为口才对你来说重要吗?为什么?

(3) 如何谙熟口才这门艺术?

第一节　认 识 演 讲

演讲又称演说、讲演,是人类社会一项非常重要的活动。演讲一词源于英文 oration,日本学者福泽谕吉后来把它译成"演讲",逐渐沿用至今。在现代,随着人们交往范围的扩大、娱乐生活的丰富,人们把当众演讲视为一种扩大的交流沟通形式。本节着重探讨一下有关演讲的基本问题。

正确认识演讲,必须首先确立正确的演讲观,唯有正确的演讲观,才能透过演讲现象,认清演讲区别于其他口语形式的本质属性,才能恰当而准确地掌握其内部的规律和特点,以便驾驭它,发挥其最大的社会效益和作用。

一、演讲的含义

【小训练 1-1】

怎样给演讲下一个科学的定义?

演讲是人类的一种社会实践活动,具有综合性、直观性、现实性和艺术性,这是它的主要特征。作为演讲活动,它必须具备四个条件,即演讲者(主体),听众(客体),沟通主、客体的信息,以及主、客体同处一起的时境(时间环境),这四者缺一不可。也就是说,离开任何一个条件,都不足以揭示出演讲的本质属性。因为任何一种带有艺术性的活动,都有自己独特的物质传达手段和自身特殊的规律,并揭示着自身活动的本质特点。演讲活动自然也不例外,演讲者要想通过发表自己的意见,陈述自己的观点和主张,达到影响、说服、感染他人的目的,就必须运用与其内容相一致的传达手段。演讲的传达手段主要有有声语言、态势语言和主体形象几个方面。

1. 有声语言

有声语言即演讲之"讲",是演讲活动最主要的一种表达手段,是信息传递的主要载体,由语言和声音两种要素构成。它以流动的声音运载思想情感,直接诉诸听众的听觉器官,产生效应。

我们对演讲这种有声语言的要求是:吐字清楚、准确;声音清亮、圆润、甜美;语气、语调、声音、节奏富有变化;要注意形式美和内容美。演讲的有声语言还具有时间艺术的某些特点,是听众听觉的接受对象和欣赏对象。

2．态势语言

态势语言即演讲之"演"，就是演讲者的姿态动作、手势、表情等体态语的表现。它是流动着的形体动作，辅助有声语言运载着思想和感情，诉诸听众的视觉器官，产生效应。由于态势语言是流动的，因此，它存在于一瞬间，转眼即逝，这就要求它准确、鲜明、自然、协调和优美，要有一定的表现力和说服力，这样，才能使听众感受形式美的"演"，从而在心里引起美感，并得到启示，产生共鸣。它具有空间艺术的某些特点，是听众理想的接受对象和欣赏对象。然而，态势语言虽然加强着有声语言的感染力和表现力，弥补着有声语言的不足，但如果离开了有声语言，也就没有了直接地、独立地表达思想情感的意义了。

这里值得注意的是，无论是有声语言还是态势语言，它们既不同于其他现实中的有声语言和态势语言，因为它们都带有一定的艺术性；也不同于舞台艺术中的有声语言和态势语言，因为它们不是纯艺术。

3．主体形象

演讲者是以其自身形象出现在听众面前进行演讲的，这样他就必须以整体形象，包括体形、容貌、衣冠、发型、举止神态等，直接诉诸听众的视觉器官。其主体形象的美与丑、好与差，在一般情况下不仅直接影响着演讲者思想感情的传达，而且直接影响着听众的心理情绪和美感享受，这就要求演讲者在自然美的基础上要有一定的装饰美。而这种装饰美是以演讲者本人为依托的现实的装饰美，它绝不同于舞台艺术的性格化和艺术化的装饰美。这就要求演讲者注意装饰的朴素、自然、轻便、得体，并注意举止、神态、风度的潇洒、大方、优雅，只有这样才有利于思想感情的传达，有利于取得演讲的良好效果。

演讲就是靠着这些手段，组成了一个综合、统一完整的传达系统，达到演讲的目的。在这综合的传达系统中，缺少任何一个因素都不能构成演讲活动。如果只有"讲"而没有"演"（包括主体形象），只作用于听众的听觉器官而不作用于听众的视觉器官，就会缺少动人的主体形象及表演活动，即缺少实体感；而如果只有"演"而没有"讲"，对大多数人而言，总是令人难以理解。所以，"讲"与"演"这两个演讲的要素是缺一不可的，只有将它们和谐地、有机地统一在一起，才能构成完整的演讲传达手段，并圆满地完成演讲任务。

然而，"演"与"讲"在演讲实践活动中传递信息的时候并不是平分秋色、各占一半，二者要和谐统一。但不是一加一等于二的统一，而是以"讲"为主，以"演"为辅，使听众既用听觉又用视觉；同时演讲是兼有时间性和空间性艺术特点的综合的现实活动，这才是演讲的本质属性，这也是演讲区别于其他现实口语表达形式和艺术口语表达形式的关键所在。

可是，在现实的演讲活动中，由于有人忽视了演讲的本质属性，经常出现以下两种错误倾向。

（1）不讲艺术性。长期以来，由于许多演讲者不注重演讲艺术的研究，使我们见到的多是严肃的、呆板的、没有说服力的报告。一些演讲者只重视演讲的实用性，而忽视了它的艺术性；同时由于缺乏艺术性，实用性效果也会减弱。

（2）追求表演化的倾向。有的演讲者在讲台上往往追求相声、评书及朗诵等表演艺术形式的效果，而认识不到演讲是一种现实活动，忘记了它的实用性，没有区别演讲艺术与表演艺术的本质不同，结果破坏了演讲应有的真实效果及其严肃性。

【小训练 1-2】

请思考演讲与朗诵、报告、讲课、交谈等口语表达形式有何区别？

演讲学家邵守义认为："任何一种蕴含艺术性的活动，都有其独特的物质传达手段，形成自己的特殊规律，揭示自身活动的本质特点。"那么，什么是演讲"独特"的手段、"特殊"的规律、"本质"的特点呢？有比较才有鉴别，我们不妨将演讲与其他口语表达形式做个比较。①

首先，演讲不同于朗诵。两者属于不同的范畴。朗诵属表演艺术，为演而讲，侧重于欣赏性；而演讲属实用艺术，为讲而演，侧重于宣传鼓动性。

其次，演讲不同于一般的报告。两者虽然都是面对听众发表讲话，但内容的侧重点不同。报告的内容注重政策性、权威性、指导性，而演讲的内容更注重典型性、鲜明性。

再次，演讲不同于讲课。教师讲课的口语讲究启发性、科学性，而演讲的口语更注重技巧性、生动性。另外，态势语是演讲的辅助表达形式，既可以即兴发挥，又讲究刻意设计，而讲课却没有刻意设计这样的要求。

最后，演讲不同于一般的交谈。一般交谈无主体（演讲者）、客体（听众）之分，谁都可以发表观点，任何地点都可以进行；而演讲必须是演讲者面对听众系统地表明自己的观点，且受时空条件的限制，比一般交谈更具严肃性。

综上所述，演讲的定义可以做如下表述：演讲是在特定的时境中借助有声语言（主要手段）和态势语言（辅助手段），针对社会现实和未来的某个具体问题，面对广大听众发表见解和主张，阐明事理或抒发情感，从而达到感召听众并促使其行动的一种现实信息交流活动。

【小故事 1-1】

周恩来练演讲

1913 年周恩来在天津南开中学读书，第一次演讲的时候，他的苏北口音比较重，再加上缺乏演讲的经验，所以上台的时候非常紧张，演讲效果不好。为了提高自己的演讲水平，周恩来针对初次登台暴露的弱点，从内容、声音、仪表、姿态等各方面进行了专门的训练。之后，不论在多么复杂的情况下，他的演讲都是立论精辟、生动感人的，他的气质和形体都给人带来了一种美的享受，具备了政治家、活动家和外交家的大雅风范。

（资料来源：佚名.怎样成为一个演讲高手 [EB/OL].[2018-01-10].https://kaoshi.china.com/wap/kcpx/zl_1482968.html.）

---

① 史钟锋,张传洲.演讲与口才实训 [M].南京：东南大学出版社，2015.

二、演讲的特征

作为应用性很强的演讲活动,它到底有哪些特征呢?这是每一位从事演讲的人都必须了解和掌握的。只有了解和掌握了演讲的特征,才能有效地提高演讲水平,达到演讲的真正目的。具体来说,演讲具有以下特征。

1．现实性

演讲活动属于现实活动的范畴,而不属于艺术活动的范畴。它是演讲者通过对社会现实的判断和评价,直接向广大听众公开陈述自己的主张和见解的一种现实活动。

首先,从反映的对象来看,一个人当众演讲,关键就在其内容的思想性、原则性、准确性、鲜明性,帮助听众弄清复杂的社会现象,解决某一问题;或者提出一个问题,分析问题,然后解决这个问题。就其反映的对象来看,是现实的真实而不是艺术的真实;就其表现的手段来说,是通过判断、论证、推理和一些逻辑手段,而不是通过形象来表现的。

其次,从演讲者的活动来看,演讲者是现实中的自己,走到讲台仍然是他自己,面向广大听众公开发表自己的主张和观点。另外演讲者总是一身数职,既是演讲词的作者,又是演讲的指导者(导演),还要自己完成演讲,自始至终表现出演讲者的独创精神和演讲风格。

最后,从表现形式上看,演讲是以讲为主、以演为辅的形式,直接抒发情感,公开陈述演讲者的主张。

2．艺术性

演讲是现实活动,但它优于一般现实的口语表达形式,是应用性很强的现实活动。但应该指出,演讲也是一门艺术,是通过有声语言和态势语言相结合所显示出来的艺术,或者称之为言(有声语言)态(态势语言)表达艺术。

另外,演讲之所以优于其他现实口语的表达形式,并且有较大魅力,还因为它不仅是由多系统(如声音系统、表演系统、主体形象系统、时境系统等)要素构成的综合实践活动,而且在于它使这些系统的要素有机结合而形成了自己的特点。

首先,具有统一的整体感。在演讲中,缺少任何一个系统都构不成演讲,任何一个系统如果脱离了演讲的整体,就失去了它作为演讲的一部分的意义和作用,在整个演讲活动中,正是由于各系统互相联系、互相配合、互相渗透,才给人一个统一的整体感。

其次,具有协调感。演讲活动各系统的每一个要素不仅为了演讲的总目标积极地发挥着自己的功能和作用,而且它们这种功能和作用总是靠着它们之间的默契配合、协调一致来完成总目标。

最后,各系统要素富于变化。演讲的各个要素总是能根据主题和情感的需要而变化,始终给听众一种新颖感,并扣动听众的心弦,比如声音的抑扬顿挫、速度的快慢变化、态势语言的多种姿态与变化等。当然,这种变化在一定的目的支配下,是有组织、有设计的,否则会显得一片混乱。

3. 鼓动性

鼓动性是演讲的又一个特征。作为一次成功的演讲,是离不开鼓动性的,或者说没有鼓动性,也就不称其为演讲了。

古希腊的德摩斯梯尼作为一位民主政治家和爱国主义者,当他认识到雅典公民们的麻木时,发表了一连串的《斥腓力演说》。他以满腔的爱国热情和对敌人的愤怒,奔走呼号,唤醒同胞,抗击侵略者,拯救祖国。使所有听众为之惊醒、为之激愤,并团结起来投身到反侵略的斗争中,这就是他演讲的威力,是演讲的鼓动性所致。政治演讲也好,学术演讲也罢,不管什么样的演讲,都具有鼓动性。演讲之所以具有鼓动性,有以下三个方面的原因。

首先,一切正直的人,都有追求真、善、美的强烈愿望,都有渴求知识的愿望。而演讲的目的就是要传播真、善、美,就是要传播知识,开启人们的智慧、陶冶人们的情操,在这一点上,演讲者与听众之间很容易沟通,并能建立起共识,听众自然愿意听,并愿意为追求真理而献身。

其次,演讲在传播真、善、美和知识的时候,总是包含着炽烈的情感。“感人心者莫先乎情”,演讲者总是以自己的情感之火去点燃听众的情感之火,以自己炽烈的情感之手去拨动听众的心弦,从而使其动情,引起共鸣,达到影响、征服听众的目的。

最后,演讲的直观性加强了它的鼓动性。任何一次演讲都是在特定的时空下进行的,演讲者不仅能看到所有的听众,而且听众也能看到演讲者。演讲过程的自始至终,双方总是在进行着直接的思想交流,演讲者不仅要随时观察着听众的情绪、反应,而且必须及时地根据听众的反应随时调节自己的演讲,使其更能说服听众,以达到演讲的最理想效果。

就是基于上述三个方面,才使演讲更具有鼓动性。德摩斯梯尼曾经对他的朋友说过:“你所讲的,只令人说个好字,但我却能使听的人一起跳起来,众口同声地说:‘让我们去抵抗腓力。’”著名的军事统帅拿破仑也是鼓动的能手。有一次他在对一支需要整顿的部队演讲时说:“士兵们,你们没有衣服穿,吃得也不好,我想带你们到世界最富庶的国家去。”几句话说得士兵们顿时振奋起来,战斗力大增,打了一个大胜仗。由此可见,鼓动性也是演讲取得成功的重要因素。

【小贴士 1-1】

关于无偿献血的动员演讲

某大学书记在动员大学生无偿献血时,这样对大家演讲,他说:“同学们,今天大会的中心内容就是号召大家无偿献血。在这里我不想过多讲这一活动的意义,只想先消除大家的几个疑虑。第一,在正规采血站献血不会传染疾病。不可否认,有些人的确在献血时染上了病毒,可他们去的是没有严格消毒措施的黑采血站。但我们不会,因为我们用的是国家正规采血站的采血车,有不被感染的保证。第二,有些人怕抽血后会影响身体健康,这点不用担心。一是我们抽血的量较少,二是采血前还要经过严格的健康检查。如果不信,可以问一下我们献过血的同学;也可以看看我,我献过三次血,身体依然倍儿棒。第三,有人说,献血是自愿的,血库也不缺我这点儿血。更何况现在血库告急,医院血源紧缺。在这里,我想把我昨天去胸科医院时见到的真实情况告诉大家。有一位患心脏病需要做搭桥手术的老师在那里住院,就是因为没有血源不能马上手术。他曾是下乡知青,没结过婚,现在只有一位80多岁的老母亲和一位患病的老姐姐,没有亲人能为他献血,医生只好推迟手术时间。医生说,如果不尽快手术,他的生命随时都有危险。同学们,我相信你们都不是自私的人,如果是你们的家人需要血,你们一定会毫不犹豫地挺身而出;如果是你们的老师需要血,你们也能伸出自己的胳膊。但这还不够啊,如果能为社会上不认识的人无偿献血,那才更能展示我们当代大学生的高尚品格啊!现在血库告急,医院告急,患者告急,我相信,大家决不会无动于衷。同学们,不要犹豫,不要观望,勇敢报名吧!我们的口号是:抽出有限的血,献出无限的爱,现在就看我们的行动了!"他的话音刚落,同学们纷纷开始报名。[①]

4.工具性

演讲是一门科学,是一门艺术,也是一个工具。语言是人们交流思想的工具,演讲从某种意义上说是语言的艺术,自然它也是人们交流思想的工具。也可以这样说,任何思想、任何学识、任何发明和创造,都要借助于演讲这个工具加以传播之后,才能使人们了解,因此,演讲是最普遍、最基本的传播手段和工具之一。大家知道,黑格尔的《美学演讲录》是由他为大学开课的讲稿发展而成的。马克思《资本论》中的某些基本思想和观点,是他先在工人中演讲过的。物理学家杨振宁、李政道的学术思想也是借助演讲进行了广泛传播。

总之,各行各业、各种身份的人,都可以利用演讲这个工具来进行信息的交流,而且这个工具是最经济、最实用、最方便的。正如秋瑾女士在《演说的好处》一文中所说的那样:一是"随便什么地方,都可以随时演说";二是"不要钱,听的人必多";三是"人人都能听得懂,虽是不识字的妇女、小孩子,都可听的";四是"只需三寸不烂的舌头,又不要兴师动众,捐什么钱";五是"天下的事情,都可以晓得"。

可见演讲的好处很多。每一位渴望成功的人士,都应学会使用这个工具。

5.灵活性

演讲根据现实生活需要,可以在不同场合,面对不同听众,以不同的内容按不同的程序由不同的人来进行。这就使得演讲具有了"灵活性"的特征。

演讲的灵活性,首先表现在演讲的题材广泛,政治、军事、外交、法律、学术、道德及其他社会问题和人际交往,都可以作为演讲的题材。其次从演讲者和听众来说,也具有很大的灵活性,演讲不受性别、年龄、职务、学历等限制,谁都可以讲,谁都可以听。再次演讲的形式灵活简便,不需要过多的辅助条件和复杂的准备工作,礼堂、课堂、操场、赛场等都可以成为演讲场地。

---

① 孙玉茹.鼓动性演讲中的"煽情"艺术 [J].领导科学,2005(10).

【小贴士 1-2】

林肯在葛底斯堡国家烈士公墓落成典礼上的演说

87年前,我们的先辈们在这个大陆上创立了一个新的国家,它孕育于自由之中,奉行人生来平等的原则。现在我们正从事一场伟大的内战,以考验这个国家,或者任何一个孕育于自由和奉行上述原则的国家是否能够长久存在下去。我们在这场战争中的一个伟大战场上集会。烈士们为使这个国家能够生存下去而献出了自己的生命,我们来到这里,是要把这个战场的一部分奉献给他们做最后安息之所。我们这样做是完全应该而且是非常恰当的。

但是从广义上来说,这块土地我们不能够奉献、圣化、神化。那些曾在这里战斗过的勇士们,活着的和去世的,已经把这块土地神圣化了,这远不是我们微薄的力量所能增减的。我们今天在这里所说的话,全世界不会注意,也不会长久地记住,但勇士们所做的事,全世界却永远不会忘记,毋宁说,倒是我们这些还活着的人,应该在这里把自己奉献于勇士们已经如此崇高地向前推进但尚未完成的事业;倒是我们应该在这里把自己奉献于仍然留在我们面前的伟大任务——我们要从这些光荣的死者身上汲取更多的献身精神,来完成他们已经完全彻底为之献身的事业;我们要在这里下定最后的决心,不让这些死者白白牺牲;我们要使国家在上帝福佑下得到自由的新生,要使这个民有、民治、民享的政府永世长存。

点评: 葛底斯堡战役是美国南北战争的转折点。为了纪念这次战役中的阵亡将士,1863年11月19日,举行了葛底斯堡公墓落成典礼,美国总统林肯发表了这段不到3分钟的著名演讲。这篇演讲被铸成金文保存在英国牛津大学,被誉为演讲中的经典之一。

提示: 美国华盛顿林肯纪念堂的林肯像以及镌刻在墙壁上的这篇演讲词如图1-1所示。

图1-1   美国华盛顿林肯纪念堂的林肯像和镌刻在墙壁上的演讲词(张岩松摄)

<<<<<<<<<

三、演讲的作用

演讲之所以备受人们重视,是由于它有着强烈而广泛的社会作用,无论演讲者还是听众,在演讲活动中都能得到教益、受到启发。归纳起来演讲的作用主要体现在以下两个方面。

1．对演讲者的作用

(1)全面提高。演讲家都不是天生的,而是后天实践造就的,是经过多方面艰苦努力才成功的。只有通过不断地学习和艰苦地磨炼,才能具备站在时代前沿的精深思想、渊博学识和丰富阅历,才能拥有敏锐的观察力、敏捷的思维能力、准确的判断力、迅速的应变力和较强的记忆力。在长期不懈的学习与磨炼中,一个人即使没有成为演讲家,他的思想、学识和智能也会得到极大的锻炼和提升。

(2)融洽关系。演讲家经过长期训练和实践所练就的本领,不仅在演讲台上可以表现为有文雅的举止和出众的口才,在日常交际生活中,其丰富的学识、敏捷的应对、良好的修养也很容易冲破人际关系的种种障碍,比一般人更能迅速且有效地与他人交往和沟通。而演讲本身也是一种比较高级的社交形式,通过演讲,演讲家可以广泛地接触社会各阶层、各地区人士,扩大自己的交际面。

(3)展示自我。现代人为了更好地生存与发展,需要适时地展示和推销自我。对于演讲者而言,演讲活动正是这样一个舞台,它可以让演讲者充分展示自己的语言、思想、情感、愿望、意志、能力、人品以及仪表、服饰、风度、气质等,使自身的才华得到他人的认可和欣赏,为自己的全面发展奠定良好的社会基础。

2．对听众和社会的作用

(1)教育激励。一次成功的演讲可以传递大量的知识文化信息,听众在接受这些知识信息的同时,思想受到熏陶、情感受到激发,对工作、学习和事业的责任感被唤起,内在的主动性、积极性和创造性迅速得到提升,因此,演讲是一种很好的教育手段。例如,南开大学创建人张伯苓在国家危亡之际所做的题为《中国之希望》的演讲,在全中国发出了振聋发聩的"中国不亡吾辈在",引起了包括张学良在内的东北各界人士的强烈反响,为东北抗日救亡运动提供了巨大的精神鼓舞。如演说类节目《我是演说家》第一季的冠军刘媛媛的演讲《寒门贵子》被广泛转载,直到现在这篇演讲仍然是一线教师对学生进行励志教育的重要素材。刘媛媛以"寒门贵子"的身份来向社会做这样一次演讲,她用自己的行动展现了中华民族自强不息的民族精神,更体现了我们社会对于"自由、平等"的价值追求。可见,好的演讲可以启迪人心、传播文化、宣传真理、祛邪扶正,把人类社会推向理想境界。

(2)合理调适。演讲的调适作用表现在两个方面,即心理调适与社会调适。心理调适就是通过演讲解答人们的思想问题,消除心理障碍,克服心理疾病,达到心理平衡,保持良好心态。社会调适就是通过演讲分析社会问题,克服社会弊端,确立社会价值取向,实现社会协调发展。调适功能主要通过演讲的信息反馈来实现。通过反馈,我们就能把握发展趋势和潜在问题,从而采取有效措施,保障社会机制正常运行和个人心理健康发展。

>>>>>>>>

（3）传播信息。随着知识经济时代的到来，人们对知识的渴望越来越迫切。演讲作为一种比较高级的语言表达形式，能最大限度地发挥语言在传播知识、探讨学问、宣传成果、交流经验等方面的作用。在特定时境作用下，演讲能对人体感官做多重的综合刺激，充分调动人们的注意力，促进人们的思维活动，并且使听众在情绪、情感、意志等方面同时受到影响，从而加深对演讲所传播的科学知识的理解，增强学习效果。因而，演讲始终是传播科学文化知识、提高人们文化素养的重要形式。

【小贴士 1-3】

乔布斯演讲的魔力——三个故事　激励人心

在当代的商业领袖中，史蒂夫•乔布斯是一位伟大的演讲者，说他是演讲大师也不为过。让我们来看一看乔布斯 2005 年在斯坦福大学的精彩演讲："我今天很荣幸能和你们一起参加毕业典礼，斯坦福大学是世界上最好的大学之一。我从来没有从大学中毕业。说实话，今天也许是在我的生命中离大学毕业最近的一天了。今天我想向你们讲述我生活中的三个故事。不是什么大不了的事情，只是三个故事而已。"演讲的开头，乔布斯开门见山，言简意赅，没讲什么大道理，"我想向你们讲述我生活中的三个故事"这句话是那么的真实、自然，一下子就抓住了人们的好奇心。

第一个故事是如何把生命中的点点滴滴串联起来。在这个故事中，他回忆了自己的身世、生活及所思所想：大学没读完就辍学的他，一开始也犹豫过、担心过，但是，人们不应该为过去的事情而后悔，应该勇敢地往前走，坚信自己的信念和追求。

第二个故事讲的是爱和失去。因为内部纷争，自己被迫离开一手创办的公司，这个打击几乎是毁灭性的。但是一个人可以被毁灭，不可以被打败。乔布斯向我们阐述了一个道理：我们一定要热爱自己的工作，不要丧失信心，"你要去发现你所热爱的""一直去寻找直到你找到为止，不要将就"。

第三个故事是关于死亡。经历了与病魔的抗争之后，乔布斯变得豁达而安详，也更加积极进取，他告诫自己要把每一天都当成生命的最后一天，要好好地珍惜生命、珍惜生活。

最后，乔布斯以一段总结性的句子结束演讲："你们的时间很有限，所以不要将它们浪费在重复其他人的生活上。不要被教条束缚……不要被其他人喧嚣的观点掩盖你内心真正的声音。还有最重要的是，你要有勇气去听从你直觉和心灵的指示。"没有华丽的语言、没有煽情的语调，有的是发自肺腑的感情和真心实意的感慨，乔布斯用自己的三个故事来诉说他对工作的热爱、对生命的感悟，这样的演讲朴实无华又激励人心。

（资料来源：佚名 . 魔力演讲的三个故事 [EB/OL].[2010-09-07].https://book.douban.com/review
/3650670/）

【小训练 1-3】

请谈谈你心目中印象最深刻的一次演讲，并说明你有哪些收获。

四、演讲的类型

演讲的类型是根据演讲内容或形式等不同标准所划分的演讲类别。演讲有多种分类，分类的标准也不同。了解和掌握演讲的各种不同类型，有助于全面、深刻地从整体上认识演讲的本质和作用，对人们具体地组织和参加演讲活动有一定的指导意义。

按演讲形式分类，演讲有命题演讲、即兴演讲和论辩演讲；按演讲内容分类，有政治演讲、学术演讲、法庭演讲、军事演讲和礼仪演讲等；按演讲风格分类，有激昂型演讲、质朴型演讲、活泼型演讲、淡雅型演讲和深沉型演讲等；按演讲目的分类，有"使人知"演讲、"使人信"演讲、"使人激"演讲和"使人乐"演讲；按演讲场地分类，有课堂演讲、街头演讲和视播演讲等。

【小贴士 1-4】

演讲相关资源网站

演讲网：http://www.yanjiang.com.cn/

壹演讲网：http://www.wysls.com/

《演讲与口才》杂志官网：http://www.koucai.com.cn/

激情演讲网：http://www.power200.com/Article_list.asp?ClassID=2

校园演讲网：http://www.zgxyyj.cn/h-login.html

校园励志演讲网：http://www.219358.com/

第二节　认 识 口 才

我们天天都在说话，但是未必人人都能把话说好。人才不一定口才好，但是口才好的人一定是人才。一个善于说话的人与他人交流，会表现得准确得体，巧妙有趣，有条不紊，对答如流，一针见血，正所谓"慧于心而秀于口"。培养自己具备良好的口才，有助于你在竞争中抓住机遇，挑战人生。

一、何为口才

（一）口才的含义

口才在《辞源》中的定义为："口才是善于说话的才能。"《现代汉语词典》中的定义为："说话的才能。"它由"口"和"才"两部分组成。"口"是指口语表达能力，"才"则是指可供"口"表达的知识、才学。因此，口才是指人们运用口语表达思想情感、进行沟通交流的才能。在说话、交谈、朗读、论辩、讲课、演讲等现代语言交际活动中，它表现为以个人综合素养（思想品德、知识学问、文学艺术）为基础的规范化的口语表达形式。口才是一个人的道德修养、文化积累、知识结构、思维方式、价值判断、心理素质、语言艺术和仪态仪表等综合素质的集中反映。

>>>>>>>>

（二）口才的要素

口才是人们在交际过程中,因时因地、因人因事地凭借自己的知识和阅历,力求准确地表达自己的态度、见解和感情,以期充分发挥交际功能的口头表达能力,其内涵是很广泛的,它可由胆、情、智、识、知、辩、力、度、思、仪十大要素组成。

所谓"胆"即无私无畏、临场不慌,言其所必言;"情"即真情流露;"智"即驾驭交际场面的能力;"识"即见解、主见;"知"即丰富的知识和阅历;"辩"即不同的场合运用不同的言语表达形式,句式、语气、语速、语势、语体风格运用得当;"力"即感染力、说服力;"度"即言语交际过程中,或赞或贬,或喜或悲,或坦陈或婉言,或精确或模糊,都有程度轻重的问题;"思"即贯穿于言语交际活动全过程的思维活动;"仪"即仪态、神情、举止,即指交际者的仪态神情只有与交际者的性格气质及特定语境中的言语和谐时才能相得益彰。[①]

（三）口才的标准

当一个人的口语表达能力达到一定艺术水平的时候,我们就说这个人有口才。具体标准是怎样的呢? 演讲与口才专家邵守义教授认为可以用以下五个标准来衡量。

一是言之有理。你要说这个人有口才,他讲的话必须是真理,而不是歪理邪说,也不能胡说八道。二是言之有物。所讲的话不是空空洞洞什么也没有,听完会让人觉得真的有收获。三是言之有序。你做报告或者同事间交谈,你说出话来要让人觉得条理清楚。四是言之有文。也就是说要有文采,当你讲出来之后,听众愿意听。为什么有人讲话容易引起大家的笑声,因为他很幽默,也很有文采。五是言之有情。做一个有口才的人,讲起话来总是有感情的,喜、怒、哀、乐全部都可以在你的表达里传达出来,别人一听就为之震撼、为之惊诧、为之欢乐、为之悲伤,可以达到感动听众的目的。归纳起来,就是具备了言之有理、言之有物、言之有序、言之有文、言之有情这五点,我们就说这个人有口才。什么样的人没有口才呢? 很少说话,或一说话就脸红脖子粗、磕磕巴巴。还有一种人没有口才,就是一讲起来喋喋不休、东拉西扯、言之无物,虽然能讲,但是并没有口才,四川叫摆龙门阵,北京叫侃大山,东北叫瞎忽悠,我们不要被这种假象所迷惑,这不是真有口才。

（四）口才的类型

口才的类型是多种多样的。按照功用来分,可以分为交际口才、演讲口才、说服口才、辩论口才、谈判口才等;按照表述方式来分,可以分为叙述口才、讲解口才、抒情口才、质询口才等;按照行业来分,可以分为教师口才、导游口才、司法口才、主持口才、军事口才、外交口才、政务口才、商务口才等。[②]

---

① 张珺. 实用口才 [M]. 南京:南京大学出版社,2013.
② 汪彤彤. 商务口才实用教程 [M]. 北京:中国人民大学出版社,2011.

<<<<<<<<<

二、口才能力构成

从语言交际实践来看,口才能力主要由六个方面的能力构成,即说明能力、吸引能力、说服能力、感染能力、创造能力和控制能力。

1.说明能力

说明能力即把话说得准确明白的能力。把自己心里的想法说出来是口才最基本的要求。要求说话者用词准确,语意明白,语句简洁,合乎语法规范,把客观概念表述得清晰、准确、连贯、得体。实际上能把意思讲准确、讲明白,使听者一听就懂,也是不容易的。例如,有的人懂技术,但不见得就能说出来;有的学者知识渊博,写过不少专著,但一讲起课来,就让人昏昏欲睡。这些都是语言表达能力不佳、说明能力差的表现。

2.吸引能力

吸引能力即通过说话,把别人注意力留住的能力。如何才能使自己的语言具有这种能力呢?

首先,说话要有内容,才能够吸引别人的倾听,要使别人在听你说话的过程中有一些收益或是产生共鸣,这样的说话才是成功的;而别人也才会乐意听你说话,与你交流。同理,一位好的说话者一定是一位特别擅长沟通的人,在自己说话的时候也要学会倾听他人的说话,俗话说:"出门看天色,进门看脸色。"因此,在说话时更要学会看他人听你说话时的表情,以便适时地改变自己说话的内容、语气等,说话时千万不要自说自话,这是最不成功的说话。

其次,说话要注意自己的节奏感,这一点是相当重要的。有些人在说话的时候语速相当快,就像在爆豆子一样,往往他(她)自己说完以后,别人都没有反应过来他(她)到底说的是什么。说话说得慢一些,声音响亮一些,你会发现,人们会更加注意地倾听你的说话,而且他们会感觉你所说的每一句话都是从内心深处说出来的,是经过你慎重考虑后才说出来的,人们会认为你在对自己说的话负责任。其实,说话并不见得比写文章容易,文章写得不好还可以修改,而一句话说出来了,要想修改是比较困难的。我们也常感觉到,即使同一个意思,甚至同一句话,会说话的人,能让人听后眉飞色舞;不会说话的人,则让人感到头昏脑涨。

3.说服能力

说服能力即通过言语的表达,使人心悦诚服的能力。口才好的人,并不一定讲得很多,关键在于他善于察言观色,了解别人的内心,会对症下药,三言两语就能使人折服。说服能力要求言语行为具有明确的目的性。没有目的、漫无边际地讲话是没有任何实际意义的。

对于那些善于操纵说服技巧的人来说,能更清楚地了解对方的思想轨迹及其中的"要害点",瞄准目标,击中"要害",比与对方不停地周旋更有效,它会使你的说服力大幅提高。这一点如果发挥得淋漓尽致,足以成就大事。

> > > > > > > > >

【小故事 1-2】

追　求

一个驼背的小伙子非常固执地爱上了一位商人的漂亮女儿,但商人的女儿却从来没有拿正眼看过他,这主要是因为他古怪可笑且还有点驼背。

一天,小伙子找到商人的女儿,鼓足勇气问:"你相信姻缘天注定吗?"商人的女儿眼睛看着天空答道:"相信。"然后反问小伙子:"你相信吗?"小伙子回答:"我听说,每个男孩出生之前,上帝便会告诉他将来要娶的是哪一个女孩。我出生的时候,未来的新娘便已经配给我了。上帝还告诉我,我的新娘有点驼背。我当即向上帝恳求:上帝啊,一个驼背的女人将是个悲剧,求你把驼背赐给我,再将美貌留给我的新娘。"这番话说完,商人的女儿用一种非常奇怪的眼神看着小伙子,内心深处被某些记忆搅乱了。她把手伸向他,之后成了他十分挚爱的妻子。

(资料来源:佚名 . 口才理论 [EB/OL].[2010-09-07].https://www.taodocs.com/p-103404399.html.)

4.感染能力

感染能力,即用语言感动人的能力,也就是要求讲话人以自己的激情感动听者,获得以情动人的效应。如果说话人感情平淡,语言贫乏,自然是无法感动听众的。具有感人能力的语言或是字字珠玑,让人听来如春风化雨,或是情真意切,动人心扉。总之,就是要与听者产生心与心的碰撞和情感上的共鸣。

5.创造能力

创造能力,即讲话中根据思想表达的需要创造语言的能力,或者是说创造性地运用语言来表达自己思想的能力。语言创造能力是形式和内容的有机统一,词汇贫乏,话到用时方恨少;用词没有仔细斟酌,粗陋肤浅,词不达意,错漏和歧义百出,这些现象,统称为缺乏语言营养。要发展语言创造力,就必须攻克缺乏语言营养的堡垒,生活、阅读、情感、思维都是提高语言营养、丰富语言创造力的源泉之一。

【小故事 1-3】

出人意料的创意

小刘南下深圳,到一家广告公司参加应聘面试,他到达该公司时,已有 30 位求职者排在他前面,他是第 31 位。怎么能引起面试官的特别注意而赢得职位呢?小刘拿出一张纸,在上面写了一些东西,然后折得整整齐齐,走向秘书小姐,恭敬地对她说:"小姐,请你马上把这张纸交给老板,这非常重要!"秘书小姐把那张纸很快送到老板的桌上,老板看后笑了起来,纸条上写着:"先生,我排在队伍的第 31 位,在您看到我之前,请不要急于做决定。"小刘最终得到了工作,这是他善于创造的结果。一个会动脑筋的人,一定是一个富有创意的人,而从事广告业务所要的人才,不仅要求其想象力丰富,还要有出人意料的创意。

(资料来源:刘桂华,王琳 . 大学生实用口才训练教程 [M]. 北京:人民邮电出版社,2018.)

6．控制能力

控制能力即指控制自己的语言避免引起不良后果的能力。也就是说,只会把话说出来,却不会顾及自己所说的话所能引起的后果,实际上是信口开河,瞎说一通,这算不上有口才。一般来说,语言的控制能力主要表现在以下几个方面。

第一,准确把握说话的分寸。既要把意思说到,又不会说得过头,而是说得恰如其分。

第二,针对不同的听者和不同的情况,能准确预料和有效控制听者对自己的语言所做出反应的能力。如向人提问某件事,能不能问,从哪个角度问,用何种语气问,对方按照提问可能做出的回答是什么,这些都需要在说话时加以预料和控制。

第三,在谈话过程中已经出现问题的情况下,改用恰当的语言予以补救的能力。

【小故事 1-4】

善言的纪晓岚

清代的纪晓岚学识渊博,能言善辩,机智敏捷。一次乾隆皇帝开玩笑地问他:"何为忠孝?"纪晓岚说:"君叫臣死,臣不得不死,为忠;父叫子亡,子不得不亡,为孝。合起来,就叫忠孝。"纪晓岚刚答完,乾隆皇帝说:"好!朕赐你一死。"纪晓岚当时就愣了:这从哪说起?怎么突然赐我一死?但是皇帝金口玉言,说啥算啥,纪晓岚只好谢主隆恩,三拜九叩,然后走了。纪晓岚出去以后,乾隆皇帝想:都说纪晓岚有能耐,能言善辩,我看你今天怎么办?

大概有半炷香的工夫,纪晓岚气喘吁吁地跑了进来,扑通一声给乾隆皇帝跪下了。乾隆道:"大胆,纪晓岚!朕不是赐你一死吗?你为什么又回来了?"纪晓岚说:"皇上,臣去死了,我准备跳河自杀。我正要跳河,屈原突然从河里出来了,他怒气冲冲地说,'你小子不是犯浑吗?想当年我投汨罗江自杀的时候,是因为楚怀王昏庸无道;而当今皇帝皇恩浩荡,贤明豁达,你怎么能死呢?'我一听,就回来了。"这样的回答,让乾隆有口难言:让他死吧,就是昏庸无道;要是让他活着呢,又赐他一死了。最后,乾隆不得不自我解嘲地说:"好一个纪晓岚,你真是能言善辩啊!"纪晓岚后面的这番话,不仅改变了自己前面语言的意向,也改变了乾隆皇帝的反应,控制了后果。

(资料来源:佚名.口才理论 [EB/OL].[2010-09-07].https://www.taodocs.com /p-103404399.html.)

总之,好口才在个人成长的道路上发挥着重要的作用,不论是现在与他人交往,还是将来准备成就事业,良好的口才一定会在你成长的道路上助你一臂之力。

【小训练 1-4】

请谈一谈你社交活动中与他人最成功的一次交流里有哪些收获。

三、口才的特征

1．综合性

口才是善于用口语准确、贴切、生动地表达自己思想感情的一种能力。语言是沟通人与人之间思想感情的重要工具。准确、贴切、生动的语言才能将自己的思想感情准确地表达出来,为对方所了解而不至于产生歧义,但仅限于此是远远不够的,因为口才具有综合性,它是一门综合艺术,还有诸多的因素需要考虑。语言环境就是一个重要的方面。每个人在不同的环境和心情下,对别人发出的信息所产生的感觉都不同。所以,要想让自己说的话在对方思想上产生共鸣,必须考虑当时的语言环境:场所、时机、对方的心情等。善于选择和营造恰当的语言环境,是口才艺术的一项重要内容。

影响语言表达效果的,除了语言环境和语言本身外,语调也是一项不可忽视的内容。所谓语调,是指语言的轻重缓急、抑扬顿挫。这可以视为一种辅助语言,因为它能间接地影响表达效果。例如,说气话时,一般是高声大嗓,语调冲动急促,让人一听就能感觉到自己的愤怒,反则如用轻松随便的语调说出来,即使能让别人明白自己的意思,也有点"笑面虎"的味道。除语调之外,仪表、体态和神情动作也是一种辅助语言,能对表达效果产生较大的影响。

口才还受心理因素影响。口才活动离不开知觉、观察、记忆、思维、想象等心理活动的基本形式。气质、性格、能力等个性心理特征又决定着认识能力和表达能力的高低及口语表达的风格。个性的倾向性,如兴趣、需要、动机、理想、信念、价值观等制约着口才活动的方向和社会价值。而情感、意志、自我意识等则对口才活动起着重要的支配、调节和控制作用。[①]口才尽管看不见摸不着,但是好口才者无不具备敏捷的思维、明晰的思路、丰富的想象、渊博的学识和良好的心理素质等方面的优势。可以说,口才是一个人综合能力的真实再现,想要拥有好口才,就必须使自己具备相应的素质、修养和能力。口才作为一门综合性的艺术,必须在各个方面协调配合,才能起到良好的效果。

2．技巧性

一个人是否拥有出众的口才,关键在于其是否掌握了一定的技巧。好口才需要有好技巧。一个人天天口若悬河,或者喋喋不休,并非真正口才好。口才好坏的关键是看说话有没有影响力,能不能感染他人,或者能不能达到一定的交际目的,这其中技巧性是关键。一句话可以化敌为友,冰释前嫌,带来非凡的荣誉和成功;一句话也可以变友为敌,引发一场争论甚至导致一场战争。俗话讲"一句话说得人笑,一句话说得人跳",讲的也是这个道理。

技巧就是艺术,而艺术的最高境界是"无技巧","无技巧"并非否定技巧。清代著名画家石涛说过:"至人无法,非无法也;无法而法,乃为至法也。"所以要想"无技巧",就应下苦功学技巧,掌握了技巧,在不考虑技巧的情况下做到无处不体现技巧,这就是"至法"。

【小故事 1-5】

一位老者的开场白

在某地举行的一次修辞学年会上,会长在开场白中这样说:"先让我这个老猴来耍

---

① 孙海燕,等．口才训练十五讲 [M]．北京:北京大学出版社,2004．

一耍,然后你们中猴、小猴耍。我老猴肯定耍不过你们,不过总要带个头吧。"代表们听后觉得很有意思,都笑着鼓掌。这是因为,首先会长既是与会者中的最高权威,又年近古稀,把自己比作老猴,把其他与会者比作中猴、小猴,不仅描绘出老中青三代共聚一堂、切磋交流的学术气氛,还妙趣横生;其次,在修辞学的研讨会上,会长故意用这种修辞手法表示自谦,与主体身份、客观对象和具体场合都十分协调,因而可以取得好的效果。

但如果上述情景换一个中年人说出这样的话,如"我是个中猴,先让我来耍一耍,耍后请老猴和小猴耍",就很不得体了。因为听的人必定产生反感,把德高望重的老者称作老猴是一种大不敬,按他的身份是不能打这样比方的。这就是口才的艺术魅力。

(资料来源: 佚名.知识分享——说话要朴素简洁[EB/OL].[2018-01-05].https://baijiahao.baidu.com/s?id=1588623628642547354&wfr=spider&for=pc.)

3．训练性

好口才不是一种天赋的才能,不是与生俱来的,它是靠刻苦训练得来的。我们必须要坚定信念:口才一定是可以练好的。古今中外历史上所有口若悬河、能言善辩的演讲家、雄辩家,他们无一不是靠刻苦训练而获得成功的。几乎每个成功人士都曾经有意识地训练过自己的口才。

【小故事 1-6】

演讲家是怎样练习口才的

古希腊著名演说家德莫斯梯尼从小口吃,但立志演说。为矫正口吃,使口齿清晰,他将小石子含在嘴里不断地练说。据说他曾把自己关在屋里练习,为锻炼脸皮竟然将头发剃去一半,成了"阴阳头","逼"自己专心一意地练口才。经过12年的刻苦磨炼,终于走上成功之路。

英国戏剧大师、批评家和社会活动家萧伯纳的口才是有目共睹的。但是,他年轻时却胆小、木讷,拜访朋友时都不敢敲门,常常"在门口徘徊20分钟"。后来他鼓起勇气参加了一个"辩论学会",不放过一切机会同对手争辩。练胆量、练机智、练语言,千锤百炼终成口才家。他的演说,他的妙对至今仍脍炙人口。有人问他是怎么练口才的,他说:"我是以自己学溜冰的办法来做的——我固执地、一味地让自己出丑,到我习以为常。"

美国前总统林肯出生于农民家庭,当过雇工、石匠、店员、舵手、伐木者等,社会地位卑微,但从不放松口才训练。17岁时他常徒步30多千米到镇上,听法院里的律师慷慨陈词的辩护,听传教士高亢悠扬的布道,听政界人士激情澎湃的演说,回来后就寻一无人处精心模仿演练,终于口才日渐进步。1930年夏,他为了在伊利诺斯州一次集会上的演讲,面对光秃秃的树桩和成片的玉米,一遍又一遍地试讲。后来他连任两届总统,也成了著名的演说家。

被誉为"20世纪的演说家"的英国前首相丘吉尔,原来讲话结巴,吐字不清晰,在议会下院的最初一次演讲中,他只讲了一半就跑了。他最终能够拥有举世称赞的雄辩口才,

＞＞＞＞＞＞＞＞＞

就是刻苦、勤奋、坚持训练的结果。

　　日本前首相田中角荣少年时曾患有口吃病，但他不被困难所吓倒。为了克服口吃，练就口才，他常常朗诵、慢读课文。为了准确发音，他对着镜子纠正嘴和舌根的部位，严肃认真，一丝不苟。

　　早期的无产阶级革命家、演讲家萧楚女，更是靠平时的艰苦训练，练就了非凡的口才。萧楚女在重庆国立第二女子师范学校教书时除了认真备课外，他每天天刚亮就跑到学校后面的山上，找一处僻静的地方，把一面镜子挂在树枝上，对着镜子开始练演讲，从镜子中观察自己的表情和动作。经过这样的刻苦训练，他掌握了高超的演讲艺术，他的教学水平也很快提高了。1926年，他年方三十，就在毛泽东同志主办的广州农民运动讲习所工作，他的演讲至今受到世人的推崇。

　　诗人闻一多也是有名的演讲家。他的演讲之所以成功，也是与他年轻时刻苦练习分不开的。1919年他在清华大学学习，从不间断演讲练习，一旦有所放松，他就在日记里警告自己："近来学讲课练习又渐疏，不猛起直追恐便落人后。""演说降到中等，此大耻奇辱也。"他坚持练习演讲，在日记里，他写道："夜出外习演讲十二遍。"第二天又写道："演说果有进步，当益求精致。"北京的一月天寒地冻，可他毫无畏惧。几天后又"夜至凉亭练演说三遍"，回宿舍又"温演说五遍"，第二天又接着"习演说"。闻一多先生正是通过勤奋的练习才提高了自己的演讲水平。

　　数学家华罗庚，不仅数学才华超群，同时也是一位不可多得的"辩才"。他从小就注意培养口才，学习普通话，他还背了四五百首唐诗，以此来锻炼自己的"口舌"。

　　（资料来源：史钟锋，张传洲. 演讲与口才实训[M]. 南京：东南大学出版社，2015.）

　　点评：无数的事例证明，口才不好不是天生的，口才具有训练性，好口才可以后天练就。

四、口才的作用

1. 促进事业成功

　　口才是事业成功的重要因素。据一份对深圳市人才市场的求职者展开的一次随机抽样的调查资料显示：当求职者被重点问到"根据你自己的求职经历，你认为求职的成败与交际和口才能力有没有关系"的问题时，认为"很有关系"的占60.7%，回答"有一点关系"的占37.1%，而认为"关系不大"的仅占2.2%。就是说如果按"有关系"和"没有关系"进行类聚，认为求职成败与交际和口才能力"有关系"的占到了97.8%，这意味着与学历和工作经验相比，交际和口才因素在人的事业中发挥着重要的作用。

　　现代社会，口才已经成为决定一个人生活是否愉快、事业是否成功的重要因素之一。口才好、善于说话的人受人欢迎。口才好、善于说话的人可以通过语言充分地展露自身的才干，赢得领导、同事、下属的了解、赞赏和信任，帮助其在事业上获得成功。这正如美国前总统富兰克林在自传中所说的："说话和事业的进行有很大的关系。你如果出言不慎，你如果无理地跟别人争吵，那么，你将不可能获得别人的同情、别人的合作、别人的帮助。"具备一定的口语表达能力，不仅是对创造型、开拓型人才的要求，也是对各行各业从业者的要求。当领导、职员、教师、律师、推销员、采购员的，都要运用语言进行工作，口才的重要性自不待言。就是当服务员、售货员等也应该能说会道。有些服务员、售货员与顾客发生争吵，除工作方法的原因以外，不善于说话常常是引起争吵的导火线。现实生活中，那些事业有成的人，绝大多数都具有较好的口才，而且口才越好，其活动天地就越大，成就也就越突出。因而，口才是通向事业成功之路的重要阶梯。

【小故事 1-7】

推销员的口才

有一家空调厂生产了一种新型空调，要两个推销员同时去推销。其中一个一天卖了30台，而另一个一天却只卖了2台。原因在哪里呢？前者在推销空调时，是这样说的："先生，您忙吗？如果您不忙，我向您介绍我们厂最新生产的空调。这个空调不仅能杀菌，还能过滤空气，能定时自动关闭，自动调温，在现有的空调中，它的质量最好、功能最全、价格比其他同类产品都低，而且保修五年。先生，您不妨试试？"面对这么精彩的介绍，谁能不为之动心呢？而后者却是这样推销的："先生，您买空调吗？我们这有新生产的空调，可好了，您买吧！"听到这样的介绍，顾客的回答通常是："我不买。"两种截然不同的语言表达，产生的效果就形成了很大的差距。

（资料来源：佚名．口才入门 [EB/OL].[2019-03-16].https://wenku.baidu.com/view/395ebed2b207
e87101f69e3143323968001cf447.html.）

【小训练 1-5】

请举例说明口才与事业的关系。

2. 优化人际交往

社会交往效果的好坏，关键在于个人交际能力的高低。而一个人交际能力的高低，主要体现在说话艺术的高低。因为言为心声，舌战便是心战，语言能征服世界上最复杂的东西——人的心灵。所以口才在人际交往中具有极其重要的作用。

20世纪初，有人就曾提出这样一个观点：一个人在事业上的成功，15%来自他的专业技术，85%则依靠他的处世技巧和人际关系，而后者在很大程度上又取决于他的口才。这种认识不断发展，第二次世界大战时，美国人将"舌头、原子弹、金钱"视为赖以生存和竞争的三大战略武器。现在美国人又把"舌头、美元、计算机"作为三大战略武器。出人意料的是，科学代替了武器的炫耀，而"舌头"的地位竟未动摇，说明口才是多么重要。美国学者艾略特博士在担任哈佛大学校长几十年之后，更是断言："我认为在一个淑女和绅士的教育中，只有一项必修的心理技能，那就是正确而优雅地使用他（她）的本国语言。"

一家电子公司颇有建树的总经理就很清楚这点。他口才了得：普通话准确流利，才思敏捷，反应很快。他不仅对自己从严要求，还要求公司的员工都要会说话、有口才，并把这一条作为招聘的条件和培训的内容。有人问他为何要如此重视口才，他说："我们公司经营电子产品，总要同天南地北各种各样的人打交道。如果我们公司的人一张嘴说话就是满口土话或是词不达意、语无伦次，那么就会被人家瞧不起，就会有损我们公司的形象，能做成的生意也做不成了……"这个见解确实实在而又高明，它很形象地说明了这样一个道理：口才是优化人际交往的利器！

3. 提高综合素质

美国俄亥俄州的马瑞塔学院曾对毕业工作不久和毕业工作 10 年以上的新老毕业生进行了一次调查，让他们根据各自的亲身体会回答一个问题——"在学校里学的哪一两门功课对走上社会最有用？"新老毕业生的答案很一致：最有用的课程是演讲学和交际学，它教会我们怎样说话，怎样与人打交道；其次是英语课，它教会我们怎样阅读和写作。现实确实如此，当今欧美各国，口才教育非常普及并得到人们的高度重视。这源于人们的一个共识，即口才不仅是人在一生追求奋斗中必备的一项基本能力，而且在获得这种能力的同时，其他几种重要的能力，如观察能力、记忆能力、思维能力、创造能力、应变能力和表达能力等都相应得到训练和提高。人们的这一认识，与口才本身就是一个非常复杂的思维过程有关。

我们知道，思维和语言之间的联系密不可分，思维是语言的具体内容，语言是思维的表现形式。

首先，口语交际最大的特点便是现想、现说，"想"是"说"的基础，"说得好"的前提是先要"想得好"，而无论是想还是说，都必须综合地运用交际者的各种素养和知识。具体来说，在"想"的阶段，首先说话者一方面要考虑说话场合、说话对象的身份和情绪，做到察言观色；另一方面要对相关事物进行细致的观察，以求深入了解。这就需要调动说话者的观察能力和对事物的感受能力。

其次，口语说话随机性强，而且语音稍纵即逝，不能重复。这就要求说话者快速地启动头脑中的知识储备，并针对情况即时做出准确、得体和巧妙的应答，这就需要很好的记忆力和很强的随机应变能力。

最后，口语说话要做到表达清楚、主旨明确、条理分明、逻辑严密。这就需要说话者具有一定的分析综合能力、联想与想象力、创造性思维能力。而在"说"的阶段，还需要说话者掌握一定的表达技巧和语言艺术。

由此可见，口才是说话者综合素质的集中体现。口才提高的过程，也是各种思维能力、语言能力不断得到培养和锻炼的过程。[①]

【小故事 1-8】

一个鞋匠的儿子

在林肯当选为总统之初，参议院大部分出身名门望族的议员都感到很尴尬，因为他们从来没有料到要面对的总统是一个鞋匠的儿子。于是，他们就想利用林肯首次到参议院演讲的机会，当众羞辱他。林肯刚刚站到演讲台上，一个态度傲慢的参议员站起来说："林

① 黄雄杰. 口才训练教程 [M]. 广州：广东高等教育出版社，2006.

肯先生,在你开始演讲之前我希望你记住,你是一个鞋匠的儿子。"当时在场的所有议员听到这句话,都为自己不能打败林肯却能羞辱他而开怀大笑。笑声停止后,林肯不慌不忙地说:"我非常感谢你使我想起我的父亲。他已经过世了,我一定永远记住你的忠告,我永远是鞋匠的儿子,我知道我做总统永远无法像我父亲做鞋匠那样做得那么好。"

参议员们听后马上安静下来。林肯又转过头对那个傲慢的参议员说:"据我所知,我父亲以前也为你的家人做鞋子,如果你的鞋子不合脚,我可以帮你改正它,虽然我不是伟大的鞋匠,但我从小就跟父亲学到了鞋子的艺术。"之后,他又把目光投向所有参议员,说道:"对参议院里的任何人都一样,如果你们穿的那双鞋是我父亲做的,而它们需要修理和改善,我一定尽可能地帮忙,但是有一事可以肯定,我无法像他那样伟大,他的手艺是无人能比的。"说到这里,林肯流下了热泪。

(资料来源:佚名.鞋匠的儿子[EB/OL].[2016-11-02].http://www.5156edu.com/page/16-11-02/134048.html.)

点评:面对傲慢的议员,林肯没有反唇相讥,而是自然而然地接过对方的话,承认自己"永远是鞋匠的儿子"并以此为自豪,这不仅使那些想羞辱林肯的议员们没有达到目的,还表现了林肯的平民意识。另外,林肯在这里用了两个假设,如果"不合脚",如果"需要修理和改善",从而把议员们拉入回忆之中,让他们再去品味林肯父亲高超的做鞋技艺,并为刚才无情的嘲讽而反省自责。

【小训练 1-6】

请结合本节内容谈谈大学生如何才能拥有良好的口才。

课 后 练 习

一、演讲基础训练

1. 连缀不相关的事物。

方法:学生互相出题,随意写出四个事物(如鼠标、饮料、微信、葡萄),练习者说一段话,将这些事物连缀起来。

2. 讲故事接龙。

方法:由一人先开始用自己想象的稀奇古怪的开头来讲故事,时间一分钟,时间到了由下一个人接着说。

3. 假定你在学校组织的一次演讲比赛中荣获了一等奖,在颁奖仪式上,主持人请你代表全体获奖同学发言,你该讲些什么?

4. 你和几位同学一起到一家公司实习,在公司的一次全体职工大会上,该公司经理把你们这些实习生介绍给大家,并致了欢迎词后,同学们推你代表实习生发言,你该怎么办?

5．根据下面的话题，进行口头评说，每题讲 3 分钟左右。①

（1）苏格拉底的学生对他说："老师，您的知识这么多，您一定没有烦恼……"苏格拉底说："不，错了，知识是一个圆，烦恼是它的半径，知识越多，圆越大，半径也越长……"你是否有同感？你现在有烦恼吗？常烦恼些什么呢？如何摆脱烦恼？谈谈你的体会。

（2）作家刘心武说过："亲情如溪流，友情如江河，爱情如大海。人活一世，亲情、友情、爱情，三者缺一，已为遗憾，三者缺二，实为可怜，三者皆缺，活而如亡！"请你谈谈感想。

（3）"在才能和智慧不相上下的人群中，你拥有更高的热情，成功便在更大程度上属于你。"你认为这句话对吗？谈谈个人在品德修养和人际关系方面的重要性。

（4）有人说"逆境容易出人才"；有人说"顺境容易出人才"；也有人说"不管是逆境还是顺境，成才关键靠人本身"。你是如何看的？

（5）请围绕"付出与收获"，联系现实，谈谈你的看法。

（6）你热爱自己所学的专业吗？如果不喜欢你现在该怎么办？并谈谈你对未来工作的设想。

（7）现在有一些大学生边读书边找一些工作做，有人持反对意见，有人赞同。请你对大学生兼职问题发表意见，是利大于弊还是弊大于利？怎么对待这个问题才好？

二、口才基础训练

1．请用具体事例说明口才的六种能力。

2．请设想，在下列情况下，应该怎么说？

（1）某俱乐部举行的一次招待会上，服务员倒酒时，不慎将啤酒洒到一位宾客那光亮的秃头上，服务员吓得手足无措，目瞪口呆。这位宾客却微笑着说……

（2）一位主持人在报幕的时候不慎将《猎人舞曲》报成了《腊八舞曲》，如果当时你是这位主持人的搭档，你会说……②

3．如果你在公共场所排队等候时有人插队，假设插队的人分别是青年学生、中年女工人、中年男知识分子和农村老大爷，你应如何劝说他们不要插队？请分组讨论，各小组推荐一名代表上台演示。

4．结合下面的事例回答问题。

（1）某君赴宴迟到，匆忙入座后，见一烤乳猪就在面前，于是大为高兴地说："还算好，我坐在乳猪的旁边。"

话刚出口，才发现，身旁一位胖女士怒目相视。他急忙赔着笑脸说："对不起，我是说那只烧好了的。"

问题：某君这次交流的失误在哪里？

（2）有位脾气很不好的旅客，因为不满意柜台小姐安排的机位，在机场对小姐大吼大叫。

---

① 傅春丹．演讲与口才案例教程 [M]．北京：中国水利电力出版社，2011.

② 杨利平，艾艳红．实用口才训练教程 [M]．长沙：湖南人民出版社，2013.

过了一会儿,这位小姐见他还没有意思住嘴,后面又有许多旅客排着队等候划票,于是就对他说:"先生,你再吵,我只好请警卫来处理了。"

没想到这位先生变本加厉,他大吼:"你少吓唬我!我不是傻瓜!"

小姐听了这话,笑了笑,仍然用温和的口气说:"很对不起,我刚才没注意到这一点。"

后面排队的旅客都哈哈大笑,笑声中,这位不讲理的旅客摸摸鼻子离开了柜台。

问题:柜台小姐的潜台词是什么?这样的回答好不好?如果由你来处理,你会怎么说?

(3)一家知名外贸公司举行一次别开生面的宴会招聘考试,有一位小伙子表现良好,深深吸引了面试官。宴席上,小伙子走到这家公司的人事经理面前,举杯说道:"刘经理,结识您很荣幸,我十分愿意为贵公司效力。但如果确实因为名额有限我不能梦想成真,我也不会气馁的,我将继续奋斗,我相信,如果我不能成为您的助手,那就一定会是您的对手。"

他的话提醒了这家外贸公司的人事经理。最后,公司录取了这个小伙子。

问题:你觉得这位小伙子的这番话说得好吗?为什么?

(4)有一对夫妻开了一家玩具店,聘请了一个店员。这个店员很勤快,服务态度也好,老板非常满意。有一天店员嘟囔了一句:"我的合同后天就到期了。"老板听了以后,内心十分焦虑,整天闷闷不乐。既怕合同到期店员不干了,临时找不到人,影响生意,又怕店员要求加薪,自己无法满足,影响感情。

问题:假如你是店老板,该怎样解决这个问题?

(5)一位农村大娘去买布料,售货员迎上前去热情地打招呼:"大娘,您买布呀?您看这布多结实,颜色又好。"谁知这位老大娘听了颇不高兴,嘴上冷冷地说:"要这么结实的布有啥用,穿不坏就该进火葬场了。"售货员一听,略一沉思,笑眯眯地说:"大娘,看您说到哪儿去了,您身子骨这么硬朗,再穿几件也没问题。"一句话说得大娘高兴起来,爽快地买了布,还直夸售货员心眼儿好。

问题:为什么在听了售货员的几句话以后,农村大娘的态度会有这么大的变化?这个故事让我们在人际交往过程中得到什么样的启发?

三、案例分析

比尔·盖茨遭遇演讲滑铁卢

2009年2月20日,在美国加利福民亚举行的全球科技、娱乐、设计大会上,退居二线的微软前总裁比尔·盖茨先生发表了主题为"重启"的演讲。盖茨在台上大声疾呼,号召人们要重视人类的生存环境,特别关注贫穷的非洲人们糟糕的生存状况。台下聚集的全球科技、艺术方面的精英们个个聚精会神仔细聆听,神情十分严肃。

说到起劲之处,一贯以口才见长的盖茨,忽然来了个新花样,"疟疾是由蚊子传播的",他边说边打开一个瓶子,"我带来了一些蚊子,我将让它们四处飞行,没有理由只让穷人感染疟疾。"这番话将在场的不少听众吓得不轻,会场顿时一阵混乱:有人起身准备离席,有人抢起拳头向空中乱飞的蚊子拼命地挥打……看着这乱糟糟的场面,盖茨或许觉得自已此举不太妥当,赶紧来灭火,他大声向会场人员保证:他放飞的那些蚊子不携带疟疾病毒,他只是想引起大家关注和帮助贫穷的非洲。可是任凭他怎么解释,大家已无心恋"听",演讲只得草草收场。

会后,该大会管理者克里斯讽刺说:"盖茨此举应该成为各大媒体新闻的头条,标题可以用'盖茨向全世界释放更多的致命昆虫'。"商界巨头奥米迪亚表示:"这简直太过分了,我们离开这间房子的时候要得病了,我再也不坐前排了。"人们猛烈地批评比尔•盖茨放蚊子的行为,似乎没人关心他苦心设计这个环节所想要表达的主题。比尔•盖茨"收获"了自己辉煌演讲史上少有的失败。

（资料来源：佚名. 前车之鉴：伶牙俐齿的盖茨之失到底是什么 [EB/OL].[2015-07-17]. http://www. xuexila.com/koucai/yanjiang/yishu/157587.html.）

思考题：

（1）比尔•盖茨为何遭遇演讲滑铁卢？

（2）比尔•盖茨用蚊子作为演讲道具,其做法有何不妥？如果是你将发表主旨演讲,你如何使大家关注和帮助贫穷的非洲？

无与伦比的营销口才

在美国零售店中,有一家知名度很高的商店,它就是彭奈创设的"基督教商店"。

彭奈对"货真价实"的解释并不是"物美价廉",而是什么货卖什么价。

他有个与众不同的做法,就是把顾客当成自己人,事先说明货品等次。关于这一点,彭奈对他的店员要求非常严格,并对他们施以短期训练。

彭奈的第一家零售店开设不久,有一天,一个中年男子到店里买搅蛋器。店员问:"先生,您是想要好一点的,还是要次一点的？"那位男子听后明显有些不高兴:"当然是要好的,不好的东西谁要？"

店员就把最好的一种"多佛牌"搅蛋器拿了出来给他看。男子看了问:"这是最好的吗？"

"是的,而且是牌子最老的。"

"多少钱？"

"120 元。"

"什么！为什么这样贵？我听说,最好的才 60 多元。"

"60 多元的我们也有,但那不是最好的。"

"可是,也不至于差这么多钱呀！"

"差得并不多,还有十几元一个的呢。"男子听了店员的话,马上面露不悦之色,想立即掉头离去。

彭奈急忙赶了过去,对男子说:"先生,您想买搅蛋器是不是,我来介绍一种好产品给您。"

男子仿佛又有了兴趣,问:"什么样的？"

彭奈拿出另外一种牌子的搅蛋器来,说:"就是这一种,请您看一看,式样还不错吧？"

"多少钱？"

＜＜＜＜＜＜＜＜

"54元。"

"照你店员刚才的说法,这不是最好的,我不要。"

"我的这位店员刚才没有说清楚,搅蛋器有好几个牌子,每个牌子都有最好的货品,我刚拿出的这一种,是这个牌子中最好的。"

"可是为什么比多佛牌的差那么多钱?"

"这是制造成本的关系。每种品牌的机器构造不一样,所用的材料也不同,所以在价格上会有出入。至于多佛牌的价钱高,有两个原因,一是它的牌子信誉好,二是它的容量大,适合做糕点生意用。"彭奈耐心地说。

男子的脸色缓和了很多:"噢,原来是这样的。"

彭奈又说:"其实,有很多人喜欢用这种新牌子,就拿我来说吧,我用的就是这种牌子,性能并不差,而且它有个最大的优点:体积小,用起来方便,一般家庭最适合。家里有多少人?"

男子回答:"5个人。"

"那再适合不过了,我看您拿这个回去用吧,保证不会让您失望。"

彭奈送走顾客后,对他的店员说:"你知道刚才你错在什么地方了吗?"

那位店员愣愣地站在那里,显然不知道自己的错误。

"你错在过于强调'最好'这个概念。"彭奈笑着说。"可是,"店员说,"您经常告诫我们,要对顾客诚实,我的话并没有错呀!"

"你是没有错,只是缺乏技巧。我的生意做成了,难道我对顾客有不诚实的地方吗?"

店员摇摇头。彭奈又说:"除了说话技巧外,还要摸清对方的心理,他一进门就要最好的,对吧?这表示他优越感很强,可是一听价钱太贵,他不肯承认自己舍不得买,自然会把不是推到我们做生意的头上,这是一般顾客的通病。假如你想做成这笔生意,一定要变换一种方式,在不损伤他优越感的情形下,使他买一种比较便宜的货。"

彭奈在他80岁时的自述中,幽默地说:"在别人认为我根本不会做生意的情形下,我的生意由每年几万元的营业额增加到10亿元,这是上帝创造的奇迹吧。"

（资料来源：佚名.说服顾客需要技巧[EB/OL].[2004-11-29].http://www.linkshop.com.cn/(kwthrmauci seeriqsdu1ui55)/web/Article_News.aspx?ArticleId=40675.)

思考题：

(1) 请结合本案例对彭奈的口才进行评价。

(2) 本案例对你有何启示?

第二章　演讲与口才基础

一言之辩,重于九鼎之宝;三寸之舌,强于百万之师。

——刘勰

第一名靠什么? 靠态度、信念、服务、说服及公众演说的能力!

——[美]奥巴马

课程思政要求

- 进行社会主义核心价值观教育;
- 进行爱国主义教育;
- 开展诚信教育、法律意识教育和道德意识教育;
- 塑造职业形象、提高职业素养;
- 促进学生全面发展。

学习目标

- 掌握发声练习的方法,学会运用有声语言;
- 正确理解态势语言的运用原则,恰当地运用态势语言;
- 纠正自身不合规范的态势语言;
- 根据语言交流的进程和个性特点设计态势语言;
- 明确口才与心理素质的关系;
- 掌握心理素质的培养途径并切实进行相关训练;
- 明确口才与思维的关系以及口才思维的特性,并进行口才思维训练;
- 了解倾听的作用和影响倾听的因素,提高有效倾听能力;
- 掌握复述、描述、解说、评述的表达方式。

案例导入

马尔克斯害怕演讲

诺贝尔文学奖得主哥伦比亚作家马尔克斯虽然腹有诗书,却很害怕在公共场合发表演讲。他在大庭广众之下当众讲话特别拘谨,无法做到畅所欲言,甚至是无话可说。在委内瑞拉加拉加斯的一次演讲中,他向人们讲述了自己害怕演讲的原因。

马尔克斯说:"我原本以为,这辈子最可怕的五分钟会是在一架飞机上面对着二三十名乘客发表讲话,可哪料到现在竟然是面对两百多位热情洋溢的各界贵宾进行正式的演讲。"

演讲家开始时,马尔克斯当时害怕得只能坐着说话。他向大家表示了真诚的歉意,请求大家谅解,并解释了其中的原因:"因为如果我站着,恐怕会吓得两腿发软,瘫倒在地。真的,一点也不夸张!"

终于心情稍微平静下来了。马尔克斯开始将话题引到自己最擅长的文学上。可很快他又绕回到令自己十分害怕的演讲这个话题上。他说:"对我而言,文学创作就和登台演讲一样,都是被逼的。告诉大家,我为了能不来开这个大会,什么点子都动过:我想生病,染上肺炎;想理发,让理发师用刀割我的脖子;然后我灵机一动,不穿西装,不打领带,这样,正式会议应该就会谢绝我入场了。可是我忘了,这里是委内瑞拉,穿件衬衫哪儿都能去。因此,我最终还是坐在了这里……"

听到这里,大家都忍不住哈哈大笑,还不约而同地为他热烈鼓掌。没想到观众善意的笑声和热情的掌声缓解了马尔克斯的紧张,使他下面关于文学创作的演讲大获成功。①

问题:

(1) 马尔克斯的"演讲恐惧症"是怎样造成的?如何克服?

(2) 本案例对你有何启发?

第一节 有 声 语 言

一、有声语言的特性

有声语言是用语音表达或接受思想、感情,以说、听为形式的口头语言。它是人们在社会交往中凭借语言传递信息、交流思想和感情的一种言语形式。从语言运用看,有声语言在传情达意的过程中最直接、最普遍、最常用。有声语言具有以下特性。

1. 有声性

有声语言是靠语音来表情达意的,其中各个语言单位均有声音。有声语言根据表达的需要对声音的高低、升降、快慢做语调变化。有声性是有声语言的本质属性。

2. 自然性

有声语言通俗、平易、自然。它保留了生活中许多语音、词汇和语法现象,如方言、俚语、俗语、儿话、象声、叠音等词汇以及省略、易位现象,表达时生动、自然。

3. 直接性

有声语言的传达和交流以面对面为主要形式,信息传递直接、快捷。有声语言还以丰富的态势语和类语言来支配,使之更完美。

4. 即时性

有声语言突发性、现场性强,现想现说,可舒缓,可急迫,可重复,可更正,可补充。

---

① 晴空一鹤. 马尔克斯害怕演讲 [J]. 演讲与口才,2012 (8).

>>>>>>>>>>

5．灵活性

有声语言的表达可根据所处的语言环境随时调整、变化。表达者在不同的地点、场合，面对不同的任务对象，对谈论的话题、选择的角度、切入的深度等都可以随机应变。

【小故事 2-1】

景泰蓝食筷

申维在其《时来运转的秘密》（中华工商联合出版社，2010 年版）中讲了这样一件事：一家涉外宾馆的中餐厅，中午时分，用餐的客人很多，服务小姐忙碌地在餐台间穿梭。

一桌的客人中有好几位外宾，其中一位外宾在用完餐后，顺手将自己用过的一双精美的景泰蓝食筷放入随身带的皮包里。服务小姐看在眼里，不动声色地转入后堂。不一会儿，她捧着一只绣有精致花案的绸面小匣，走到这位外宾身边说："先生，您好，我们发现您在用餐时，对我国传统的工艺品景泰蓝食筷表现出极大的兴趣，简直爱不释手。为了表达我们对您如此欣赏中国工艺品的感谢，餐厅经理决定将您用过的这双景泰蓝食筷赠送给您，这是与之配套的锦盒，请笑纳。"

这位外宾明白自己刚才的举动已被服务小姐看到，颇为惭愧。只好解释说，自己喝多了，无意间误将食筷放入包中。感激之余，希望能出钱购下这双景泰蓝食筷，作为此行的纪念。餐厅经理亦顺水推舟，按最优惠的价格，记在了主人的账上。

点评：聪明的服务小姐既没有让餐厅受损失，也没有令客人难堪，圆满地解决了问题，并收到良好的效果。恰当得体的语言沟通，不仅能够化解矛盾，解决问题，而且能达到良好的服务效果。在这个案例中，有声语言的特性得以充分地彰显。

二、有声语言的基本要求

有声语言表达的目的是实现人与人之间思想和感情的交流，表达者都希望对方能明白、理解和接受自己的意思。这就要求有声语言要符合口语表达的基本要求。

1．准确流畅

说出的有声语言如果词不达意、前言不搭后语，很容易被人误解，达不到交际的目的。因此在表达思想感情时，应做到口音标准、吐字清晰，说出的语句应符合规范，避免使用似是而非的语言。应去掉过多的口头语，以免语句割断；语句停顿要准确，思路要清晰，谈话要缓急有度，从而使交流活动畅通无阻。语言准确流畅还表现在让人听懂，因此言谈时尽量不用书面语或专业术语，因为这样的谈吐让人感到太正规、受拘束或是理解困难。

2．词汇丰富

要想把话说好说贴切，除了充分发挥有声语言的表意功能，还要有丰富的词汇储备，只有在这个基础上才能精心选择最确切、最恰当的词汇，正确地反映客观事物，真切地表达自己的思想感情。为此就要努力学习词汇，掌握丰富的词汇以及成语、格言、歇后语、惯用语、谚语等，并以它们为原料，根据不同场合的需要，精心加以选用，增强说话的艺术效果。试想一说起话来就没词，颠来倒去就是那几句话，没有一点生动活泼的语言，难免让人觉得枯燥无味，味同嚼蜡。

3．清亮圆润

有声语言音色优美，如黄莺般清凉、朝露般晶莹圆润，善于变化，富有磁性，富有艺术魅力，令人心情舒畅。这是针对有声语言运用提出的进一步要求，是使日常用语艺术化，从而达到最佳的表达效果。为此首先要注意声音的情感变化，说话内容庄重，应用严肃的声音；内容平和，应用舒缓的声音；情感悲切，应用沉郁的声音；情感亢奋，应用高亢的声音；情感急骤，应用短音；情感惬意时，则用长音。其次要自觉克服大喊大叫、漏气、带有喉音、鼻音太重和发音抖动等毛病，正确使用呼吸器官和共鸣腔，加强对声音的控制能力，使呼吸、声带闭合与咬字协调起来，从而达到声音和谐、适度、清亮、圆润的目的。

4．热情自然

热情是对表达内容的兴奋之情或激情，使声音听起来富有表现力。表现力是热情的最大的信号，通过改变音高、音量、语速等使声音与语言内容、思想情感相吻合，使听众更容易理解，哪怕是表达者语义上的细微差别。而完全缺乏热情则会造成声音单调，这会使交流的气氛显得沉闷压抑，使听众昏昏欲睡。热情的声音就好像是一盆火，听众即使是一块冰也会被烤化。自然意味着当我们在讲话时对语言的内容和意图要有回应，使语言富有活力、真实。要想做到声音自然，除对语言内容非常熟悉外，还不能死记硬背语言内容，学会自然地表述语言内容，使它听起来好像讲话者在用心考虑语言内容和他的听众。"宁要自然的雅拙，也不要做作的乖巧。"卡耐基认为，声音自然，才能把意念表达得更为清楚，更为生动；否则，难以引起对方的共鸣。

【小故事 2-2】

导游巧解顾客顾虑

一次，导游王勇接待一个美国旅游团，在旅游商店看到一位美国游客在看一幅"嫦娥奔月"，并在考虑是否购买。王勇走上前去，向他介绍中国国画的艺术和相关的背景知识，客人很感兴趣。最后，王勇告诉这位美国游客，在华盛顿的宇航馆里也有一幅"嫦娥奔月"，图旁的说明是："在人类历史上，是谁第一个产生到月亮上去的想法？是中国古代的嫦娥女士。"这位美国游客非常感谢王勇的帮助，买下了这幅"嫦娥奔月"国画。

（资料来源：佚名.谁第一个有到月亮上去的想法 [EB/OL].[2018-11-14].http://www.cfszfgjj.com/lygs/979.jhtml.）

点评：王勇的介绍，把物品的文化价值与实用价值巧妙地结合起来，促成了这位美国游客的购买。有声语言效果迅速，能够立刻看到对方的反馈和回应。

三、有声语言的发音技巧

语音是由人的发音器官发出来的能够表示一定意义的声音，它是语言的物质外壳和

>>>>>>>>

载体。语音必须标准规范、清晰圆润。可以从以下几个方面进行训练。

1．控制气息

气乃声之源。一个人气量的大小、能否正确用气,对语音的准确、清晰度和表现力都有直接影响。唐代文学家韩愈曾说过:"气,水也;言,浮物也。水大而物之浮者大小毕浮。气之与言犹是也,气盛则言之短长与声之高下者皆宜。"因此我们必须学会控制好气息,这样才能很好地驾驭声音。在语言交流中要想使声音运用自如、音色圆润、优美动听,就要学会控制气息,掌握呼吸和换气的技巧。

呼吸的紧张点不应放在整个胸部,而应放在丹田,以丹田、胸膛、后胸作为支点,即着力点。力量有支点,声音才有力度。

① 吸气。吸气时,要双肩放松,胸稍内含,腰腿挺直,缓慢平稳地吸气。要领是:气下沉,两肋开,横膈降,小腹收。这样随着吸气肌肉群的收缩容积立体扩张,有明显的腰部发涨,向后撑开的感觉,注意不要提肩,也不要让胸部塌下去。当气吸到七八成时,利用小腹的收缩力量控制气息,使之不外流。

【小训练 2-1】

抬重物时,必须把气吸得较深,憋着一股劲,后腰膨胀,腰带渐紧。这正是正确的呼吸方法。多抬几次重物,找出以上感觉。

② 呼气。呼气时,要保持吸气时的状态,两肋不要马上下塌。小腹始终要收住,不可放开,使胸、腹部在努力控制下,将肺部储存的气息慢慢放出,均匀地向外吐。呼气要用嘴,做到匀、缓、稳。在呼气过程中,语音随之一个接一个地发出,从而使有声语言富有节奏。

【小训练 2-2】

假设桌面上有许多灰尘,要求吹而又不能吹得尘土飞扬。练习时,按吸气要领做好准备,然后依照抬重物的感觉吸足一口气,停顿两秒钟左右,向外吹出气息。吹气时要平稳、均匀,随着气息的流出,胸腹尽量保持吸气时的状态。尽量吹得时间长些,直至将一口气吹完为止。

③ 换气。在语言表达过程中,人们不可能一口气将所要说的内容说完,常需要根据不同内容和表情达意的需要作时间不等的顿歇。许多顿歇之处就是需要换气或补气之处,以保证语气从容、音色优美,防止出现气竭现象。

换气有大气口和小气口两种换气方法。大气口是在类似于朗读、演讲这样的表达时,在允许停顿的地方,先吐出一点气,马上深吸一口气,为下面要说的话准备足够的气息。这种少呼多吸的大气口呼吸一般比较从容,也比较容易掌握。小气口是指表达一段较长的句子时,气息用得差不多了,但句子未完而及时补进的气息。补气时,可以在气息能够停顿的地方急吸一点气,或在吐完前一个字时不露痕迹地带入一点气,以弥补底气的不足。要求吸气无声,又音断气连,是一种难度较大的换气方法。

【小训练 2-3】

① 高声朗读《高山下的花环》中雷军长的一段演说，安排好换气："我的大炮就要万炮轰鸣，我的装甲车就要隆隆开进！我的千军万马就要去杀敌！就要去拼命！就要去流血！！可刚才，有那么个神通广大的贵妇人，她，竟有本事从千里之外把电话打到我这前沿指挥所。她来电话干啥？她来电话是要我给她儿子开后门，让我关照关照她儿子！奶奶娘！走后门她竟敢走到我这流血牺牲的战场！我在电话里臭骂了她一顿！我雷某不管她是天老爷的夫人，还是地老爷的太太，走后门，谁敢把后门走到我这流血牺牲的战场上，没二话，我雷某要让她儿子第一个扛上炸药包去炸碉堡！去炸碉堡！"

② 练习下面的绕口令，开始做练习时，中间可以适当换气。练到有了控制能力时，逐渐减少换气次数，最后要争取一口气说完。

五组的小组长姓鲁，九组的小组长姓李。鲁组长比李组长小，李组长比鲁组长老。比李组长小的鲁组长有个表姐比李组长老，比鲁组长老的李组长有个表姐比鲁组长小。小的小组长比老的小组长长得美，老的小组长比小的小组长长得丑。丑小组长的表姐比美小组长的表姐美，美小组长的表姐比丑小组长的表姐丑。请你想一想：是鲁组长老，还是鲁组长的表姐老？是李组长小，还是李组长的表姐小？是五组小组长丑，还是九组小组长丑？是鲁组长表姐美，还是李组长表姐美。

气息控制训练可以把握"深、通、匀、活"四字方针，注意气息和内容的结合。单纯地进行语音、气息训练效果并不好，需要大家在实际朗读过程中不断体会、运用。

2．训练共鸣

共鸣指人体器官因共振而发声的现象。在产生共鸣的过程中，共鸣器官把发自声带的原声在音色上进行润饰，使声音圆润、优美。科学调节共鸣器官可以丰富或改变声音色彩，同时起到保护声带的作用，延长声带的寿命。用声的共鸣重心在口腔上下，以口腔共鸣为主。一般提到的共鸣腔有颅腔、鼻腔、口腔、胸腔，这四个共鸣腔最基本。声乐学习中还有提到腹腔共鸣，不过有些人不赞同这个提法。要想声音圆润集中，需要改变口腔共鸣条件。发音时双唇集中用力，下巴放松，打开牙关，喉部放松，提额肌、颊肌、笑肌，在共同运动时，嘴角上提。可以通过张口吸气或用"半打哈欠"感觉体会喉部、舌根、下巴放松，这时的口腔共鸣会加大。在打开口腔的时候，同时注意唇的收拢。

① 鼻腔共鸣。鼻腔共鸣是由"鼻窦"实现的。鼻窦中的额窦、蝶窦、上颚窦、筛窦等，它们各有小小的孔窦与鼻腔相连，发音时这些小孔窦起共鸣作用使声音响亮、传得更远。运用鼻腔时，软腭放松，打开口腔与鼻腔的通道使声音沿着硬腭向上走，使鼻腔的小窦穴处充满气，头部要有振动感。这样，发出的声音才会震荡、有弹力。但要注意，鼻腔色彩不能过量，过量就会形成"囊鼻音"。

【小训练 2-4】

词组练习：妈妈　光芒　中央　接纳　头脑

蓝蓝的天上白云飘，白云下面马儿跑，挥动鞭儿响四方，百鸟齐飞翔。

② 口腔共鸣。口抬起，呈微笑状，使整个口腔保持一定张力，口腔壁、咽腔壁的肌肉

处于积极状态。这样,声带发出的声音随气流的推动流畅向前,在口腔的前上部引起振动,形成共鸣效果。共鸣时要把气息弹上去,弹到共鸣点。声音必须集中,同时还要带上感情,兴奋起来。这样才会达到一个好的共鸣效果。

【小训练2-5】

词组练习:澎湃　冰雹　拍照　平静　抨击　批评　哗啦啦　啪啪扑　哽咽

绕口令:山上五棵树,架上五壶醋,林中五只鹿,柜中五条裤,伐了山上树,取下架上醋,捉住林中鹿,拿出柜中裤。

③ 胸腔共鸣。胸腔是指声门以下的共鸣腔体,属于下部共鸣腔体,它可以使声音结实浑厚、音量大。运动胸腔共鸣时,声带振动,声音反着气流的方向通过骨骼和肌肉组织壁传到肺腔,这时胸部明显感到振动,从而产生共鸣。有了这个底座共鸣的支持,声音才会真实,不飘。胸腔的空间及共鸣能量大,发出的声音有深度和宽度,声音更浑厚、宽广。

【小训练2-6】

① 胸腔共鸣训练

"a"元音直上、直下、滑动练习。

词组练习:百炼成钢　翻江倒海　追悔莫及

句子练习:小柳树,满地栽,金花谢,银花开。

② 发声练习

口腔打开,使下面一组音从胸腔逐渐向口腔、鼻腔过渡。要求放慢、拖长、找准共鸣位置。

a-mai-mao-mi-mu

③ 朗读共鸣练习

朗读《七律·长征》(毛泽东),要求放慢速度,有意识地夸张,尽量找出最佳共鸣效果。声音适当偏后些,使之浑厚有力。注意防止"囊鼻音"。

红—军—不怕—远—征—难,

万—水—千—山—只—等—闲。

五岭—逶迤—腾—细—浪,

乌蒙—磅礴—走—泥—丸。

金沙—水拍—云—崖暖,

大渡—桥横—铁—索—寒。

更喜岷山—千—里—雪,

三军过后—尽—开—颜。

④ 假设分别向1人、10人、50人、1000人讲话,或者在教室、大礼堂、体育场等地朗诵或喊口令,十分准确地运用声音。

在进行共鸣训练时,扩大共鸣腔要适度,不能无限制,要以不失本音音色为前提。同时,应该学会控制共鸣腔肌肉的紧张度,保持均衡的紧张状态。另外共鸣腔各部位包括肌肉要协同动作,这样声音的质量才能真正提高。

3. 吐字归音

吐字归音是汉语(汉字)的发声法则,即"出字"和"收字"的技巧。我们把一个字分为字头、字腹和字尾三部分,"吐字"是对字头的要求,"归音"是对字腹尤其是对字尾的发音要求。

① 吐字。吐字也叫咬字。一是注意口型,口型该大开时不能半开,该圆唇的时候不能展唇,尽量使声音立起来;二是注意字头,字头是字音的开始阶段,要求叼住弹出。要做到吐字清晰,发音有力,摆准部位,蓄足气流,干净利落,富有弹性。只有这样吐字才能使声音圆润、清楚。

【小训练 2-7】

读下面的绕口令。先慢读,注意分辨声母,发好字头音,读准声调,读几遍后再加速。

① 白石白又滑,搬来白石搭白塔。白石塔,白石塔,白石搭石塔,白塔白石搭。搭好白石塔,白塔白又滑。

② 四和十,十和四,十四和四十,四十和十四。说好四和十,得靠舌头和牙齿。谁说四十是"细席",他的舌头没用力;谁说十四是"适时",他的舌头没伸直。认真学,常练习,十四、四十、四十四。

② 归音。字尾是字音的收尾部分,指韵母的韵尾。归音是指字腹到字尾这个收音过程。收音时,唇舌的动作一定要到位,字腹要拉开立起,即在字腹弹出后口腔随字腹的到来扯起适当的开度,共鸣主要在这儿体现,然后收住,要收得干净利落,不拖泥带水,但也不能草草收住。如"天安门"三个字收音时舌位要平放,舌尖抵住上齿龈,归到前鼻韵母"n"音上。只有这样归音才到位,才能使声音饱满,富有韵味。

【小训练 2-8】

读下面的绕口令,注意"n"和"ng"的收音。

梁家庄有个梁大娘,梁大娘家盖新房。大娘邻居大老梁,到梁大娘家看大娘,赶上梁大娘家上大梁,老梁帮着大娘扛大梁,大梁稳稳当当上了墙,大娘高高兴兴谢老梁。

4. 节奏练习

有声语言的节奏是语言中的音节排列组合后体现出的一种均衡和谐的美。节奏的构成主要有重音、停顿、语速、抑扬等。

(1)重音。重音是指在句子中某个词语说得特别重或者特别长。重音通常分两类,一类是与句子的结构有关,叫作结构重音;另一类与强调的某个潜在的语义有关,叫作强调重音。在说话人没有任何强调意思时,句中的结构重音就起作用了,这时的重音是句中组成成分之间相比较而存在的。例如,在简单的主谓句中,旨在说明主语"怎么样了"时,相比之下,谓语重些。如小王买了(重音在"买")。如果句中有宾语,则宾语较重,如小王买计算机了(重音在"计算机")。如果句中有修饰语,则修饰语较重,如楼上的小王买计算机了(重音在"楼上")。强调重音没有固定的位置,是根据表达者所要强调的潜在意义决定的,但强调重音也不是随心所欲的,要根据上下文意思决定。例如,我们要起诉施虐者(实施起诉的不是别人);我们要起诉施虐者(不是采取别的行为,是起诉);我们要起诉施虐者(起诉的对象是施虐者)。

【小训练 2-9】

说出下面的话,注意重音。

他吃了一块蛋糕。

他吃了一块蛋糕。

他吃了一块蛋糕。

他吃了一块蛋糕。

(2) 停顿。停顿是指在语言交流中的语句或是词语间声音上的间歇。停顿一方面是我们生理和心理的需要;另一方面它也起到控制节奏、强调重点的作用;同时也是给听者一个思考、理解和接受的时间,使听者更好地理解语义。停顿有多种性质,一是语法停顿,这类停顿基本依据标点来处理,如句号、问号、感叹号的停顿就要比顿号、逗号、分号的长;二是层次停顿,语义的层次需要停顿来表达清楚,这既包括语言中大的意思层次,如一节或一段,也指一句话中的语义的层次;三是呼应性的停顿,如果是一大段的语言内容,往往会出现整体性的呼应或是局部呼应,这种情况声音必须停顿,否则就会造成呼应中断,影响语义的表达,如:这对小燕子,便是我们故乡的那/一对,两对吗?(郑振铎《海燕》)四是音节性停顿,这主要是指节奏感比较强的诗词朗读时,如:空山/新雨后,天气/晚来秋(王维《山居秋暝》);五是强调性停顿,即为了突出句中的某些重要词语,而在这些词语的前或后稍加停顿,如:有的人活着/他已经死了;有的人死了/他还活着(臧克家《有的人》)。

(3) 语速。语速是指语言节奏的快慢。它是体现语言节奏、表达思想感情的重要手段。在现实生活中,凡是兴奋、激动,就会语速加快;而沉思、平静时,语速就变慢。因此,一方面语速的运用要与内容、情感有关,另一方面也受不同场合的影响。做报告、播音的语速就相对较慢,而讲课的语速则要快一些,最快的则是我们常常听到的体育赛事的转播解说。

(4) 抑扬。抑扬是指语调高低升降的变化。抑扬顿挫才会引人入胜。下面几种语言节奏较为常用,应注意掌握。

① 高亢型。声音偏高,起伏较大,语调昂扬,语势多上行。用于鼓动性强的演说、叙述一件重大的事件、宣传重要决定及使人激动的事。

② 低沉型。语速偏慢,语气压抑,语势多下行。多用于悲剧色彩的事件叙述,或慰问、怀念等。

③ 凝重型。声音适中,语速适当,既不高亢,也不低沉,重点词语清晰沉稳,次要词语不轻不促。用于发表议论和某种语重心长的劝说,或抒发感情等。

④ 轻快型。多扬少抑,听起来不费力。日常性的对话、一般性的辩论都可使用这种语言节奏。

⑤ 紧张型。语速较快,句中不延长停顿。用于重要情况的汇报,必须立即加以澄清的

<<<<<<<<<

事实申辩等。

⑥ 舒缓型。声音不高也不低，语速从容，既不急促，也不大起大落。说明性、解释性的叙述，学术探讨等宜用。

在不同的场合，要注意运用有效的发音。坚毅激进的声音，可以给人一种奋进感；柔和清脆的声音使人愉快；低缓忧郁的声音让人感伤；而粗俗急躁的声音使人愤怒。所以，要试着去掉自己的发音障碍，调整节奏和音色，使有声语言富有节奏，展示出声音的和谐之美，做个说话受人欢迎的人。

【小训练 2-10】

综合运用有声语言重音、语速、停顿、抑扬等技巧，根据语言的环境，读下面的内容。

① 伙计们都寻思起来，想什么办法呢？玉宝坐在旁边也想了一会儿，笑着说："叔叔，我有个好办法，咱们大家出口气，把那老小子打一顿。"（选自高玉宝《半夜鸡叫》）

② 康大叔显出看他不上的样子，冷笑着说："你没有听清我的话，看他的神气，是说阿义可怜哩。"（选自鲁迅《药》）

③ 我为少男少女们歌唱，我歌唱早晨，我歌唱希望，我歌唱那些属于未来的事物，我歌唱正在生长的力量。（选自何其芳《我为少男少女们歌唱》）

④ 范柳原冷冷地道："你不爱我，你有什么办法，你做得了主么？"白流苏道："你若真爱我的话，你还顾得了这些！"范柳原道："我不至于那么糊涂。我犯不着花了钱娶一个对我毫无感情的人来管束我。那太不公平了。对于你，那也不公平。噢，也许你不在乎。"（选自张爱玲《倾城之恋》）

⑤ 一生中能有这样两个发现，该是很够了，即使只能做出一个这样的发现，也已经是幸福的了。但是马克思在他研究的每一个领域，甚至数学领域都有独到的发现，这样的领域是很多的，而且其中任何一个领域他都不是肤浅地研究的。（选自恩格斯《在马克思墓前的讲话》）

第二节　态 势 语 言

一、态势语言概述

在与人交谈时，在说话者用有声语言"说"的同时，还要运用一定的肢体语言来传递某些信息，以形成一种整体美感效应，这就是"态势语言"。从某种角度来讲，它传递的信息比有声语言更丰富、更真实、更有效。在交际过程中，人们所获得的感觉印象大多数来源于视觉，据测定，77% 来自眼睛，14% 来自耳朵，9% 来自其他感觉器官。因此，在口语交际中，声音之外的表情达意的其他要素的作用重大，不容忽视。

1. 态势语言的含义

态势语言是指通过人体某一部分形态的变化来交流思想、表达情感的一种辅助性语言方式，也叫体态语、无声语言、人体语言、态势语言等。主要内容包括表情、手势、姿态、服饰等几个方面。它是一种没有声音的伴随性语言,与有声语言一起构成语言交流的整体,相辅相成,共同表达确切的、完整的信息。

2．态势语言的作用

美国心理学家艾伯特·梅拉比安通过长时间的观察实验得出一个结论:人们在交流中的信息表达由三个方面组成:55%的体态、38%的声调及7%的语气词。由此可见,态势语言在语言交流中的重要作用。人们不可能接受一个面部毫无表情、身体僵化的人滔滔不绝的言论,尽管其语言可能非常流畅。僵化的态势语言向人们传递着某种信息:听众会认为他是一个心理素质极差、缺乏沟通能力、没有思想、毫无生气的留声机,听者是不可能忍受的。相反,一名哑剧演员在台上即使不发声也会使听众完全领会他要表达的内容和情感;交通警察在指挥交通时单凭手势就足以使每一个过往司机和行人明白其意图。人们在语言的交流中如果能够有效地运用态势语,使有声语言与态势语融为一体,相互补充,言辞接于耳,姿态接于目,两者合而为一,就能获得语言交流的成功。

(1) 对有声语言的替代与补充。有声语言作为语言交流中最主要的一种表达手段,是信息传递的主要载体,而态势语言是指语言交流中的姿态动作、手势、表情等。它是流动着的形体动作,辅助有声语言运载着思想和感情,诉诸听众的视觉器官,产生效应。“言之不足,故手之舞之,足之蹈之”。态势语言信息含量丰富,虽然在语言交流中处于从属地位,但它却能够替代和补充有声语言,简洁直观,听者一看则明。列宁在演讲中,时常运用富有个性色彩的态势语言。他喜欢以一手下压的动作,表示对当时腐朽的社会制度的蔑视和愤怒,而用一手向上前方伸展的姿态,向听众展示光明灿烂的革命前途。他的演讲动作干净利落,带给听众以极大的鼓舞。而斯大林在讲话时,则习惯手拿烟斗,边讲边摇头,这一动作,成为他独特的演讲风格的一部分。

(2) 对有声语言的突出与强化。在语言交流过程中,会经常出现单凭有声语言表达效果不尽完善的时候。通过态势语言可以对有声语言不便说、不好说或不尽完善的方面加以完善补充,进而起到强化的作用。恰到好处的有声语言表达与自然得体的态势语言相互配合,能够更加形象、准确地传递信息,强化表达的感染力,拉近语言交流双方的心理距离。林肯经常在谈话途中停顿。当他说到一项要点,而且希望他的听众在脑中留下极为深刻的印象时,他会倾身向前,直接望着对方的眼睛,足足有一分钟之久,但却一句话也不说。这种突然而来的沉默和突然而来的嘈杂声有相同的效果,使在场的每个听众都提高注意力并警觉起来,注意倾听他下一句将说些什么。例如,在他和道格拉斯那场著名的辩论接近尾声时,所有迹象都表明他已失败,他因此感到沮丧。在演说的最后,林肯突然停顿下来,默默站了一分钟,望着他面前那些听众的脸孔,他那深陷下去的忧郁的眼睛跟平常一样,似乎满含未曾流下来的眼泪。他把自己的双手紧紧并在一起,仿佛它们已太疲乏了,无法应付这场战斗,然后,他以他那独特的单调声音说道:“朋友们,不管是道格拉斯法官或我自己被选入美国参议院,那是无关紧要的,一点关系也没有。但是我们今天向你们提出的这个重大问题才是最重要的,远胜过任何个人的利益和任何人的政治前途。朋友们,”说到这儿,他又停了下来,听众们屏息以待,唯恐漏掉了一个字,“即使在道格拉斯法官和我自己的那根可怜、脆弱、无用的舌头已经安息在坟墓中时,这个问题仍将继续存在、呼吸及燃烧。"为林肯写传记的一位作者指出:"这些简单的话,以及他当时的演说态度,深深打动了每个人的内心。"

（3）对听众情绪的调控与引导。态势语言在语言交流的整个进程中对听众会起到微妙的、不易察觉的情绪上的调控与引导作用。人们可以运用态势语言来影响听众,使听众的听解向着有利于自己的方向发展。有时单独依靠态势语言,还能起到"此时无声胜有声"的效果。例如,作家方纪在描写重庆谈判前毛泽东在机场登机的文章《挥手之间》中有这样一段细腻的描写:

机场上人群静静地立着,千百双眼睛跟着主席高大的身形在人群里移动,望着主席一步一步走近了飞机,一步一步地踏上了飞机的梯子。

这一会儿时间好长啊!人们屏住呼吸,一动不动地望着主席的一举手、一投足,直到他在飞机舱口停住,回转身来,又向着送行的人群。

人群又一次像疾风卷过水面,向着飞机涌了过去。主席站在飞机舱口,取下头上的帽子,注视着送行的人们,像是安慰,像是鼓励。人们不知道怎样表达自己的心情,只是拼命地一齐挥手,像是机场上蓦地刮来一阵狂风,千百条手臂挥舞着,从下面,从远处,伸向主席。

主席也举起手来,举起他那顶深灰色的盆式帽;但是举得很慢很慢,像是在举起一件十分沉重的东西。一点一点地,一点一点地,举起来,举起来;等到举过了头顶,忽然用力一挥,便停止在空中,一动不动了。

在这篇文章中,作者方纪通过细腻地描写毛主席在登机前的态势,向人们传达了他此时的心情、愿望。其态势语言胜过千言万语。

（4）对个人素质的无声展示。态势语言不仅可以补充、替代、强调有声语言,也是一个人思想情感的外化,是个人修养、风度、个性等方面的展示。良好的态势语言,能够提升一个人在听众心目中的地位,从而建立一种信任,同时还能给听众带来美好和谐的审美愉悦。而不当的态势语言则会降低其在听众心目中的地位,影响听众对其语言信息的接收。例如,一个人举止从容,说明其为人冷静;慌慌张张说明其不够自信或是缺少条理;面部微笑,说明心态阳光,对听众友好;而面部僵化说明其历练不足或是心理素质欠佳等。无论我们是否有意识地使用着态势语言,我们总是以某种态势出现在听众面前,而这种态势能够把人性格特征、内在涵养等方面的信息无声地传递给听众。态势语言既是一个人德才学识等各方面修养的外化,也是其特有的行为气质的外在方式,《世说新语·容止》载:"魏武将见匈奴使,自以形陋,不足雄远国,使崔季珪代,帝自捉刀立床头。既毕,令间谍问曰:'魏王何如?'匈奴使答曰:'魏王雅望非常;然床头捉刀人,此乃英雄也。'魏武闻之,追杀此使。"虽然曹操装扮成地位低下的卫士,可是,曹操高度的政治、军事文化素养,长期养成的封建时代的政治家的特有气质,并没有被他矮小的身材所掩盖,而被匈奴来使一语道破。

【小贴士 2-1】

演讲者形体语言的含义

- 小幅度摇腿或脚表示紧张。
- 将一只脚放在另一只脚上表示兴奋。

>>>>>>>>>

- 脚尖的指向度过于偏则给听众一种"不太热情"之感。
- 弯腰给人一种压抑情绪。
- 频频将手插入衣袋给人一种紧张的表现,尤其是拇指向外更不雅观。
- 将两手大拇指呈八字形插放侧面有一种威严感。
- 如果猛然坐下,给听众的感觉是演讲者太随便、太紧张。
- 挺直腰部反映出情绪高昂、充满自信,但太过头则给人一种骄狂姿态。
- 深坐给人一种老成之感,但年轻人演讲时忌用。
- 突出腹部表示自信满足,如果刻意体现则表达趾高气扬之感。
- 轻拍自己腹部,表示自己有风度和雅量。
- 把手按在腰腹上表示自己忠诚、可靠。
- 耸肩表示示威和吓唬对方,配合摇头或双手表示不明白、没办法之意。
- 抬头表示遐想、傲慢等。
- 点头表示同意、欣喜、致意、肯定、承认、感谢、应允、满意、认可、理解、顺从。
- 摇头表示否定。
- 侧头表示疑问。
- 歪头行礼表示天真。
- 抱头表示不同意。
- 垂头走路表示心事重重。
- 步频较快、轻松表示"春风得意"。
- 走路时眼光正视前方,手摆幅度大,表示趾高气扬,目空一切。
- 走路时拖着步子,速度太慢表示自卑、紧张、没有信心。
- 女性走路时手臂抬得高,显得精力充沛和快乐,但演讲中不能过分夸张。[①]

3．态势语言的运用原则

在人们的语言交流过程中,有声语言始终起着主导作用。态势语言对有声语言的辅助、补充、替代与强化作用,表明态势语言只是完成表达任务的手段而不是追求的最终目标。因此,对态势语言的运用要遵循以下原则。

(1) 自然真实。自然真实是与交流双方建立信任的基础,这是对态势语言运用的最基本要求。孙中山曾经这样告诫人们:"处处出于自然。"动作生硬,刻意表演,姿态做作,如背台词一般,这种态势会使听众感觉别扭、不真实、缺乏诚意。矫揉造作除了能够使听众心生反感之外,起不到任何积极作用。

(2) 符合个性。卡耐基比喻一个人的手势,就如同他的牙刷,应该是专属于他个人使用的东西,人人各不相同,只要他们顺其自然,应该每个人的态势语言都各不相同。我们可以学习他人得体的态势语言,但并不是完全复制,否则就失去了自己的风格。生活在不同时代、不同文化、不同国度的人,其态势语言的风格也会有所不同。例如,通过观察当代

---

① 袁红兰. 演讲与口才 [M]. 北京：航空工业出版社，2014.

的中国领导人和美国领导人，他们在语言表达中通过态势传递的个性都是不同的。因此，在态势语言的学习上，要结合自身的个性特点来训练态势。例如，一个人如果平时就比较安静，与人交谈时不喜欢用手势，那么在交流中也不必一定要加入手势，因为使用者首先自己会感到别扭，所做出的手势往往就会僵硬，不够自然。

（3）服从内容。口语交流中的一举一动、一颦一笑，都应目的明确，与语言的内容一致，服从语言内容的要求，从而切实起到传情达意的需要。同时要善于随着语言内容、情感的变化，适当地变换动作和姿态，以期生动活泼，富于魅力。如果交流的内容是一个相对严肃的话题，那么态势语言也应庄重严肃；反之，如果交流的内容是一个相对轻松的话题，那么态势语言也应活泼轻松。

（4）合乎礼仪。在上述原则基础上，表达者需要修正自己的态势，使其符合礼仪规范的要求。因为态势语言可以无声地向听众展示着个人素质。态势语言的举止优雅、彬彬有礼、张弛有度可以显示出表达者良好的教养和从容自信的内涵，从而使听者加深对其个人魅力的认同。如果一个人态势上粗鲁无礼、缺乏修养，那么他就很难在听众中建立起信任。美国总统尼克松在他的《回忆录》中对周恩来总理的谈话风度做了如下描述。

周恩来的敏捷机智大大超过了我能知道的其他任何一位世界领袖。这是中国独有的、特殊的品德，是多少世纪以来的历史发展和中国文明的精华结晶。他做人很谦虚，但透着坚定。他优雅的举止，直率而从容的姿态，都显示出巨大的魅力和泰然自若的风度。他从来不提高讲话的调门、不敲桌子，也不以中止谈判相威胁来迫使对方让步。他在手里有"牌"时，说话的声音反而更加柔和了……在谈话中，他有四个特点给我留下了不可磨灭的印象：精力充沛，准备充分，谈判中显示出高超的技巧，在压力下表现得泰然自若。

从这段话中我们可以看出，周总理的态势语正是他的智慧、品德的外在表现。

为了使自己的态势语言自然得体，在日常训练与运用中必须注意以下几个问题：一是不要与内容脱节。如一位演讲者在说完"让我们张开双臂，迎接这个春天吧！"之后才生硬地举起双手，这样就破坏了和谐美。二是不要夸张、表演。无"雕饰"的态势语言才会给人以美的享受，否则只能产生负效应。如一位演讲者最后说到"我们要勇往直前！"时，她前腿弓，后腿绷，右手伸向斜上方来了个造型，使全场哗然。三是不要过频过滥。在交流中，态势语言毕竟是一种辅助性的手段，决不能喧宾夺主。无目的地重复"掏心"动作，不仅没有任何意义，而且会使听众眼花缭乱，破坏语言的效果。四是不要生硬地模仿他人。每人讲话时都有自己的动作习惯，态势语言的设计要根据自身的条件加工提炼。五是不要违反礼仪规范。如莫名其妙地傻笑，眼睛望着天花板，不时地用眼睛瞟向听众，东摇西晃，抓耳挠腮，挖鼻孔，揉眼睛，手无处可放等。

对于商务人员，尤其是销售人员来说，平时的工作主要以沟通为桥梁，因此更要重视态势语言，更要善于借助态势语言来表情达意。如果你希望给客户一个好印象，那么就要在手势、眼神、站姿及坐姿等方面下功夫，纠正那些不雅的、负面的肢体语言，具体如表 2-1 所示。

>>>>>>>>>

表 2-1 销售人员正确的肢体语言

名称	正确的肢体语言	错误的肢体语言
手势	(1) 在指点物品时,若所指物品较大应用全手掌指出;若所指物品较小,只用食指去指就行,同时要注意掌心朝上 (2) 在给客户带路时,销售人员应对客户说"请往这边走",同时全掌伸出,手指指示走路方向,手掌朝向对方 (3) 做手势时要配合肢体其他动作,单是打手势会让客户感觉不适	介绍产品时,用手背对着客户来指引其观看产品说明书,这会让客户觉得你不够坦白,因此要纠正
眼神	(1) 在与客户沟通时,销售人员的目光应注视客户眉宇之间的三角区域。此外,客户鼻子、嘴巴和下巴等也可作为重点关注区域 (2) 销售人员自己讲话或聆听客户讲话时,应不时地注意一下对方的眼睛 (3) 在客户提出特别请求或面谈即将结束时,销售人员可以把视线集中在客户的眼睛部位,这样会使客户产生亲切感	注视客户某一部位的时间过长,会给对方造成一种压迫感;如果目光游离,又会让对方觉得冷漠
站姿	(1) 正确的站姿是做好行礼、打招呼等后续动作的基础 (2) 销售人员站立时应一只脚稍微在前、另一只脚靠后并将重点放在后脚 (3) 销售人员在与客户沟通时,尽可能地站在客户的左边而不是正对面,否则会给客户压迫感	站着时不断地摇晃肩膀或不断地倒换双脚,这会让客户认为你不耐烦,想尽快结束谈话
坐姿	(1) 就座时最好坐满整个椅面,但背部不可靠在椅背上 (2) 坐着时,身体基本保持正直,可微前倾,双手端正地放在两腿上 (3) 女士应双腿并拢,男士的两膝盖间应保持一个拳头左右的距离	坐在椅子上时,两腿向前伸得长长的,或跷起二郎腿晃来晃去,这会令客户反感,也不礼貌

【小贴士 2-2】

梁实秋描述梁启超演讲时的风采

梁实秋在《记梁任公先生的一次演讲》中对梁启超演讲时的风采做了如下的描述。

出场给人的第一印象:

我记得清清楚楚,在一个风和日丽的下午,高等科楼上大教堂里坐满了听众,随后走进了一位短小精悍秃头顶宽下巴的人物,穿着肥大的长袍,步履稳健,风神潇洒,左右顾盼,光芒四射,这就是梁任公先生。

演讲中的激情四溢:

先生的讲演,到紧张处便为表演。他真是手之舞之足之蹈之,有时掩面,有时顿足,有时狂笑,有时叹息。听他讲到他最喜爱的"桃花扇",讲到"高皇帝,在九天,不管……"那一段,他悲从中来,竟痛哭流涕而不能自已。他掏出手巾拭泪,听讲的人不知有几多也泪下沾襟了! 又听他讲杜氏讲到"剑外忽传收蓟北,初闻涕泪满衣裳……",先生又真是于涕泗交流之中张口大笑了。

<<<<<<<<<

二、态势语言的构成

在美国一个现代化的养蜂场中养了几百箱的蜜蜂,在每一个蜂巢里都装上一面很大的放大镜,只要按下按钮,蜂巢内部就会被电灯照得通明。因此,任何时候,不管是白天或夜晚,这些蜜蜂的一举一动都能被很细致地观察到。在语言交流中,表达者的情况也与此相似,听众都在用心观察,以期更好地理解其意图,所有的眼睛都看着他。在这种情况下,他个人外表上最微小的不协调之处,就显得格外醒目。所以在语言交流的训练中,态势语言训练至关重要,尤其在细节处理上。态势语言主要包括目光语、表情语、体态语和手势语四个方面。

(一)目光语

眼睛是心灵的窗户。眼睛是最能传神的,是口语交流中表达感情信息的重要渠道,会产生很强的感染力。兴奋、热情的目光会使听众高兴;和蔼、关切的目光会使听众感到亲切;坚定、自信、充满希望的目光会使听众受到鼓舞;冷峻如剑的目光会使听众毛骨悚然;充满仇恨的目光会使听众怒火中烧。因此,应注意运用目光语来表达内在的丰富感情。目光语主要体现在时间、部位和方式三个方面。

1.时间

实验表明,在整个语言交流过程中,双方的目光相接累计应达到50%～70%的时间,只有这样,才能在彼此间建立起信任和喜欢。如果目光相接不足全部交谈时间的1/3,则表示对交流内容不感兴趣。还要注意的是,在语言交流中除关系十分亲密的外,一般连续注视对方的时间应在1～2秒,否则会给对方造成不舒服的感觉。如果长时间对异性注视或是上下打量,都是不合礼仪的。

2.部位

目光语的部位在场合不同、对象不同的情况下而有所不同。在业务洽谈、交易磋商、贸易谈判等这些公务活动中,目光停留的部位是对方的前额至双眼这一区域,显得认真严肃、有诚意、积极主动,容易把握交谈的控制权。在大多数的社交场所,目光停留的部位则是对方的双眼至嘴这一区域,显得友善尊重,富于关切。而对于异性之间,特别是恋人之间,目光则更多停留在对方的双眼和胸部之间,对于关系并不密切,甚至陌生人之间,这种目光语则是不合礼仪的。

3.方式

目光语的使用方式主要有以下三种:一是环视法。这是用眼睛环视听众的方法。在环视过程中要做到神态自然,视线在全场按一定部位自然地流转,环视场内听众。这种目光可以控制听众的情绪,了解听众的反应,检查语言表达的效果。但头部不可大幅度地转动,以免扰乱听众视线,分散听众的注意力;也不可以过于呆板,使听众感到僵化而无生气。二是注视法。这是把视线集中到某一听众或某一区域,只同个别或部分听众交流的视线,以对听众做比较细致的心理调查,启发引导全场听众专心听讲,或制止个别听众在

>>>>>>>>>

场内小声议论、搞小动作等。但注视个别听众时目的要明确,时间不宜过长,能让听众充分理解其意图即可。三是虚视法。这是用眼睛似看非看的方法。虚视要求睁大眼睛面向全场听众而不专注某一点,使每一个听众都感觉到被注视。这种目光能够控制全场,可以克服语言交流中的怯场心理;在回忆和描述某种情景时,还可以表示思考,带领听众进入想象的理想境界,使听众受到优美意境的熏陶和感染。目光语必须注意与面部其他表情协调一致,与有声语言密切配合,而且反应要灵敏、自然、和谐,不可随意挤眉弄眼,生硬做作。运用虚视法,要做到"目中无人,心中有人"。

(二)表情语

面部表情能反映一个人的内心,它是"心灵的镜子"。这面镜子,是由脸的颜色、光泽、肌肉的收与展,以及脸面的纹路所组成的。它以最灵敏的特点,把具有各种复杂变化的内心世界,如高兴、悲哀、痛苦、畏惧、愤怒、失望、忧虑、烦恼、疑惑等最迅速、最敏捷、最充分地反映出来。面部表情包括眼、脸、眉、口四个部分。因为前面已对目光语进行了详细的阐述,在此对面部表情中的"眼"就不再重复,只阐述其余三个部分。

1. 脸

脸的表情依靠脸面肌筋动作和肌肉颜色、纹路的变化,而脸面肌肉颜色、纹路的变化又跟脸面肌筋动作的变化密切相关。一般是"愉快""和谐""善意"的表情,脸上的肌筋动作都向上;"不快""悲哀""痛苦"的表情,脸上的肌筋动作都向下;若在感情剧烈的时候,脸上的肌筋动作,一部分向上,一部分向下,一部分向左右牵扭,失去其和谐性。我们在训练表情语时,可以选择一些感情丰富的演讲词,经过认真研读领会之后,带着感情对镜子训练面部表情,使面部表情能够准确鲜明地反映出自己内在的真实感情。

2. 眉

眉和目相连,眉目常联合传情。如眉目低垂,表示冷漠;眉目骤张,表示恼怒;双眉紧锁,表示忧愁;眉飞色舞,表示兴奋等。在运用表情语时,眉的动作变化,必须和眼睛的变化协调配合。

3. 口

口形变化能够表情达意。具体情况有以下几个方面:口角向上,表示"高兴""愉快""谦逊";口角向下,表示"忧愁""失望";嘴唇紧闭,口角向下,表示"厌恶""不满";嘴唇微开,口角向下,表示"悲哀""痛苦";口大张,表示"畏惧""恐怖";口角平直而嘴紧闭,表示"警惕""坚定";口角平而嘴唇颤抖,表示"气愤""激动"等。上述口形与脸面、眼神要协调配合,不能截然分开。

语言交流中,人的表情主要在面部,它受两种因素的制约:一是对听众的态度,二是所讲内容。对听众的态度,表情的基调应是微笑,它是"招人喜欢"的秘诀;就内容来说,表情应丰富,喜怒哀乐都可出现。比如有位推销员,他出现在客户面前时,全身散发出一种气息,仿佛在说他很高兴能来到这儿,他很喜欢他即将进行的推销工作。他总是面带微笑,而且显得十分乐意见到客户。因此,很快地,他的客户必然会觉得他十分亲切,而对他大表欢迎。

（三）体态语

我们常说"坐有坐相，站有站姿""立如松，坐如钟，卧如弓，行如风"。这些体态规范在语言交流中虽然不必完全效仿，但我们却要明白，稳定优美、舒适自然的体态，有利于塑造一个人良好的形象。体态语主要指站姿、坐姿和移动。

1．站姿

脚是整个人体的底盘，脚的姿势关系到人的"站相"，而且许多姿态发源于此。站立姿态适当，会觉得全身轻松，呼吸畅快，易于旋转，让听众看着顺眼、舒适，体现着一种体态美、形象美。语言交流中表达者的体态、风貌、举止、表情都应该给听众以协调平衡以至美的感受。一般地，得体的站姿主要有以下两种。

一是"丁"字式站姿。站立的姿势，一般提倡"丁"字步。即一只脚在前，一只脚在后，两脚之间呈90°垂直角的"丁"字形，两腿前后交叉距离以不超过一只脚板的长度为宜。站立时，全身的力量都应集中在前脚上，后脚跟略为提起。其中，右脚在前，左脚在后，可称为"右势丁字形"；左脚在前，右脚在后，可称为"左势丁字形"。这种"丁"字式站姿用于表达强烈的感情，有利于调动听众的兴趣和情绪。运用"丁"字式站姿需要注意的是两脚不宜紧靠在一起，否则会显得呆板，没有精神；两只脚不要平行地放在一条直线上，因为两腿所构成的平面，与前排听众的视线构成平行状态，如果身体的重力均等地落在两只脚上，就会形成机械对称，失去对比，不仅毫无美感，而且直接影响语言的效果。

二是"稍息式"站姿。"稍息式"站姿是两脚之间任何一脚略向前跨步，两脚之间呈75°角，脚跟距离在15厘米左右。这种站姿要求两腿均须直立，一身力量多半集中在后脚，前脚只有辅助作用。在交流过程中，也可以根据需要随时变换左势和右势。要改变站姿时，需要后脚前进一步，变左势为右势，或变右势为左势即可。"稍息"式站姿在语言交流中广泛运用，特别是在说理、达意、传知等场合时，一般都用这种形式。

除此之外，站立时应注意收腹挺胸，做到"松而不懈，挺而不僵"。要克服不良的习惯动作：身子东摇西晃，背着手来回走动，以脚尖"打点"，紧张时抓耳挠腮等。

2．坐姿

优雅美观的坐姿，不仅能塑造完美的自我形象，还可以减轻自己的疲劳。男性坐着的时候，要抬头、挺胸、收腹、两眼平视对方，两腿与肩平齐，要表现出男性的自信与大方。女性的坐姿与男性要求不同，强调坐姿要优雅，要求坐在凳子的1/3或1/2处，不要靠椅背，胸脯不要靠前桌，身体稍稍向左或右侧15°为宜，一只脚的拇指紧接着另一只脚的脚跟，膝盖并拢。不论是男性还是女性，都切忌"跷二郎腿"；如果"跷二郎腿"还轻轻抖动，就会传达出说话者漫不经心、懒散、对话题不感兴趣等信息。长时间的交流，可采取坐姿和站姿相结合，这样既可减少自己的劳累不适，也能形成一种"动静相济"的效果。动静结合更能突出表达所注重的思想情感。罗斯福认为交流的技巧在于："亲切、简短、坐着说。""坐着说"比较随便，这对于"拉家常"式的交流较为适合。

3．移动

移动是指整个身体的运动。在语言交流中，有的人自始至终都会完全静止地站着，而

>>>>>>>>>

有的人则可能不断走动。动与不动的原则是,如果没有移动的理由,最好的做法是站在原地。必要的移动应该有助于强调过渡、强调观点或将注意力吸引到语言内容的一个特别的方面。避免不自觉的运动、跳动或是摇晃,不停地左右换脚,从场地的一侧走到另一侧,这都会给听众造成眼花缭乱之感。

(四) 手势语

"手是人的第二张脸"。手的动作是态势语言的核心。在整个态势语言中,手势使用频率最高,作用也最明显。它不仅能够表情,还会达意。一些人上台讲话时,不能用、不会用或乱用手势,是因为缺乏手势语运用的严格训练。

1.手势语的活动范围

手势语活动范围分为上中下三个区域。上区(肩部以上):手势在这一区域活动,多表达积极、宏大、激昂的内容和感情,如表示坚定的信念、殷切的希望、胜利的欢呼、幸福的祝愿、愤怒的抗议等。"让我们扬起风帆,向着光明的未来奋勇前进!"右臂向斜上方打出,表示奋斗的决心。中区(肩部至腹部):手势在这一区域活动,多表达叙述事物和说明事理。一般表示比较平静的心情。"请相信我,我一定会做好这项工作的。我虽没有名牌大学的文凭,但我有勇于进取,敢于负责的品质。"右臂抬起,手抚心区,表示忠诚。下区(腹部以下):手势在这一区域活动,多表示否定、不悦、鄙视、憎恶和厌弃的内容和情感。"考试作弊,这是令人不齿的欺骗和盗窃行为。我们着重承诺,此类行为决不会在我们中间发生!"右后臂向胸前,然后迅速向斜下方打出,表示厌恶、憎恨。

2.手势语分类

手势语具体可分为情意手势、指示手势、象征手势和象形手势四种。情意手势是随着语言内容的起伏发展而用来表达自身思想感情的手势动作。如指心表示忠诚,抚胸表示悲哀等。指示手势是在交流过程中显示听众视觉范围内的事物的动作。如在说到你、我、他和这边、那边时,轻轻用手指示一下,使听众产生一种形象化的感觉。象征手势是伴随内容高潮的到来,用来引发听众心理上的联想的一种行为动作。如讲到"队友们,让我们团结起来,共同奋斗吧"时,可以把手果断地向前方伸出,以示未来,体现着一往无前的精神。象形手势可以模拟事物形状引起听众联想,给听众一个具体明确的印象。如要表达"什么是爱? 爱不是索取,而是奉献!"双臂可在胸前平伸,臂微弯,手心朝上,模拟心状物。

另外,手势中手指的作用也是不可忽视的,它可以表示数目,也可以指点他人和自己。如当对某人表示崇敬、赞扬之意可伸出大拇指。拳头的动作相对来说少一些,它一般用来表示愤怒、决心、力量或警告等意思。但不到感情激烈时不要用,而且不可多用。

第三节 心理素质

美国权威杂志《读者文摘》曾在全美范围做了一次关于"你最害怕什么"的调查,调查结果显示,许多人最害怕的是"当众说话",而"怕死"反而排在了第六位。言语表达能否成功在很大程度上取决于说话者的心理素质,因为心理素质很大程度上决定了说

<<<<<<<<<

话者能否在表达过程中镇定自若地面对听众,能否充分发挥自己的口才水平。

这里我们着重探讨一下口才与心理素质的关系,以及心理素质的培养途径与训练方法。

一、口才与心理素质的关系

心理素质是指一个人的思想、观念、情感、意志的修养和能力,是先天遗传和后天教育的综合。在一般情况下,心理素质可包括个性品质、心理健康状况、智力和非智力的因素、自信心和自我认识能力等内容。对商务人员来说,良好的心理素质对商务口才的发挥具有很大的促进作用。口才与心理素质是互相作用、密切相关的。

(一)心理素质是口才的基础

人人都要说话,但并非人人都会说话,更不是人人都具有口才。一个人口才的好坏,与其本身的素质,尤其是心理素质有很大关系。一个人的性格、气质、心理定式、成功欲、自信心、自制力、需要、兴趣等心理因素对口才都有着重要影响。口才表达中的人的心理由心理过程和个性心理组成。心理过程包括认识过程、情感过程和意志过程;个性心理包括个性倾向和心理特征。这里我们从以下几个主要方面谈谈。[①]

1. 气质

目前心理学家普遍认为,人的气质主要是由遗传决定的,可分为胆汁质、多血质、抑郁质和黏液质四种。不同气质类型的人在进行口语表述时会有不同的特征表现。

多血质的人就像春天,具有外倾性。其特征是活泼好动,思维敏捷,善于交际,做事粗枝大叶,所以在群体中语言富有感染力,表情生动,在人群中比较受欢迎,但是喜怒易变,注意力易转移,对事物的热情持续不长。此类人在当众讲话时需要控制好自己的注意力,保持交流的热情。

胆汁质的人就像夏天,具有外倾性。其特征是热情兴奋,直率坦诚,乐观向上,所以在说话时毫不怯场,情感强烈,但言辞上不讲求策略,率性而为,无意中个别表述会惹恼听者,使沟通无法进行下去或当面遭到对方言语上的反击。此类人在当众讲话时需要控制自己的情绪,三思而后行。

抑郁质的人就像秋天,其特征是沉稳、细腻,多愁善感,富于想象,优柔寡断,遇困难易畏缩,与人沟通时主动性较差,所以在说话时善于控制感情,言辞能经过深思熟虑后再出口,一般都能让听者接受。但在紧急关头缺少了当机立断的魄力,有时就失去了良机,难于让听者心理上认同其行为。此类人在当众讲话时只需在紧急关头果断地拿出自己的决定,便会受到听者的欢迎。

---

① 汪彤彤,王平. 商务口才实用教程 [M]. 北京:中国人民大学出版社,2011.

>>>>>>>>

黏液质的人就像冬天,其特征是富于理性,情感不外露,自制力强,善于完成需长时间注意力集中的工作,但行动缓慢,不善于随机应变,所以在说话时不轻易表达自己观点,遇事冷静处理,按部就班之中完成自己的表述,难见创新之举,容易让听者失去兴趣感到枯燥。此类人在当众讲话时需要恰当表达自己的内心情感,改变一些不痛不痒的表达方式。

2. 性格

性格是指人在社会生活中所形成的,对现时稳固的态度及与之相适应的习惯化了的行为方面的个性心理特征。不同的性格在口语表达中有不同的特点,对口语整体风格的形成有着很大影响。例如,性格内向的人,说话常常是一本正经,喜欢辩论,容易恼怒,在大众面前常常局促不安,易为赞赏所打动,不愿意受人差遣,意见易趋于极端。性格外向的人表现欲和表现力都较强,感情强烈外露,说话流利,不喜欢固执争辩,判断迅速,不愿意追根问底,在大庭广众面前落落大方,不介意别人的批评,服从命令,很容易理解别人的言语和动作,但是其行为往往不太稳定。中间型性格的人为数较多,其特点兼而有之。

3. 自信心

自信是人类一切创造活动的心理前提,也是口语交际正常进行的心理动力和心理支柱,没有自信就不会有主动的口语表达和成功的人际交往。自信心是人们对各类活动有无成功把握的估计判断及其心理定势。一个人如果对自己的口语表达有成功的把握,就表示他具有强烈的自信心,而强烈的自信心可以使交际者情绪高昂,思维活跃,智力进入最佳状态,交际潜力得到最大的发挥。

相反,一个人如果总是害怕、担心当众说话,不敢大胆地进行必要的交际,或在口语交际中不能充分地发挥自己的潜力和水平,常常是因为怀疑自己的能力,就表示他缺乏自信心。自信心的缺乏往往带来口语表达的障碍和人际交往的失败。自信心的强弱可以通过不断地实践来调整。语言表达者通过语言、语音、语调、仪表、仪态等方面的不断练习,面对听众就能做到镇定自若、热情果断、言语流畅,就能获得良好的表达效果,自信心也会随之大增。

【小贴士 2-3】

如何克服害羞

(1) 永远不要无缘无故把自己说得一无是处。也许你有做错事的时候,如说错话,但这并不表示你是笨拙的;也许你有缺点,如小眼睛,但也没必要感觉自己目光短浅、丑陋。

(2) 了解自己的优点和缺点。找些小卡片,把它们分成两种颜色:一种代表优点,另一种代表缺点,每张卡片写一个优点或缺点,然后检验一下哪个优点还没发挥,怎么去发挥这个优点;哪个缺点是你可以不在乎且可以忽略的,把这些可以忽略的、不在乎的缺点丢掉。这样做你就不会过分保护自己,然后你会发现自己的优点比缺点多;这样做能使你集中发挥自己的优点,克服自己的缺点。

(3) 试着坐在人群的中心位置。害羞的人常喜欢躲在角落,免得引人注目。因为这样也就没有人注意到自己,因而证实了“没人关心自己”的想法。改掉这个习惯,让别人有机会注意你、关心你。

(4) 有话大声说。害羞的人说话都很小声,不妨把你的音调提高,你就会更加相信自己有权说话。

(5) 别人跟你讲话时,眼睛要看着对方,害羞的人常常忘了这一点。当然不必瞪着对方,但至少要让对方知道你在倾听。

(6) 别人没有应答你的话时,要再重复一遍。不要替自己找理由说是别人对你的话不感兴趣。

(7) 别人打断你的话时,要继续把话说完。我们讲话时常会被打断,而害羞的人有时还会用动作来造成别人打断他的话,就好像那正是自己所期望的事。有时对方插话也表示他对你说的话很感兴趣,所以下次不要把中断谈话当作借口而逃出人群。

其实就这么简单——正确看待自己,大声说话,看着对方,让别人注意自己……就像改变其他行为一样,刚开始时总觉得不好意思,觉得还是回到老样子舒服些。这时你不妨先将一切担心往好的方面想,最重要的是不要在乎那些害怕心理,慢慢地你就会发现自己变成了另外一个人。一般人总认为是有了勇气才去行动,恰恰相反,对害羞的人来说是有了行动才会有勇气。

因此,心动不如行动,只要去做,你就会变得越来越自信。

4. 自制力

自制力是指克服自己不良情绪的心理能力,即根据需要对自我情绪和情感进行调节和控制的能力。我们常听到这样的话——"我气得(吓得、急得、激动得、高兴得……)说不出话来"。心平气和则心清智明,心清智明则百法萌生,被自己的不良情绪控制,心眼就被堵塞了,什么方法技巧都使不出来。过度的兴奋、忧虑、恐惧、厌恶、恼恨,尤其是过度的愤怒,不仅常常抑制人的口语表达水平的发挥,还常常使人失去理智而说蠢话做蠢事,使交际砸锅,有的甚至造成终身遗憾。所以,要进行正常有效的口语交流,提高自己的口才水平,必须学会在任何情况下,都要克制自己的不良情绪。总之,自制力是意志力的表现。锻炼自己的自制力,有效控制自己的不良情绪,是实现成功表达的重要保障。商务人员不能被不良情绪控制,而要控制住自己的不良情绪。

【小故事 2-3】

英国首相威尔逊的自控力

英国首相威尔逊在一次群众大会上演讲,反对者在下面吵闹,其中一个高声大骂"垃圾"。面对听众可能产生的误解和骚动,威尔逊首相沉稳宽厚地微笑,然后非常严肃地举起双手表示赞同,说:"这位先生说得好,我们一会儿就要讨论你特别感兴趣的脏乱问题了。"捣乱者顿时哑口无言,听众则报以热烈的掌声。

(资料来源:袁娜娜.急中生智的艺术 [J]. 新课程,2016(4).)

(二)口才是心理素质的集中体现

"闻一言而知贤愚",口头交际是最直接、最及时、最省事、最经济、最有效地了解人的志趣才能的"窗口"。在口头交际中,人的才、学、胆、识等,都能显露出来。随着就业压力的增大,每一位大学生毕业后都面临着自主择业、双向选择。各个公司、企业招聘各类人才,几乎都要进行面试。据调查,许多应聘失败者,在自我介绍或回答考官问题时表现为脸红心跳、语无伦次、词不达意,而那些应聘成功者则显得从容大方、不卑不亢,口语表达有条理,回答问题机智幽默。后者的成功得益于经常的口才锻炼。我们身边充满挑战和机遇,而机遇的获得,又是与口才紧密相关的,因为通过谈吐才能让别人对你有更深一层的了解,也就更容易取得信任并被委以重任。所以孔子说:"言以足志,文以足言。不言,谁知其志?"

【小故事2-4】

周恩来语惊四座

周总理的口才蜚声海内外,其应变的机敏、非凡的气魄、犀利的言辞,柔中有刚,就连对手也不禁发出赞叹之词。有一次周恩来在北京举行记者招待会,介绍中国经济建设的成就及对外方针,一西方记者出于对中国贫穷的讥笑,突然提问道:"中国人民银行有多少资金?"周恩来妙语以对:"中国人民银行的货币资金嘛,有18元8角8分。"对此回答,记者们不禁愕然。周恩来然后不慌不忙地细细做解释道:"中国人民银行发行面额为10元、5元、2元、1元、5角、2角、1角、5分、2分、1分的十种人民币,合计18元8角8分。中国人民银行是由全中国人民当家做主的金融机构,有全国人民做后盾,信用卓著、实力雄厚,它所发行的货币,是世界上最有信誉的一种货币,在国际上享有盛誉。"周恩来此语一出,惊动四座,激起场内听众雷鸣般的掌声。

(资料来源:曾宪林.周恩来妙用辞格显口才[J].党史文苑,2005(3).)

(三)口才对改善心理素质发挥作用

良好的口才需要以较高的心理素质为基础,反过来,经常性的口才训练又可以有效地促进思维的表达,培养大学生的主体意识,帮助其克服自卑感和实现自信,并使其观察力、记忆力、想象力、应变力及创造力等综合能力得到协调发展。现代社会,开放的程度越来越高,人们的交际越来越频繁,关系越来越错综复杂。只有具备良好的口才,才能更好地与人沟通思想,交流感情,学会与人相处、合作,为工作和生活创造和谐的人际关系环境。

【小故事2-5】

老教授的口才

某大学邀请一位老教授做报告,当时校园正进行青年歌手大奖赛,老教授发现不少学生站在走廊上,不进教室坐,可能是在权衡是留下来听讲座,还是去看青年歌手大奖赛。于是老教授说了这样一段话:"同学们,今天首先是你们鼓舞了我,你们放弃了青年歌手大奖赛来这里听我演讲,这说明你们严肃地进行了选择,在说与唱之间,一般人选择唱的,而你们都选择了说的;在年轻小伙子、姑娘和老头子之间,一般人选择小伙子和姑娘,而你们选择了我这半老头子。这说明你们认定说的比唱的好听，老头子比年轻人更有魅力，这使我产生了一种返老还童之感。"这位教授及时地抓住现场的氛围，幽默得体地赞美了听讲座的学子，使得站在走廊上的学生纷纷走进了教室。

（资料来源：佚名.怎样唤起听众的共鸣[EB/OL].[2016-09-06].http://www.xuexi.la/yanjiang/jiqiao/9948.html.）

二、心理素质的培养途径

（一）增强自信心

自信心是交际取得成功的首要条件，是指一个人对自身能力与特点的肯定程度，是人的意志和力量的体现，是良好的语言形象的重要组成部分。一个人的自信心不是与生俱来的，而是后天培养起来的。商务人员，尤其是刚涉足职场的年轻人，不要总想把一段话讲得尽善尽美，不出现丝毫纰漏，那样反而会在心理上造成一种不必要的压力。为了保持心理上的优势，一要消除自卑感，不必过多顾虑自我形象如何，只有做到"心底无私"，才能感到"天地宽阔"，自身的才气才会得到较好的发挥。二要正确对待听者，要了解环境和对象。要使语言富有感染力、说服力，就要尊重公众，放松情绪，不要一看到听众表情上的变化，便影响到自己的表达，给自己增加新的压力。三要有充分准备，对于自己说话的内容，尽可能事先想好，力争做到深思熟虑、胸有成竹，力求见解新颖、立论有据。同时，在语句搭配、表达方式上也需做必要的准备，有条件的还可事先练习练习。这样在语言表达过程中会表现得流畅自然，不致说到半截卡壳，也不会因发生意外情况而心慌意乱。

（二）提升自控能力

提升自控能力首先要确定明确的目标，把握言语表达的方向；其次要能够控制情绪，保持头脑冷静、清晰。在进行语言表达时，目标越明确，自我控制能力也就越强。这就要求我们学会通过意志行动来自我控制，努力集中注意力，遇事冷静，消除不良心理的影响，努力控制愤怒、不满和恐慌等情绪，克服其干扰，从而从容化解危机。下面，以控制愤怒情绪为例，介绍一下制怒的几种方法。

（1）智慧克敌。对那些引起发怒的事，要看得破，想得开，放得下，以宽广的胸怀去对待。一时看不破，就想想发怒的害处和不发怒的好处。

（2）目标监控。苏轼说，那些能够"卒然临之而不惊，无故加之而不怒"的人，是因为"其所恃甚大，而其志甚远（目标志向远大）也"。在交际过程中，如果能够始终牢记交际目的，就一定能控制住自己的不良情绪，而不会"小不忍而乱大谋"。

（3）转移注意力。瞬间或短时间将注意力转移一下，有助于控制不良情绪。

（4）养成忍的习惯。事到临头，依靠强忍也可制怒。强忍不是高明的办法，但养成忍的习惯后，也往往很有效。

（三）培养语言风度

语言风度是指一个人内在气质的语言表现，是一个人的涵养的外化。一个人风度翩

>>>>>>>>>

翻,会使他具有强烈的人际吸引力,使人仰慕不已。使自己的语言具有风度,是塑造语言形象的重要途径。

培养语言风度,首先,要提高思想修养。风度是一种品格和教养的体现。俗话说:"慧于心秀于言""腹有诗书气自华"。如果没有远大的理想抱负、造福于人类的美好心灵,没有正义感、助人为乐、平等待人等高尚的道德情操,没有广博的知识储备、较高的文化素养、优雅的生活情趣,那么其语言必然粗鄙、不雅,毫无魅力可言。所以,代表组织整体形象的公关人员更应注意从这一根本点入手,培养自己的风度。

其次,要使语言风度与自己的性格特征相吻合。风度是一种特征表现,各种不同的风度增添了人们交际的风采。商务人员要使自己成为成功、高雅的交际者,就应根据自己的气质、性格、特点来塑造自我风度,切勿东施效颦。正如卡耐基所说:"不要模仿别人。让我们发现自我,保持本色。"

最后,要注意修饰仪表。日本企业家松下幸之助平时穿着随便,不拘小节,头发很长。有一次,他理发时,理发师批评他说:"您是公司的总经理,一言一行都代表着整个公司,却这样不重衣冠,别人会怎么想?连总经理都这个样子,他公司的产品还会好吗?"理发师建议,今后理发应到东京去,松下觉得很有道理,从此开始重视自己的仪表了。商务人员作为组织的代言人,更要注意自己的仪表,服饰要整洁大方,显示个性,富有美感,同时注意发型和美容。当然,要塑造外表美,必须从培养和提高内在素质入手。

(四)提高应变能力

所谓应变能力,就是讲话者针对交流过程中出现的不利因素,机智地调整讲话内容或仪态等,以适应现场变化的快速反应能力。它能反映出讲话者应付、处置各种突发情况的心理素质。它要求讲话者即时、快速做出反应。随机应变是根据交际情境应对和变化,应注意几点:一是根据说话对象的基本情况决定说话策略;二是观察、分析交际对象的心理、心情变化,及时调整说话策略;三是利用交际场合中的其他情境因素(周围人的言行、交际的时间、交际的空间状况、交际时的天气、现场的各种声音和物品)借机发挥、借势发力。例如,王先生开了一家餐厅,生意兴隆。一日餐厅打烊又遇夫人河东狮吼,王先生情急之下钻到桌下,恰好客人返回来寻找丢失的东西,正好撞见,进退尴尬。这时八面玲珑的王太太急中生智拍了拍桌子:"我说抬,你说扛,正好来了帮手,下次再用你的神力吧!"王先生顺坡下驴大夸夫人想得周到,一场面子危机轻松化解。

演讲灵活性还表现在演讲者利用演讲环境中的不利因素,变不利为有利。演讲进行过程中,有时候环境的某些因素发生变化,演讲秩序遭到破坏,如处理不好,其影响是非常不利的。但是,演讲者能巧妙引导,则会变不利为有利。

第四节　口才思维

口才优劣从表面上看是技巧问题,从深层次看是思维问题。语言能力与思维能力密切相关。怎么说和说什么,反映了一个人的思维品质和思维能力,因此,演讲与口才的训练与提高应从思维训练开始。

<<<<<<<<

一、思维与口才

思维是人类特有的一种高级精神活动，是人脑对客观事物的一般特性和规律性的一种概括的、间接的反应，是人脑对客观事物在表象、概念的基础上进行分析、综合、判断、推理等认识活动的过程。作为一种高级的心理活动形式，思维的本质是对语言文字的运用。思维和语言都是人类在生活、生产等认识世界及改造世界的过程中创造和发展起来的。在人类社会实践中，思维和语言是谁也离不开谁。思维的工具是语言，思维依靠语言来进行。

1．思维影响、制约着语言和口才

思维是语言的内核，是口才的基础和核心，没有思维，就没有语言，也就没有口才。从根本上说，口语水平高低取决于表述的内容与形式，而表述内容与形式的水平高低则取决于表述的观点是否有水准，分析是否严密，判断、推理与表述是否合乎逻辑等。这些都直接取决于表述者的思维能力。具体来说，思维对语言和口才的影响，主要表现为以下几方面。

（1）思维决定着讲的内容。嘴上讲什么，全靠脑子里想什么。没有想到的，嘴上就说不出来。

（2）思维决定着讲的速度。讲述速度的快慢，是由思维的灵活性决定的。思维反应越灵活，主意就越多，说话也就越快。思维反应迟钝，语速也就慢。

（3）思维决定着讲的程度。不同的人，在口语交际的时候，表现各不同：有的人是"直筒子""知无不言，言无不尽"；有的人却"逢人只说三分话"；有的外交场合或谈判桌上需要说得明白无误，可有时却要用模糊语言去应付。这些都是在语言出口之前，已在脑子里思考好了的。

（4）思维决定着讲的效果。善于思考的人，思维严密的人，思维灵活的人，无论在交际谈判中、说服推销中，还是在批评教育人时，善于把握分寸，说话的效果就好，也容易达到目的。有的人思维混乱，粗浅疏漏，信口开河，非但效果不好，难以达到目的，而且往往得罪了人自己还不知道。

2．语言和口才对思维具有反作用

语言和口才是思维的表现形式，是思想最完善、最有效的载体。语言是思维的工具，而口才就是富有逻辑性思维的讲话。人们用语言来交流思想，有口才的人说话具有"言之有物、言之有序、言之有理、言之有情"等特征。有学者将口才更加明确地定义为：口才是在口语交际的过程中，表达主体运用准确、得体、生动、巧妙、有效的口语表达策略，达到特定的交际目的，取得圆满交际效果的口语表达的艺术和技巧，而不是"茶壶里有饺子倒不出"。

3．好思维是练好口才的前提

中国有句俗话讲："哑巴吃黄连——有苦说不出。"如果光有好的学识或思维，没有好的口才，那也只能是一位"满腹经纶的失语者"罢了。口才并不是一种天赋的才能，它

>>>>>>>>>

是靠刻苦训练得来的。古今中外一切口若悬河、能言善辩的演讲家、雄辩家,无一不是靠刻苦训练而获得成功的。然而,苦练口才的前提应该是已经具备了较完备、较全面的知识储备,具备了严密的、逻辑的思维方式。想要口若悬河、言之凿凿,必定要有水可悬,有言可凿。[①]

【小训练 2-11】

请你从口才思维的角度分析下列口语表达实例。

(1) 一天,一位年轻的记者采访著名企业家松下幸之助,记者作了充分的准备,双方谈得很愉快。采访结束时,松下亲切地问年轻人:"小伙子,你一个月的薪水是多少?"

"薪水很少,每月才一万日元。"年轻人不好意思地答道。

"很好! 虽然你现在的薪水只有一万日元,但你知道吗? 其实你的薪水远远不止这一万日元!"松下微笑着说,年轻人一脸疑惑。

松下接着说:"小伙子,你要知道,今天能够争取到采访我的机会,明天也就同样能争取到采访其他名人的机会,这就证明你在采访方面有一定的潜力。如果你能多多积累这方面的才能和经验,这就像你在银行里存钱一样。钱存进了银行是会生利息的,而你的才能也会在社会银行里生利息,将来能连本带利还给你。"

松下的一番话,使年轻人茅塞顿开,眼前为之一亮。

(2) 小李的一个老同学来家里看望他,两个人在客厅里天南地北地聊着天,不知不觉间已经到了用晚餐的时间了。小李有个儿子,才五岁,跑到小李旁边趴在他肩头咬耳朵,话还没出口。小李和同学聊得正高兴,很不耐烦地对儿子说:

"这么没礼貌! 当着客人的面咬耳朵。叔叔不是外人,有话快说!"

儿子一听爸爸这么说,大声说道:"妈妈叫我告诉你,家里没有菜,不让客人在家吃饭。"一时之间两个大人都愣住了,多尴尬! 怎么解释啊?

小李脑筋一转,伸手抱起儿子,用手指刮了一下儿子的小鼻子,然后说道:"你妈妈今天这么给面子! 以前来了客人她都让在家里吃饭,今天居然大方得要到外面饭店去吃! 好! 咱今天就听你妈妈的,不在家吃饭,去外面饭店吃饭!"

二、口才思维的特性

1. 敏捷性

思维的敏捷性是指思维活动总是在瞬间完成或以远远快于行动的速度进行的。思维的敏捷性表现在口才上就是能够对事物迅速地进行分析、综合、比较、分类、抽象、概括和具体化。这些思维过程和结果是直接通过语言系统来实现的,语言流畅如行云流水,是因为思维敏捷流畅。那种张口结舌、言语滞涩,靠满口的"这个""那个"来拖延时间的冗词赘句,也多是由于思维的迟钝所造成的。

---

① 王晶.口才训练实用教程 [M]. 北京:清华大学出版社,2014.

＜＜＜＜＜＜＜＜＜

【小故事 2-6】

机智的婚礼主持人

一位婚礼主持人主持一场婚礼时,新郎给新娘戴戒指时,戒指不小心掉在地上,会场立刻出现了尴尬的局面。这时,主持人灵机一动,大声说:"这戒指实在是太沉重了,因为它包含着太多的情、太多的爱,像山一样的沉重,像海一样的深沉,怪不得新娘子有点承受不住了。好,请新郎鼓起勇气,给你的新娘再戴一次。"主持人的巧于应变,不但机智地化解了尴尬,而且将婚礼的神圣感推向了一个小小的高潮。

（资料来源：佚名.婚礼上主持人的注意事项[EB/OL].[2017-09-05]. http://www.oh100.com/peixun/ hunlizhuchi /37144.html.）

【小训练 2-12】

(1) 词语接龙训练。可以有多种具体方式:可由一人先说一个成语,这个成语的第二个字必须是下一个人所说成语的首起字;可由前一人所说成语的末一字是下一人所说成语的首起字;可以先提出一句话,然后依此话的每一个字为首起字依次说一个成语或一句话。

让大家在竞争的气氛中,触机即发,词随口而出,培养择词的快速反应力。

(2) 教师随意举出教室里的几件实物,如水杯、热水瓶、时钟、桌子、椅子、钢笔、笔记本等,请练习者将这些实物连缀成篇编织一个故事。学生可虚构情节,讲述一个生动有趣的故事,限时 3 分钟。

(3) 如果你是一名教师,在新生报到第一天,当你点名时,突然发现有一个学生的名字中有一个不认识的字,你将怎么办？限时 1 分钟,找出最好的办法,既能知道这个字的读音,又不失老师的面子。

2. 缜密性

思维的缜密性是指说话者的语言表达严谨、周密,说话内容集中,观点明晰,语意连贯,语句完整简明,有条理性,有逻辑性,有说服力。思维的缜密性是优良的思维品质,它是通过对语言材料进行分析、综合、比较、抽象、概括等一系列思维过程才得以形成的。

【小故事 2-7】

年轻人与爱迪生

一位年轻人想到大发明家爱迪生的实验室工作。他对爱迪生谈了自己伟大的抱负:"我想发明一种万能溶液,它可以溶解一切物品。"

爱迪生立刻惊奇地问:"那么,你用什么器皿盛放它呢？"

（资料来源：佚名.法律逻辑学课程习题集[EB/OL].[2020-05-06]. https://www.renrendoc.com / p-19455990.html.）

点评：这位年轻人的思维显然不够缜密,自相矛盾,导致观点立不住脚。

【小训练 2-13】

读故事，回答问题。

古代有这样一个笑话：三个吝啬的秀才一起去喝茶，每人带 20 个铜板。一壶茶 55 个铜板，茶老板找回 5 个铜板，三人各拿回 1 个铜板，余下的 2 个铜板无法均分，便赏给了跑堂的。喝茶时，其中一个秀才叫了起来："不对呀，我们每人有 20 个铜板，现各得回 1 个，实际每人出了 19 个铜板，3 乘以 19 是 57，加上赏人 2 个铜板共 59，60 减 59 得 1，奇怪了，那一个铜板去哪里了呢？"

思考：

① 那一个铜板去了哪里？这位秀才的推理和论证过程出了什么问题？

② 学生就一个话题作独白练习，讲述时做录音，然后复听，分析其思维轨迹，检验思路是否清晰、有条理。

3．深刻性

思维的深刻性是思维的深度，是指人们对事物的分析、综合、比较、抽象、概括等能做到去粗取精，去伪存真，由表及里，由此及彼，透过现象抓住本质，从事物的现状把握它的发展过程，从具体领域进入到抽象领域，从原因探索结果，或者反过来从结果追溯原因，最终做出科学的结论。生活中我们常常发现，有些人谈话很深刻，能够追根溯源，达到一个问题的最深层次，有些人则只能浮在表面，极为牵强，蜻蜓点水，浅尝辄止。

【小故事 2-8】

加里宁的反问

加里宁是俄国布尔什维克的一位杰出的宣传鼓动家，一次，他向某地农民代表讲解工农联盟的重要性，尽管他进行了详尽严谨的论证，但听众始终茫然不得要领。有人问："什么对苏维埃政权来说更珍贵？是工人还是农民？"

加里宁乘机反问："那么对一个人来说，什么更珍贵？左手还是右手？"

全场静默片刻，突然爆发出雷鸣般的掌声。

（资料来源．端木自在．回话的技术 [M]．南昌：江西美术出版社，2017.）

点评：一个简单准确的比喻，一下就把一个深奥的理论解释清楚了，这才是真正的深刻。

【小训练 2-14】

（1）用"由某现象所想到的"为题进行说话训练。要求能捕捉当前生活中的热点问题，深入分析原因。比如："由考试作弊现象想到的""由植树节想到的""由'追星'引发的思考"等。

（2）用深刻适当的语言补全下列对话。

富人去拜访哲学家，请教为什么自己有钱后会变得越发狭隘自私。哲学家将他带到窗前，问："向外看，你看到了什么？"富人说："我看到了外面世界的很多人。"哲学家又将他带到镜子前，问："你现在又看到了什么？"富人回答说："我自己。"哲学家笑着说：……

4．灵活性

灵活性是指思维活动的灵活程度,它的特点包括:一是思维起点灵活,即从不同角度、方向、方面,能用多种方法来解决问题;二是思维过程灵活,从分析到综合,从综合到分析,全面而灵活地作"综合的分析";三是概括——迁移能力强,运用规律的自觉性高;四是善于组合分析,伸缩性大;五是思维的结果往往是多种合理而灵活的结论,不仅有量的区别,而且有质的区别。灵活性反映了智力的"迁移",如我们平时说的"举一反三""运用自如"等。灵活性强的人,智力方向灵活,善于从不同的角度与方面思考问题,能较全面地分析、思考问题,解决问题。思维的灵活性是优秀口才的第一标准,一般来说,具备丰富的人文知识和经验是形成口才思维灵活性的前提条件。口才思维的灵活性往往表现为语言表达丰富灵活、绚丽多彩、旁征博引、联想丰富,而且根据语境能巧于应变、左右逢源。思维有广度又善于主动灵活地转变话题思考的角度。

【小贴士 2-4】

妙　答

大学生:(在联欢晚会上问应邀而来的电台男主持人)请问你有没有女朋友?

主持人:有,我有很多女性朋友!

大学生:我喜欢听你主持的节目,也喜欢听 ×× (该电台的另一位女主持人)主持的节目。你能评价一下你和她最大的区别吗?

主持人:当然可以。我想我和她,最大的区别在于我是男性,而她是女性。

点评:对第一个问题,这位主持人机智灵活地把"女朋友"换成了"女性朋友",既回答了大学生的问题,又巧妙地保护了自己的隐私。对于第二个问题,主持人灵机一动,歪解大学生的意图,用"性别不同"回答了所问的"最大不同",风趣幽默,赢得了经久不息的掌声。

【小训练 2-15】

快速回答下列脑筋急转弯问题。

(1) 在非洲某地,有一个人体内跳动着两颗心脏,而且都跳得很正常,这有可能吗?

(2) 在大洋洲的某个村庄里,所有的人都只有一只右眼,这有可能吗?

(3) 某人有过这样一次经历:他乘坐的船驶到海上后就慢慢沉下去了。但是船上所有的乘客都很镇静,既没有人去穿救生衣,也没有人跳海逃命,却眼睁睁地看着这条船全部沉没,这里究竟发生了什么事儿?

(4) 一年中有些月份有 30 天,有些月份有 21 天,请问有多少个月份有 28 天?

(5) 皇帝死了,儿子就是皇帝;那么儿子死了,谁是皇帝?

(6) 曼谷正处于雨季,一天半夜 12 点下了一场大雨。请问 72 小时以后,当地会不会出太阳?

＞＞＞＞＞＞＞＞＞

三、口才思维的训练

1. 发散思维训练

发散思维是指沿着不同的角度和思路来分析问题,提出各种不同的解决方案。它是一种无确定规则、无限制、推断无定向的思维。为了使口语表达完美、严谨、开阔,思维就要拓展生发,由此及彼,举一反三。在演讲与口才中培养发散性思维可以通过讨论达成:在学生充分参与的基础上,形成思维的独特性。平常训练中可通过如下方法培养发散性思维[①]。

（1）多角度思考法。思维的变通性也就是思维的灵活,它要求能针对问题（发散点）从不同角度用多种方法思考问题,以实现触类旁通、举一隅而反三隅的效果。这种训练方法主要依据演讲主题,不同的主体阐述对问题不同的看法。如《滥竽充数》这个故事,从南郭先生的角度讲,他不学无术、不懂装懂,最后落得个逃之夭夭的可悲下场,然后可以联系个人生活的实际,展开宣扬诚信的主题;也可以从齐宣王的角度出发,他好大喜功,官僚主义,给了南郭先生生存的条件,然后联系社会现实,指出问题的关键;还可以从齐湣王的角度去谈,齐湣王不因循守旧,大胆实行改革,从而有利于发现人才。多角度地分析问题,形成对问题多样的看法,有利于培养发散思维。[②]

【小贴士 2-5】

成为一棵大树给人的启示

成为一棵大树的第一个条件:时间。没有一棵大树是树苗种下去,马上就变成了大树,一定是岁月刻画着年轮,一圈圈往外长。

启示:要想成功,一定要给自己时间。时间就是体验的积累和延伸。

成为一棵大树的第二个条件:不动。没有一棵大树,第一年种在这里,第二年种在那里,而可以成为一棵大树,一定是千百年来历经风霜、雨雪,屹立不动。正是无数次的历经风霜、雨雪,最终成就大树。

启示:要想成功,一定要"任你风吹雨打,我自岿然不动",坚守信念、专注内功,终成正果!

成为一棵大树的第三个条件:根基。树有千百万条根,粗根、细根、微根,深入地底,忙碌而不停地吸收营养,成长自己。绝对没有一棵大树没有根。

启示:要想成功,一定要不断学习。不断充实自己,自己扎好根,事业才能基业常青。

成为一棵大树的第四个条件:向上长。没有一棵大树只向旁边长,长胖不长高;一定是先长主干再长细枝,一直向上长。

启示:要想成功,一定要向上。不断向上才会有更大的空间。

---

① 佚名.演讲与口才课程小结 [EB/OL].[2008-11-10].http://www.kxren.com/arts/330305/.

② 孙海燕,等.口才训练十五讲 [M].北京:北京大学出版社,2004.

成为一棵大树的第五个条件：向阳光。没有一棵大树长向黑暗，躲避光明。阳光，是树木生长的希望所在，大树知道必须为自己争取更多的阳光，才有希望长得更高。

启示：要想成功，一定要树立一个正确的目标，并为之努力奋斗，愿望才有可能变成现实。

（资料来源：佚名．成为一棵大树的启示 [EB/OL].[2017-06-18]. https://www.sohu.com/a/149954392_770505.）

（2）联想法。丰富的想象力能让演讲变得生动、有趣和精彩。法国 19 世纪的评论家让•保罗曾说过："想象能力能使一切片段的事物变为完全的整体，使缺陷世界变为完满世界；它能使一切事物都完整化，甚至也使无限的、无所不包的宇宙变得完整。"而联想则是在类似的或相关的条件刺激下，串联起有关的生活经验和思想感情；它可以丰富演讲的内容，增强感情色彩。通过严谨的构思，将材料巧妙而有机地组合起来并使之浑然一体，从而增强演讲的深度和广度。如"满意服务"的主题演讲，由服务联想到"爱"的付出，又联想"太阳"的意象，捕捉到它们都是予人温暖与帮助的本质，从而给听众以十分形象的感受。

【小训练 2-16】

（1）说出塑料的各种用途。

要求：限时 3 分钟，尽量多地说出其用途。

（2）快速准确地说出下列名称：10 种有腿不会走的东西；10 种中国乐器名；10 个国家的名称；10 种水果的名称；10 种字体；10 本世界名著。

（3）教师出示一个字，练习者将该字组成一个词，然后组成一个词组，再将词组造成一个句子。练习者可以按"字→词→词组→句子→段落→篇章"的发散顺序，写成书面文字，然后依次流畅地把联想过程讲出来。

（4）进行即兴演讲练习。就是对随意拿出（或举例）的一样实物，做即兴演讲，比如，一支钢笔、一本画册、一束鲜花、一把雨伞、一片落叶、一盏路灯、一本台历、一根拐杖、一双跑鞋、一包方便面、一个鼠标垫。

（3）借题反击法。所谓"借题反击"，是指对方的隐含判断带有侵犯的恶意，此时被侵犯者借题发挥予以反击。

【小故事 2-9】

反击外商

20 世纪 80 年代，一次外贸谈判中，中方贸易代表拒绝了一位红头发的西方外商的无理要求时，恼羞成怒的外商竟出言不逊说："代表先生，我看你的皮肤发黄，大概是营养不良造成你思维紊乱吧？"中方代表立即反击道："经理先生，我既不因为你皮肤是白色的，就说你严重失血，造成你思维紊乱；也不会因为你头发是红色的，就说你吸干了他人的血，造成你头脑发昏。"在这里，面对外商的恶毒嘲讽，机智的中方代表借题反击，展开了犀利的语

>>>>>>>>>

言攻势，让白肤红发的外商在自身观点的逻辑发展中领受了"贫血患者""吸血鬼"的辛辣讽刺。

（资料来源：傅春丹．案例式演讲与口才 [M]．广州：广东高等教育出版社，2005.）

【小训练 2-17】

（1）据说东汉鲁国人孔融小时候有一次随父亲去拜访李膺，这时，太中大夫陈韪也在李膺家做客，见众人夸年幼的孔融如何聪明，他很不以为然地撇撇嘴说："小时候聪明，长大了未必！"孔融听后立即反击一句，使陈韪无言以对，尴尬万分。你说说他是怎样反击的？

要求：迅速、灵活、恰当地从陈韪的话联想开来进行反击，限时 2 分钟。

（2）有两个和尚住在一间屋里，每到夜里大和尚念经，小和尚读书。有一天，大和尚对小和尚的朗读不满意，就说："丁嘛你老读个没完，让人心烦。"小和尚依照对方的语言结构反击了对方。他是怎样反击的呢？

2．聚敛思维训练

聚敛思维又称求同思维、辐合思维，是尽可能利用已有的知识和经验，把众多的信息（即发散思维的结果）引导到条理化的逻辑程序中去，最终得到一个合乎逻辑规范的结论。这也就是把许多新信息围绕中心进行重新组合。聚敛性思维包括分析、综合、归纳、演绎、科学抽象等逻辑思维和理论思维形式。聚敛思维训练能使说话者思路更加缜密、更加有条理，从而产生更强的说服力。

【小训练 2-18】

（1）教师设计两个内容上具有共同特点的小故事，要求学生在一分钟内归纳出一个成语。

（2）请在网上阅读马丁·路德·金的《我有一个梦想》的演讲，并将其缩写成一篇 300 字的短文。

要求：缩写后的短文，一要体现原文的主题，二要采用原文的体裁，三要保留原文的风格。

3．逆向思维训练

逆向思维，通俗地讲就是反过来想一下。它经常打破常规思维方式从反方向进行思维，这种思维往往可以产生新的观点。逆向思维是让演讲立意出新的一种绝佳的方法。它作为一种有别于常规的思维方式，只要注意把握好尺度和分寸，就会让你的演讲有标新立异之奇，有鬼斧神工之妙，从而赢得更多听众的喜爱。例如，"学海无涯苦作舟"是中国人传统观念中对"头悬梁、锥刺股"的学习观念和方法的确认；但现在有演讲者反过来想，学习是一个获得知识、提高自我的过程，所以也应该是一个快乐的过程，特别是通过学习的努力获得知识和能力更应该让人觉得快乐，所以就提出"学海无涯乐做舟"的命题，并取得了很好的演讲效果。

【小贴士 2-6】

郎咸平的演讲

著名经济学家郎咸平所做的题为《中华文化的两个小问题：投机与浮躁》的演讲，堪称逆向思维方面的典范。

赤壁之战的决胜因素是什么？有人说了是借东风。因为当时是冬天，刮的西北风，曹操的战船在北面，东吴和蜀在南面，如果要用火攻，刚好逆风，因此一定要等到东风来才行。所以我们的男主角诸葛亮登场了，终于借来了东风，火攻成功，大败曹营。我请大家用逆向思维想一个问题：万一这位男主角没有借到东风怎么办？如果没有借到东风，百万将士的生命将置于何处？这是什么事件？这是标准的小概率事件。

第二件是什么事？就是空城计。诸葛亮弹琴，他在赌司马懿是否多疑，因为司马懿本来就是个多疑的人。可是，万一那天司马懿跟他老婆吵了一架，不多疑了呢？被他老婆骂一顿，心里一毛，桌子一拍，上来把诸葛亮抓走了，有没有这个可能呢？当然有可能了，吵架是天经地义的事。如果司马懿真的把诸葛亮抓走的话，"三国演义"就没有了，就变成"二国演义"了。诸葛亮身为堂堂蜀国的丞相，冒这种风险，这也是小概率事件。

点评：诸葛亮是家喻户晓的智慧型人物，借东风与空城计更是他的惊世之作，人们多为他的聪明睿智所折服，可郎教授对此却不以为然，他用逆向思维思考问题，提出一个疑问——假如诸葛亮失败了怎么办？并进一步得出结论——诸葛亮这是在用百万将士和蜀国的江山冒险！虽然他两次都侥幸成功，但其实他失败的概率更高，而一旦失败了，就将葬送整个蜀国江山。因此，这种赌徒一样的行为，非但不能表扬，反而应受到批评。通过逆向思维，郎教授从老材料中挖出了新结论，显得认识深而论证实，让人备受启发。可以说，郎教授的演讲立意新颖，受到听众的欢迎，逆向思维可谓立下了头功。

【小训练 2-19】

读以下每段文字，然后回答问题。

(1) 一位老猎人在盘子上放了四个大苹果，让三个儿子用最少的箭射掉全部苹果。大儿子比画了一下，说："我要用三支箭。"二儿子一听，急忙说："那我只用两支箭就可以。"小儿子先想了一下，说："我觉得一支就足够了。"老猎人听了很高兴，夸奖小儿子聪明，让大儿子和二儿子向小儿子学习，不仅要有技术，还要善于开动脑筋。大儿子与二儿子听了不服气，认为小儿子在说大话。于是小儿子一箭射出，四个苹果全都落地。

你知道他是怎样射落苹果的？

(2) 一辆卡车装了满满一车货物要从一座桥下通过，但是，却因货物装得高出桥洞高度1厘米而无法通过。司机下车仔细观察，也想不出办法，他正要转身绕道而行的时候，一个小孩对他说了一句话。司机想想有道理，结果听从小孩的话，顺利通过了桥洞。

小孩说的是什么话？

(3) 20世纪，美国宇航局曾悬赏10万美金向全世界征集一种既能朝上写，也能朝下写，不用吸水，不受地球引力限制，可以供宇航员在太空使用的笔的设计方案。许多人认为这种笔要求那么多一定很先进，科技含量一定很高，于是全世界许多人设计了许多科技含量很高的笔,但通过使用都不符合要求。一个德国科学家突破了常人认为"需要高科技"的思维定式,给美国宇航局写了一封信,他仅仅用 3 个字给出答案,这让他既赢得了 10 万美金,又解决了宇航员太空中书写的难题。

你知道德国科学家写的 3 个字是什么吗?

4．纵深思维训练

人的思维过程是复杂的,向纵深方向发展即是其中的一种。纵深思维能从一般人认为不值得一谈的小事,或无须再进一步探讨的定论中,发现更深一层的被现象掩盖着的本质。其思维形式的特点为:从现象入手,从一般定论入手使思维向纵深发展。

纵深思维训练的目的是培养我们对问题进行深入思考的能力,增强我们"透过现象看本质"的能力。

【小训练 2-20】

(1) 有一位农民带着一只狗、一只猫和一筐鱼去赶集。途中有条河。到了渡口,那里有一只很小的船,农民一次最多只能带一样东西上船。若先带鱼过河,怕狗欺侮猫;若先带狗过河,又怕猫吃掉鱼。同样,河那边也不能出现离开人的照看,狗与猫或者猫与鱼单独在一起的情况。他坐在河边冥思苦想,终于想出一个好办法。你知道是什么办法吗?

要求: 教师口述三遍,学生可摘记要点,通过周密思考,然后按过河的先后顺序,依次把"好办法"表达出来。

(2) 英国一家图书馆准备搬入新址,负责制订计划的人在考虑如何节省经费问题时,偶尔听到有人谈话中提到"化整为零",他一下子有了好主意。你知道他想出了什么好主意吗?

第五节　倾听能力

演讲与口才不单是说,更需要听。听与说,这两者相辅相成,缺一不可。是否善于倾听,直接关系到是否善于说话,有效倾听是具有沟通好口才的关键因素。为了保证在交际中准确、恰当地接受或反馈信息,我们必须掌握倾听的技巧。

一、倾听的作用

【小故事 2-10】

三个小金人

有这样一个传说,一个小国向一个大国的国王进贡了三个小金人。三个小金人一模一样,小国的使者说自己的国君想请国王辨别哪一个金人最有价值。国王请来珠宝工匠鉴定,用尽了办法,也没有找出三个金人的区别。就在国王一筹莫展的时候,一位老臣子毛遂自荐,声称自己有办法辨别。他拿出三根稻草,分别插入了三个小金人的耳朵里。插入第一个金人耳朵里的稻草,从另一边耳朵出来了。第二个金人的稻草则从嘴巴直接掉了出来。唯有第三个金人,稻草进去后掉进了肚子。老臣子说:"第三个金人最有价值!"小国的使者点头默许,答案完全正确。

(资料来源:佚名.三个小金人[EB/OL].[2009-07-10].http://blog.sina.com.cn/s/blog_60f821620100dybo.html.)

点评:这个故事给我们的启发是——最有价值的人,往往不是最能说会道的人,而是那些最善于倾听的人。

听、说、读、写是现代人在社会中进行沟通所必备的基本技能。据美国语言学家M.S.Temperly 的统计,在人类语言交际活动中,9% 的时间在"写",16% 的时间在"读",30% 的时间在"说",而45% 的时间都在"听"。著名口才训练大师戴尔•卡耐基认为,在沟通的各项能力中,最重要的莫过于倾听的能力,滔滔不绝的雄辩能力、写作能力都比不上倾听能力重要。由此可见,倾听在语言交际中的作用非同小可,它在交流沟通、获取信息方面有着重要的意义。

倾听的作用表现为以下方面。

(1)倾听是获取信息开阔视野的重要途径。"听君一席话,胜读十年书",这句俗语从倾听的角度说明了倾听是获取信息开阔视野的重要途径。有数据显示:在我们获取信息的途径即听、说、读、写所占的时间中,听占到了53%。然而现在是网络化时代,面对面沟通被有些人忽视,由此产生的"宅男""宅女"现象越来越引起人们的担忧,这从另一个角度说明倾听的缺失对现代人造成的不良影响。与其将自己封闭在一个狭小的空间里,还不如走出家门倾听来自各界的声音,那样对你的未来才更有帮助。

【小故事 2-11】

"听"来的钢盔

第一次世界大战期间,一位叫亚德里安的法国将军利用战斗的间隙到战地医院探望伤员。他毫不张扬地走进病房,静静地坐在病床边,倾听每一位伤病员讲述自己"死里逃生"的经历。其中一位炊事员说,他听到炮弹呼啸而来,就不假思索地把一口锅扣在自己的头上,虽然弹片横飞,战友倒下了一大片,他却幸免一死。听到这里,亚德里安将军略有所悟地点了点头,走到这位炊事员床前同他握手,脸上露出赞赏的微笑。后来他发布一道命令:让每个战士都戴上一口"铁锅"。

于是,在人类战争史上,"钢盔"这个重要发明,就因为一位将军有耐心和雅量倾听一个炊事员的"唠叨"而诞生了。据说,这个别出心裁的"发明",使7万余名美军在第二次世界大战中免于战死。

(资料来源:佚名.听记材料[EB/OL].[2019-10-12].https://wenku.baidu.com/view/ba5a5cd3360cba1aa811da34.html.)

点评:将军诚意的倾听,表示出了对战士生命安全的关注和高尚的人品,他满足对方倾诉并寻求尊重的愿望,而自己也在获得尊重的同时,获得了创造的灵感,从而做出重大决定。

（2）倾听是对别人尊重和鼓励的特殊方式。根据人性特点，我们都知道，人们往往对自己的事更感兴趣，对自己的问题更关注，更喜欢自我表现。一旦有人专心倾听我们的话，我们就会感到自己被重视。我们真诚投入地倾听他人的倾诉，恰到好处的反应，是对他人尊重和鼓励的最好方式。

【小贴士 2-7】

"听"字解析

倾听的"听"字繁体字是"聽"，听字里有一个"耳"字，说明听字是表示用耳朵去听的；听字的下面还有一个"心"字，说明倾听时要用"心"去听；听字里还有一个"目"字，说明你应看着别人的眼睛去听；在"耳"的旁边还有一个"王"字，"王"字代表把说话的那个人当成帝王来对待。从"听"字的繁体结构中可以看出，倾听时不仅要用"耳朵"，还要用"心"、用"眼睛"，更重要的是要把你对面的那个人当成帝王，充分地尊重他。

（3）倾听是为自己争取主动的关键。在时机未到时选择倾听并保持沉默是一种"大智若愚"的艺术，在商业活动中多听、少说甚至不说，这样做的目的是为了获得最大的利益。少开口不做无谓的争论，对方就无法了解你的真实想法；反之，你可以探测对方动机，逐步掌握主动权。因此，"雄辩是银，倾听是金"。

【小故事 2-12】

爱迪生的沉默

爱迪生发明电报以后，西方联合公司想购买此发明。其妻建议开价 2 万元，他觉得太高了，但还是打算照妻子的建议要价。谈判在西方联合公司办公室进行。买方代表问："对你的发明，你打算要多少钱呢？"爱迪生欲言又止陷入思索，现场一片沉默。随着时间的推移，沉默变得难熬，购方代表急躁起来，试探性地问："我们愿意出 10 万元买下你的发明，你看怎么样？"结果双方成交。

（资料来源：佚名.商务交流专题[EB/OL].[2015-03-15].http://www.doc88.com/p-0681408300588.html.）

（4）倾听可增进彼此的理解与信赖。表露内心的事，可以消除两人之间的误会、隔阂、不信任与敌对，使两人之间关系更为密切。由此来看，倾听可谓是彼此沟通的桥梁，误解与愤恨都会随着有效的倾听而化为乌有，感情也会伴着彼此的倾听更进一步。

（5）倾听有利于获得身心健康与成功。倾听可改善周围环境的气氛，有利于获得身心健康与成功。心理学家们指出，善于倾听的人容易克制冲动，控制愤怒，拥有一个较为平和的人际环境，这对于成功与健康是有百益而无一害的。

【小故事 2-13】

哈里的助听器

销售员哈里，因为听力不好，每次面对客户的时候，只好看着客户说话时的口型来判断客户说的是什么，然后再做出回答。

<<<<<<<<<

一次，哈里在老约翰的办公室里进行销售拜访，是关于一批钢铁的采购合同。在约翰提到对这批货品的品质要求、运输要求及到货期限等问题时，哈里眼也不眨地盯着老约翰的脸，生怕错过了一个字，甚至还时不时地在笔记本上做记录。这时，正是春暖花开的季节，窗外景色明媚、阳光灿烂，几只鸟儿在欢快地叫着。

可是，哈里因为听力欠佳，无心在乎这一切，只是专注地看着老约翰的嘴唇在动。直到会谈结束，哈里才松了口气，老约翰也很满意地从座位上起身，双方约定了下次见面的时间。

之后，哈里去看了医生，医生给了他一副助听器，告诉他这种仪器可以使他的听力变好。哈里用了一下，果然是这样，于是他就每天都戴着这副助听器。

那天，哈里如约来到了老约翰的办公室。今天，他听得很清楚，所以注意力也不知不觉地就分散了。一会儿他看着窗外的景色发呆，一会儿他被清脆的鸟叫声给吸引住了，过了一会儿，有推门声，哈里探头看了一下，原来是老约翰的秘书端咖啡进来，于是，哈里的目光一直追随着女秘书婀娜的身影。

老约翰很生气，说道："我一直很欣赏你工作时的专注劲，你可以一小时一小时地看着我，听我说话而不分神，让我觉得受到了尊重，这是其他销售人员所不曾做到的。可是，今天，你却很不在意地听我说话，让我觉得很诧异，虽然我们的合同已经谈得差不多了，但我还是要等下一次再做决定。"

哈里听了，很是吃惊，他本来以为这副助听器能够给自己的销售生涯带来帮助，没想到却使客户大为恼火。现在他才明白，原来专注地聆听他的工作是这么重要。

那么，下一次见老约翰的时候，他还要不要戴助听器呢？

（资料来源：佚名. 了解客户 [EB/OL].[2012-09-10].http://www.doc88.com/p-691923292734.html.）

思考：没有助听器时哈里是怎么表现的？为什么有助听器反而使他惹得老板极为生气？

总而言之，有效的沟通始于倾听。有了倾听，才有了解；有了了解，才有理解；有了理解，才有更加顺畅的沟通。对于大学生们来说，倾听本身就具有重要的学习功能，倾听是我们吸取知识和经验、加强记忆和获取信息的重要渠道，因此更应注重倾听能力的训练与提高。

二、影响倾听的因素

【小故事 2-14】

巴顿将军怎么了？

巴顿将军为了显示他对部下生活的关心，搞了一次参观士兵食堂的突然袭击。在食堂里，他看见两个士兵站在一个大汤锅前。

"让我尝尝这汤！"巴顿将军向士兵命令道。

>>>>>>>>>

"可是,将军……"士兵正准备解释。

"没什么'可是',给我勺子!"巴顿将军拿过勺子喝了一大口,怒斥道:"太不像话了,怎么能给战士喝这个? 这简直就是刷锅水!"

"我正想告诉您这是刷锅水,没想到您已经尝出来了。"士兵答道。

（资料来源：佚名.名人巴顿将军的故事：巴顿喝下刷锅水 [EB/OL].[2016-07-02].https://wenku.baidu.com/view/8fb1063226fff705cd170a73.html.）

思考：是什么原因导致巴顿将军的尴尬？

倾听不但要听清楚别人在讲什么,而且要给予别人好的感觉。听的内容主要有两点：一是听事实,倾听事实意味着需要听清楚对方说什么；二是听情感,与听事实相比,更重要的是听情感,理解对方的感受。在倾听的过程中,如果人们不能集中自己的注意力,真实地接受信息,主动地进行理解,就会产生倾听障碍。在人际沟通中,造成信息失真。影响有效倾听的障碍有以下几点。

1．缺乏倾听意识

法国著名作家拉罗斯福说过一句值得我们沉思的话："我们与人交谈,总觉得知音难觅,和者鲜寡,其原因之一就是人们几乎都对自己要说什么想得太多。"善于沟通的人,都有一个共同的特征：说的少,听的多。我们都有这样的体会,在与人交谈中,我们喜欢那些愿意听我们倾诉的人,尤其喜欢那些能够理解我们倾诉并给我们以力量的人。也就是说,在与人交往中,那些有耐心、善于倾听的人,最能赢得朋友。

2．注意力不集中

集中的注意力是构成听话能力的前提。口头语言的显著特点是声尽语失,听话者无法控制声波传递的速度和时间。因此,听话时必须聚精会神,自觉地保持高度的注意力,才能听得清,抓得住要点。如果心不在焉地听,就会遗漏部分内容或重要情节,甚至根本没有听清,严重影响听的效果。

3．思维能力不强

思维品质反映了智力的敏锐程度、思考问题的严密程度和深度。真正的倾听,不仅是运用听觉器官获取信息,还要运用头脑去研究、判断对方话语背后的含义、动机,即弦外之音。如果思维能力不强,不会对接收到的信息进行合理分析、准确判断,就难以听懂"话外之音",也就无法实现有效倾听了。

4．不能排除干扰

客观方面,环境的干扰常常会使人的注意力分散。环境嘈杂喧嚣、信息质量不高会影响听话的效果,环境中的温度、湿度,以及座位位置等都可能对听者的注意力形成干扰。

主观方面,急于发言会只关心自己该怎么讲,不去关注别人在讲什么,会影响听的效果。先入为主、排除异己的心理定势会产生个人偏见,排斥不符合自己意愿的信息,也会影响倾听的效果。

<<<<<<<<<

【小故事 2-15】

重 在 倾 听

　　美国著名的主持人林克莱特在一期节目上访问了一位小朋友,问他:"你长大了想当什么呀?"小朋友天真地回答:"我要当飞机驾驶员!"林克莱特接着说:"如果有一天你的飞机飞到太平洋上空时,飞机所有的引擎都熄火了,你会怎么办?"小朋友想了想:"我先告诉飞机上所有的人绑好安全带,然后我系上降落伞,先跳下去。"

　　当现场的观众笑得东倒西歪时,林克莱特继续注视着孩子。没想到,孩子的两行热泪夺眶而出,于是林克莱特问他:"为什么要这么做?"他的回答透露出一个孩子真挚的想法:"我要去拿燃料,我还要回来! 还要回来!"

(资料来源:佚名.倾听和反馈 [EB/OL].[2014-04-05].https://wenku.baidu.com/view/7041cdb39e31433239689373.html.)

三、有效倾听的技巧

　　要想做到有效地倾听,必须掌握以下技巧。

1. 抓住要点

　　在每次沟通交流中,我们被迫接收大量的语言信息,而在这些语言信息里,有实际价值的往往只有几句甚至一两句。我们必须学会从这些纷繁复杂的语言信息里准确地抓住要点。常见的情况是:说者常常把话语的意思隐含在一段话里。也就是说,前面的话,往往是引子,是提示;当中一段话,有时是要点,有时是解说;后面一段话,也许是结论,也许是对主要意见的强调或引申。

　　我们听话时,可以从以下几个方面捕捉说者所要表达的要点:一是说者话语的层次;二是说者的语气;三是说者的手势。

【小训练 2-21】

　　(1) 听读以下材料,然后回答问题。

　　材料 1:举世闻名的稀世珍宝——大熊猫,生活在四川盆地西部的高山深谷之中。因为它生性孤僻,常分散独栖于茂密的竹林中,故得雅号"竹林隐士"。别看熊猫身体肥胖,爬树却是能手,在树上可以玩耍,可以捕食,还可以躲避敌人。

　　思考:①大熊猫生活在哪里? ②大熊猫的雅号是什么? ③为什么大熊猫喜欢爬树?

　　材料 2:科学飞速发展。到了 22 世纪,学校也焕然一新,奇妙极了! 当你来到学校,见到的是几座高大的教学楼。它们是用特殊塑料建成的,你可别小看了这种新的建筑材料,它们的强度比钢材还要坚硬,而重量却只有泡沫塑料那样轻。在校园里转一圈儿,你会奇怪:操场呢? 哈哈,让我来告诉你。原来,为了节省占地,操场设在地下了! 如果要上体育课、活动课,或是下课了,自动升降机都会把你送入地下操场。

　　思考:①22 世纪的学校,教学楼是用什么建成的? ②采用新的建筑材料有什么好处?

③22世纪,学校的操场在哪里?

材料3:我在赴考途中,穿过了一片树木参差的树丛,来到了车站。遇到了出差回来的叔叔。他亲切地对我说:"小芳,准备得差不多了吧? 要沉着、冷静,才能少出差错。"我信心百倍地回答:"放心吧! 差不了。"

思考:上面这段话哪个字是"多音字",请把这个字的几种读音写出来。

(2) 听下面的发言,指出它的要点。

尊敬的国王、王后、各位王室成员,女士们、先生们:

我的演讲稿忘在旅馆了,但我记在脑子里了。

我获奖以来发生了很多有趣的事情,由此也可以见证到,诺贝尔奖确实是一个影响巨大的奖项,它在全世界的地位无法动摇。我是一个来自中国山东高密的农民的儿子,能在这样一个殿堂中领取这样一个巨大的奖项,很像一个童话,但它毫无疑问是一个事实。

我想借这个机会,向诺贝尔奖基金会,向支持诺贝尔奖的瑞典人民,表示崇高的敬意。要向瑞典皇家学院那些坚守自己信念的院士表示崇高的敬意和真挚的感谢。

我还要感谢那些把我的作品翻译成了世界很多语言的翻译家们。没有他们的创造性的劳动,文学只是各种语言的文学。正是因为有了他们的劳动,文学才可以变为世界的文学。

当然我还要感谢我的亲人、我的朋友们。他们的友谊、他们的智慧,都在我的作品里闪耀光芒。

文学和科学相比较确实没有什么用处。但是文学的最大的用处,也许就是它没有什么用处。

谢谢大家!

(选自莫言在2012年诺贝尔奖颁奖仪式上的答谢辞)

2．积极回应

一次和谐、愉快的沟通交流一定是浸透着听者和说者两方面的努力。对说者积极回应或适时诱导,有助于顺利完成整个沟通交流过程。一般来说,听话时的回应有以下四种技巧。

(1) 体态语言。听者要始终面对说者,身体微微侧向说者,不时点头表示理解,和说话者保持视线的接触,表情专注并随着说者的情绪而有所变化,这样说者会感到你很尊重他,很重视他的见解,因此也会相应地保持一种放松的心理状态和积极的说话状态。

(2) 简短的评价。在适当的地方插入简短的评论,使对方感到你很在意他的表达,比如"嗯""对""是这样""我听说过""我明白了""很有意思""太不应该了""真的吗"。说话人会感激你表现出来的兴趣,并感到你在认真地倾听。

(3) 适时的提示。对答题有困难的学生或说话抓不住重点的人,可找准时机,用一个词、一句简短的话进行提示,帮助其理清说话的思路,使对方从无序的状态回到主题。比如"后来那件事怎样了",提醒说者迅速回归主题。

（4）善意的鼓励。对说话能力和心理素质较差的人，可随时进行鼓励，比如"没关系""不着急，慢慢说""没事儿，我听着呢"，这样会有效放松说者的紧张情绪和不安心态，大大增强其把话说好的勇气和信心。

3．推断真意

俗话说："说话听声，锣鼓听音。"在沟通交流中，说者由于各种原因或多种考虑，往往不会直接说出自己的真实意图，而是把它掩藏在众多言辞后面，这就需要听者透过话语表面的含义推断其内在的含义。

【小故事 2-16】

可以避免的冲突

小刘和小李是业余合唱团的成员，为了参加一个比赛，接连几个晚上练习唱歌到很晚。这天，小刘在楼梯口遇到周阿姨，她对小刘说："您家新买了音响吧？很响亮啊，我在楼下就听到了。"小刘高兴地说："是啊，挺不错。前几天才买的！"说完就离开了。晚上她们回到家已经10多点了，打开音响，刚唱了不到五分钟就听见"咚咚"敲门声，打开门，门外站着满脸不高兴的周阿姨，"请你们照顾一下邻居好不好？"这时，两个年轻人才意识到自己的错误，连忙解释了原因，并且道歉说："我们真够粗心的，以后一定注意。"

（资料来源：佚名.大学生口才培养 [EB/OL].[2011-05-06].http://www.docin.com/p-195894488.html.）

点评：周阿姨第一次和小刘的对话中言外之意就很明显：你们晚上的歌声，已经影响了邻居休息。但小刘却没能听出这话中话，对周阿姨的意思浑然不知，最后导致了正面的冲突。

推断说者的真意，可从四个方面入手：第一，从一些表面上看似微不足道的谈话细节、语气、手势中，发现对方立场、目的、主观意图等有价值的信息。第二，从对方谈话时常重复的词、爱使用的词、爱谈论的话题等，推断他的所思、所想、所爱、所论。第三，如果听者对说者的话有疑问，可以直接提出来。比如"您的意思是……"或"我可否将您的意思理解为……"。第四，可以用自己的话复述给对方听，以确认是否正确理解了说话人的意图。总之，做一个受欢迎的听众，能够增强说者的自尊心，自己也更容易获得别人的好感。

【小训练 2-22】

请听读完下面的材料后，指出其中人物李雪健、琼斯、阿凡提表达的"真意"各是什么。

（1）著名电影演员李雪健因扮演焦裕禄而荣获"百花奖"最佳男主角奖。在颁奖仪式上，他说了这么一句话："所有的苦和累都让焦裕禄受了，所有的荣誉都让一个傻小子得了。"

（2）1938 年 3 月 11 日，希特勒的军队侵略了奥地利，犹太人受到了迫害。研究精神分析学说的弗洛伊德是犹太人，处境十分危险。弗洛伊德很爱国，不愿像逃兵一样离开，琼斯劝说道："教授,您听过这样一个故事吗? 当'泰坦尼克号'客轮遇险、锅炉爆炸的时候,有一名船员被气浪掀到了海里。后来有人问这个幸存的水手:'你是什么时候离开轮船的?'他自豪地说:'我从来没有离开过我的轮船,是轮船离开了我。'"

(3) 有一天,阿凡提和皇帝一起洗澡。皇帝问道:"阿凡提,凭我这模样到市场上当奴隶卖,能值几个元宝?""最多十个元宝!"阿凡提说。皇帝火了,骂道:"胡说! 光是我身上的这条绣花围巾就值十个元宝了。""正是啊,高贵的陛下!"阿凡提指着围巾说,"我说值十个元宝的,就是指这个东西啊!"

4．要有耐心

耐心倾听是一种涵养,是一种自尊,是一种境界。许多人不能给人留下良好的印象,不是因为他们表达得不够,而是由于他们没有耐心倾听的涵养。耐心倾听既能显示出你的真诚,也能让对方发挥得淋漓尽致,更能使你对情况的判断准确得当。如果你打断别人的谈话或缩短倾听时间,说话人会认为你对他的谈话不感兴趣——事实上你并不是这样。

【小故事 2-17】

乔·吉拉德的教训

在一次推销中,乔·吉拉德与客户洽谈顺利。眼看就要到签约成交的时候,对方却突然变了卦——快进笼子的鸟飞走了。

当天晚上,按照客户留下的地址,乔·吉拉德找上门去求教。客户见他满脸真诚,就实话实说:"你的失败是在于你没有自始至终地听我讲话。在我准备签约前,我提到我的独生子即将上大学,而且提到他的运动成绩和他将来的抱负。我是以他为荣的,但是你当时却没有任何反应,而且还转过身去用手机和别人打电话。我很生气,所以改变主意了!"

(资料来源: 这毛病每个人基本都有! 不要紧,药方在此 [EB/OL].[2009-06-21].http://www.360doc.com/content/09/0621/19/70890_3986371.shtml.)

点评: 美国人乔·吉拉德被誉为当今世界最伟大的推销员。他连续 12 年荣登世界销售第一的宝座,他所保持的世界汽车销售纪录——连续 12 年平均每天销售 6 辆车,至今无人能破。回忆往事时,上面的这件事令他终生难忘。当时,那位客户的一番话重重地提醒了他,使他领悟到"耐心倾听"的重要性。他认识到: 如果不能自始至终倾听对方讲话的内容,认同顾客的心理感受,难免会失去自己的顾客。

【小训练 2-23】

(1) 你去拜访一位名人,进屋之后发现主人家养了一只小猫。请以此为话题,设计一段对话。

(2) 一天,你逛商场时发现一位营销员好像是当年的校友,在学校时没机会交谈,她好像也觉得你面熟,你主动和她打招呼。你们会谈些什么?

(3) 放暑假了,你坐火车回家,周围坐着几位年龄、身份、性别不同的陌生人,为消除路途寂寞,你先和他们寒暄几句,使大家都有谈兴。你会怎样寻找话题呢?

第六节　表达方式

口语表达同写作一样,也需要一定的表达方式。口语中的复述、描述、解说、评述、抒情等表达方式虽各具特点,可以单独使用,但在实际表达中,常常是交织起来使用的。下面就对其分别进行介绍。

一、复述

【小故事 2-18】

传　令

据说在 1910 年,美军部队的一次命令是这样传递的。

营长对值班军官说:"明晚 8 点钟左右,哈雷彗星可能在这个地区看到,这种彗星每隔 76 年才能看到一次。命令所有士兵着野战服在操场上集合,我将向他们解释这一罕见的天文现象。如果下雨,就在礼堂集合,我为他们放一部有关彗星的影片。"

值班军官对连长说:"根据营长的命令,明晚 8 点哈雷彗星将在操场上空出现。如果下雨,就让士兵着野战服列队前往礼堂,这一罕见的天文现象将在那里出现。"

连长对排长说:"根据营长的命令,明晚 8 点,非凡的哈雷彗星将身穿野战服在礼堂中出现。如果操场上下雨,营长将下达另一命令,这种命令每隔 76 年才会出现一次。"

排长对班长说:"明晚 8 点,营长将带着哈雷彗星在礼堂中出现,这是每隔 76 年才有的事。如果下雨的话,营长将命令哈雷彗星穿野战服到操场上去。"

班长对士兵说:"在明晚 8 点下雨的时候,著名的 76 岁哈雷将军将在营长的陪同下身着野战服,开着他那'彗星'牌轿车,经过操场前往礼堂。"

(资料来源:柯南.命令是这样传递的[J].冶金政工研究,2003(2).)

思考:

(1) 为什么会出现以上情况? 这个案例说明了什么问题?

(2) 复述在人际交流中有何重要作用? 怎样提高复述能力?

复述是把读过的书面语转移为口语,或把听过的具体内容在理解和记忆的基础上,根据不同的需要或详细、或简要、或变换人称、或交换顺序、或加上细节的想象用自己的语言讲述出来的过程。这对于培养语感、熟悉语脉、积累词汇、培养良好的语言习惯、提高书面表达的条理性等都有重要的作用。

1. 复述的分类

复述分为详细复述、概要复述、扩展复述和变式复述。

(1) 详细复述。详细复述是一种接近原始材料的复述。它要求用自己的话严格地按照原始材料的内容、顺序、结构,完整、准确、清楚地述说,但又不是一字不丢的背诵。它允

> > > > > > > > >

许而且必须在语法和句式上进行某些调整。详细复述的要领是：首先要认真地听（读）原始材料，抓住中心，理清层次，全面把握原始材料的内容；然后记住要点，在理解的基础上，进行适宜口语表达的组织加工。

认真阅读下面《铁杵磨成针》这一短文，然后作详细复述。

【小训练 2-24】

铁杵磨成针

我国唐代伟大诗人李白，小时候很贪玩，害怕困难，读书也不长进。

有一天，小李白在一条小河边玩耍，看见一位白发婆婆正在磨一根铁棒。他感到很奇怪，就走到老婆婆跟前问："老婆婆，您磨这根铁棒干什么？"

老婆婆说："我要把它磨成针啊。"小李白更加奇怪了："磨成针？铁棒怎么可能磨成针呢？"

老婆婆说："能，当然能。只要功夫深，铁棒就能磨成针。"

小李白听了老婆婆的话，明白了一个道理："不论做什么事情都要有决心，肯下苦功夫。"从此以后，李白更加刻苦学习，进步飞快。终于，他成了一位有名的诗人。

（2）概要复述。概要复述是在总体把握原始材料的基础上，抓住主要内容，用自己的语言把原始材料表达出来的复述形式。复述中要保留原始材料的主干，按原来的结构和逻辑顺序，用原来的人称和口气，不能加进自己的认识、体会和评论。概要复述的要领是：把握整体、紧扣中心，舍去枝叶、保留主干，缩减篇幅、反映原貌。

（3）扩展复述。扩展复述是对原始材料作适当的扩充而展开的复述。扩展复述要忠实于原作的中心思想和基本内容，并在此基础上，通过合理的联想和想象，补充细节，具体描述，使讲述的内容更完整、更丰富、更生动。扩展复述的要领是：根据中心确定重点扩展的部分；合理想象，但不背离原意及其基本框架；根据表达需要，运用描述、渲染等手法进行复述。

【小训练 2-25】

以"一个孤苦的老人"为题，用现代汉语对杜甫的《登高》一诗作创新性扩展复述。

【原诗】风急天高猿啸哀，渚清沙白鸟飞回。无边落木萧萧下，不尽长江滚滚来。万里悲秋长作客，百年多病独登台。艰难苦恨繁霜鬓，潦倒新停浊酒杯。

（4）变式复述。变式复述是根据原始材料的内容，改变原始材料的某种形式进行复述。这种改变，只是形式上的改变，类似于作文中的改写，可以变换体裁、人称、语体、结构等。这种复述难度较大，常带有综合性，需要综合运用前几种复述方法。变式复述的要领是：注意扩充有理，扩展有度；注意人称转换后内容的修改；变换顺序的复述要注意前后的衔接。

【小训练 2-26】

四人一组，每组选择一个成语故事作变式复述。第一人用顺叙的方式讲述；第二人用倒叙的方式重讲一遍；第三人用第三人称讲述；第四人再把第三人称改成第一人称重讲一遍。四人讲完后再一起按变式复述的要求进行评议。

2．复述的要求

复述的要求如下。

（1）准确完整。要说清楚一件事，时间、地点、人物以及事情的起因、经过和结果等要点均要讲清楚，给人完整的印象。复述必须忠实于原材料的主要内容、主要观点和主要情节，这是复述的基本要求。表达根据内容的需要，同时考虑到听者的理解能力和情绪或者特定的语境要求等，可长可短，可繁可简，但意思要完整，让人明白。如果缺少了必须的要点，就会说得模糊不清，或者残缺不全。

（2）语脉清晰。语脉清晰是指说话人应根据具体内容采用适当的复述方法，做到前后连贯，线索清楚，既能把事情全貌交代清楚，又要把各个局部依次介绍明白。叙述性的话语材料，多按事件的发生、发展和时间的推移、地点的转换来安排；议论性的话语材料，往往按照提出问题、分析问题、解决问题的顺序安排；说明性的话语材料，多按事物的性质、特点、形状、功能、构造、制作原理与方法等线索来复述。

（3）生动流畅。口语表达的主要特点就是通俗易懂，将概念化的语言形象化。复述并非只求平实，它要求在说清楚的基础上力求生动、具体、形象，表达有层次感，在平实中有起伏。因此，复述必须兼顾口语化、通俗化、生动性。在做到语音标准、口齿清楚、表述流利的基础上，要根据原材料所表达的内容，体会作者的思想感情，根据原材料的内容控制好语调和语气，用合乎原作的语调、表情转述，使听者能不走样地了解原作所含内容，津津有味地听下去。

【小训练2-27】

图 2-1 是德国漫画大师埃·奥·卜劳恩（E.O.Plauen）的著名漫画《父与子》里的一幅漫画，题目是：《一本引人入胜的书》。请复述该漫画的情节，复述类型自定。

图 2-1 《父与子》

【小训练2-28】

传 声 筒

你去通知同学张明，让他去行政办公楼一楼找王老师，通知她下星期一下午去校部开会，校车 12∶30 开，顺便问问李老师的水杯在哪里，装好开水，把它拿到教学楼505室。

二、描述

【小训练 2-29】

看谁说得准

（1）一人正对画面用语言描绘，另一人背对画面猜描绘的是什么。

（2）描绘者不能直接说出描绘对象的名称，也不能在描述中提及对象名称中出现的字，只能讲述其特征，否则淘汰。

（3）只能口述，不能有任何肢体动作提示。

（4）两人一组，两组同时进行，哪组先猜对胜出，另外一组淘汰。

画面：长城、机器猫、雪山、相声、月饼、钢笔、裙子、镜子、月亮、甲骨文、天堂、牡丹、苹果、鸽子、口香糖、母亲、鲁迅、游泳池、小说、储钱罐、手机。

描述是以口头表达方式把看到的人物或事物用生动形象的语言进行一番生动逼真的描绘，使描绘的内容在听众的脑子里塑造起形象或再现其经过。它以观察为基础，但不能平铺直叙，而要根据记忆中的情形，通过联想和想象构成它的形象，并注入感情色彩，把绘声、绘色、绘形的艺术性语言技巧融入其中，力求做到形象、生动、吸引人。因此，进行描述训练是培养观察力、想象力，培养敏捷的思维能力和迅速组织语言能力的好方法。

1．描述的类型

一般来说，描述分为人物描述、景物描述和想象描述。

（1）人物描述。进行人物描述，一般从外貌、语言、动作、心理、性格等方面入手，可以只描述其中一个方面，也可以面面俱到地进行综合描述。因此，首先我们要进行认真仔细地观察，抓住描述对象的典型特征。如描述外形时要抓住描述对象的容貌、高低、皮肤、眼神、衣着等方面的特征；描述言谈和心理时，要符合人物的年龄、性格和身份；描述动作时，要抓住那些能体现出描述对象的性格和思想的典型动作。

【小训练 2-30】

请一名同学描述班级同学中的一员，不说姓名，其他人猜猜他描述的是谁，然后对他描述的内容进行评价和补充。

（2）景物描述。花鸟虫鱼、风雨雷电、河流、山川、森林原野等；亭台楼阁、码头桥梁、器皿用具等；生活、工作、娱乐、学习等场所都是描述的对象。同样，在进行景物描述前，也要对被描述的对象进行仔细观察，然后按条理、有顺序、分层次地进行描述。同时，还应抓住描述对象突出的有代表性的特征。

【小贴士 2-8】

"吉林雾凇"的描述

"在晚上 10 点多时，江面上开始有缕缕雾气升起，雾气越来越大、越来越浓，那大团大团的白雾从江面急滚而起，不停地向江两岸漂流，其升腾漂流之状，仿佛分若轻云之蔽月，飘摇

>>>>>>>>>>

兮若流风之回雪。雾气有的就像一缕轻纱,缠绕在老树上;有的仿佛一片云朵,暂时停止不动;有的像一条巨龙慢慢从江里缓缓向天上飞起,此时的松江中路,被包裹在雾气中,高楼大厦若隐若现,树木被披上了一层白外罩,如同仙境,徜徉其中,如同置身于琼楼玉宇。"

这是作者在观察雾的形成过程,按照时间顺序描述,既有层次感,又详细描述了雾凇形成的状貌,是一幅动态的画面。该描述具体、形象、迷人,让听者陶醉在这银白色的诗情画意之中。

【小训练 2-31】

观看一段某个知名景点的视频,假设你是一名导游,请对所播放的景物进行描述。

(3) 想象描述。想象描述,是依据某种史料、某种提示,凭借某种理念、某种情感,运用想象,使之成为具体的、形象的、鲜活的情景或者画面。

【小贴士 2-9】

对杜甫《绝句》的想象描述

一位语文教师在讲解杜甫的《绝句》之后,对这首诗作了如下的描述还原:"这是多美的一幅图画啊! 新绿的柳条上,成对的黄鹂在欢唱;一碧如洗的天空,一字儿排开的白鹭,在自由自在地飞翔;凭窗向西远眺,终年积雪的山头,仿佛是嵌在窗框中的图画;门前的山脚下,停泊着一艘艘远航的船只。这是诗人杜甫给我们绘制的一幅色彩鲜明和谐、动静有致、层次分明、意味深邃的立体画。"

【小训练 2-32】

请设想"假如生命能够倒流"。一个人不是从婴儿长到老年,而是颠倒过来,从老年长到幼年,情况会怎样? 请发挥想象,做一番描述。

(4) 动态描述。就演讲而言,所谓动态,是指事物发展过程中的某种具有动作性和变化感的现实状态。经验表明,在演讲中对事物动态的生动描述,会让充满动感和力度的演讲更能打动人心。

【小贴士 2-10】

动态场面的描述

黎海森在其演讲《我跟这个世界连通了》中有这样的动态描述:我回到了印度,去了仁爱之家,那里面住满了垂死的老人。刚走进去,我就被震撼了。我看到轮椅上一排一排的老人被义工扶下来,让他们平摊在水泥板上,再把他们的衣服剥光了,用水管直接冲刷他们的身体,特别是黏附在他们下体的一些粪便,那时候,那些老人,他们唯一的动作就是想要用他们微弱的手,把自己的下体盖住,因为旁边都是人。可是,他们连这么简单的动作都做不到啊! 当时我就在想,这些老人可能拼了一辈子,争了一辈子,他们有这么长的人生,而到头来他们可以拥有什么呢? 他们连最基本的一点尊严都没有了,还谈什么以前拥有过的物质、名声?

＞＞＞＞＞＞＞＞＞

点评：病弱的老人从被"扶下来"，到"平摊"在水泥板上；从被"剥光"衣服，到被水"冲刷"身体，尤其是他们想要用于"盖住"下体的动作，太令人心碎了。演讲者描述的这个动态场面，如此让人难以想象。不仅震撼了自己，也同时震撼了听众。

2．描述的要求

（1）抓特征，有重点，语言简洁明快。无论是描绘人物、景物、器物，还是描绘事件、场景，都要看准其特征，要符合生活的真实，不能随意渲染夸张、拼凑堆砌。俗话说"会说的不如会听的"，因为当听众听出你的语言里有虚假成分时，"假作真时真亦假"，真假混淆了，说话就没有说服力了。此外，口语对具体事物的描述要简洁明快，寥寥几句就把事物生动形象地描绘出来，不能像书面语那样详尽地描写。

（2）运用修辞手法，引起听者的联想，给人以具体真切的感受。为了面对面地把人物、事件、环境、情景、情态、色彩、气氛等形象地表述出来，就要求说话人运用各种修辞手法，语言要具体生动，绘声绘色，给人以直观的感觉、形象的感受，引起听者的联想，注意语言的"视觉效果"。例如，"她的眼睛很美"，这句话就很抽象，没有形成鲜明的形象。如果改为"她闪动着明亮的大眼睛，甜甜地望着我"，那就形象了，即产生了"视觉效果"。

（3）有层次感，语调起伏多变，语流畅达舒展，富有吸引力和感染力。描述既然要求绘声绘色，语调就要富于变化。为了传情生动，表意准确，必须通过语调的变化，使听者既能领会说话人的思想和感情，又能受到感染。要根据描述内容，适当控制语调的抑扬顿挫、轻重缓急。该急促的地方让人提心吊胆；该舒缓的时候让人放松心境，给人深刻的印象。

【小训练 2-33】

请回忆一段自己最熟悉的电影片段，向全班同学进行描述，看谁的表达效果最好。

三、解说

解说是对事物、事理的性质、形状、功用等作分解性的说明。解说与我们的工作和生活有着密切的关系，是最为常用的一种口语表达形式，如介绍自己、介绍产品、介绍物品的使用说明、展览解说词、导游解说词、防火须知、烹饪方法介绍、防病治病方法介绍等。从演讲与口才的角度看，掌握解说技巧，有利于培养细致的观察能力和准确的口语表达能力。

1．解说的类型

解说事物可以采用多种方法：从语言特点来看，大体可以归纳为简约性解说、形象性解说、阐明性解说、纲目性解说、平实性解说和谐趣性解说。

（1）简约性解说。简约式解说是指用简洁明了的话语概括事物、事理的主要特征。在进行简约式解说时，应该对事物、事理的主要特征进行一番准确的提炼，并快速确定表达用语，力求做到一语中的。举例如下。

口才：说话的才能。

辩才：辩论的才能。

文才：协作诗文的才能。

【小训练2-34】

请用简约性解说对下列词语进行解释：

宅男 人工智能 国际空间站 心理障碍 微信 房奴

（2）形象性解说。形象性解说是运用形象化的描述手段，将解说对象说得更加生动、具体、感人。形象性的解说常常采用比喻、拟人、描摹等修辞手法，有时也采用融情入景等表现手法，使解说更具有感染力。例如：中国科学院常务副院长、中科院院士白春礼和全国青联科技教育界委员座谈时对"青年"的英文大写YOUTH进行的形象式解说：

青年的英文大写是YOUTH。Y像小树，意味着青年正处于发育发展期，需要不断茁壮成长；O像太阳，青年是早晨八九点钟的太阳，充满朝气和活力；U像一个空水杯，要不断汲取营养，同时要谦虚谨慎；T像一个戴帽子直立行走的人，很多青年都获得了学士帽、硕士帽、博士帽，但学位的获得只是一个开端，不能被荣誉压弯腰，还要直立行走；H像一个单杠，希望青年在工作之余，保持良好的体魄，更好地为国家和民族做出贡献。

【小训练2-35】

试对某一英文单词作形象性解说。

（3）阐明性解说。阐明性解说是对一个看法作符合逻辑的、言之成理的说明。它通过分析、推理、判断和归纳，得出令人信服的结论。阐明性解说常常运用举例子、做比较、列数字、抓特征、作分析等方法。

【小贴士2-11】

吸烟的害处

吸烟的害处很多，综合起来讲主要有以下四点。

一是吸烟有害健康。医学实验证明：长期吸烟者的肺与不吸烟者的肺在颜色、质地、功能上有很大差别。由于尼古丁这种有害物质的慢性侵蚀，长期吸烟者的肺颜色发黑，变硬，其交换氧气的功能遭到破坏，容易患上慢性支气管炎、肺炎、肺结核、肺气肿、肺癌等疾病。另有研究证明：尼古丁对加速动脉硬化也起着推波助澜的作用。

二是吸烟污染环境。烟草在燃烧时会产生"二手烟"，被动受害。

三是吸烟影响下一代的智力。如果是孕妇吸烟，或家有婴幼儿的家长吸烟，烟雾中的尼古丁不仅会伤害胎儿或婴幼儿的呼吸系统，还会侵害他们娇弱的神经系统，对智力造成难以挽回的损害。

四是吸烟是一种不文明的行为。科学地、清醒地认识到吸烟对人类带来的危害，崇尚健康文明的生活方式，远离烟草，在全世界大多数人中已经形成了共识。在公众的心目中，吸烟已经成为一种对自己、对他人、对环境有害的不文明的行为。因此，现在包括我国在内的很多国家都禁止在一些人群集中的公共场合吸烟；有些国家甚至动用法律武器干预吸烟这种不文明行为。

>>>>>>>>>

点评：这段阐明式解说从四个方面对吸烟的害处进行了条分缕析，运用对比、描述等表达方法娓娓道来，对每一点害处的阐述都令人信服。

【小训练 2-36】

请以"为什么现在交通事故日益增多"为话题作阐述性解说。

（4）纲目性解说。纲目性解说是提纲挈领地分点说明事物、事理的方法。这种解说语言精练浓缩，以少胜多，常常给人以深刻的印象。纲目性解说常用的方法是列举和分类。例如：

樱花是世界著名的花木，全球共有 100 余种，分布在亚洲、欧洲和北美的温暖地带。在植物学分类上属蔷薇科樱属落叶乔木（少数为常绿或灌木），主要产于北温带的中国华南、长江流域、华北、东北，以及日本、朝鲜等地。

【小训练 2-37】

请以"'00 后'大学生身上应该具备什么"为话题进行纲目性解说。

（5）平实性解说。这是朴实、严谨的解说方式。一般极少修饰性、描摹性的语言，直截了当地把事物、事理讲清楚。这种解说朴实无华，会使人觉得可靠和值得信赖、容易赢得对方的认同和好感。例如：

华山有五大山峰，东、南、西三大峰是主峰，与北峰一起都围着中峰，就像一朵盛开的莲花。我国古代，"花"与"华"音相通，所以五峰合称华山。

【小训练 2-38】

假如你去一家公司应聘，在人事主管面前，请用平实的语言介绍你自己。

（6）谐趣性解说。谐趣性解说是指用诙谐幽默的语言来解说人、事、物，语言俏皮、有趣，从而使表达更有吸引力。要做到谐趣性解说，首先自己必须对要解说的对象理解深刻、素材积累丰富，并且心理状态要愉快而稳定。

【小贴士 2-12】

郭德纲妙谈"艺术家"

什么是真正的艺术家？在你的领域里承上而启下，有独特的艺术魅力，形成了流派、风格，追随者众多，你才能是艺术家。一个领域一个行业，一百年有一位大师、两位艺术家就是了不起的事情了。中国京剧又当如何？解放初期就俩艺术大师，梅兰芳、周信芳。那是国家封的。马连良先生这么大的角儿，当年才叫演员。你看现在有多少艺术家？一下雨，雨后春笋。（全场大笑，鼓掌）其实也不怨他们，关键是咱们国家的名片儿印刷管理制度不严格。（全场大笑）我说印个总统，他也给印，总统兼神父加 50 块钱就干。（全场大笑）没有这么多艺术家，那是开玩笑，我们天津的相声演员还有一个普遍的认识，他们认为超过 50 岁就可以算艺术家。（全场笑）这更是胡闹，这跟年纪没关系。（长时间鼓掌）

点评：郭德纲凭着相声演员的幽默和风趣，形象生动地解说了什么是"艺术家"。这番令人忍俊不禁的妙谈，语言生动，逻辑严密，幽默中见深刻，风趣里含讽刺，无疑能引发人们对艺术家不良现象的反思。

2. 解说的要求

（1）真实准确，抓住本质。解说事物时，准确性是首先要考虑的。解说前的实地观察或阅读有关文献资料都要仔细认真，这样才有可能如实地解说事物。要准确地说明事物，最重要一点是必须对解说对象有全面的了解、正面的认识，真正抓住要解说事物的本质和规律。

（2）层次分明，条理清晰。怎样才能把某一事物（或事理）的特征准确、清楚地向听者解说呢？这就需要根据事物本身的条理及其固有特征，选取合理、恰当的顺序。如解说事物的性质特点，可以分类介绍，按主次安排先后顺序，重要的先说，以引起听者的特别注意；解说事物的构造，可以按空间顺序，由上到下，或由内到外，或由整体到局部进行解说；解说工作方法和程序，可以按时间顺序或操作的先后加以介绍；还有些事物需要追溯其历史，即"纵向解说"等。

（3）语言生动，通俗易懂。解说事物一般要求恰如其分，使人一听就能把握事物的本质。用明白、晓畅、平实、易懂的语言把抽象的道理说得具体、形象，把深奥的道理说得浅显、通达，把专门的知识说得平易、普通。还应根据不同的听者对象，选用适当的词语、句式，效果更佳。

（4）语调平稳，突出重点。解说事物时，语调要平稳、自然，根据内容稍做变化。合理处理停顿、重音等以显示解说的层次，突出中心，表达有分寸。如强调事物的特点时，要注意适当停顿，说顺序号时要停一下，让听者记住是几个方面，内容要点各是什么。说明事物及状态时，要注意修饰语，用中度重音说出修饰语，给人以鲜明印象。说数据时，要慢吐重说，一字或两字一顿，让人听清楚。当听者需要记录时，语速要放慢，让听者能够边听边记。

【小训练 2-39】

请为你所在的专业撰写一篇解说词。

四、评述

【小故事 2-19】

卫国的新媳妇

卫国有人迎娶媳妇。媳妇上车就问："两边拉套的马是谁家的？"车夫说："借的。"媳妇叮嘱车夫："打两边的马，别打中间自己家的马。"花车到了丈夫家门口，媳妇刚被扶下车，又叮嘱伴娘："快去灭掉灶膛的火，小心火灾。"走进堂屋，看见地上有块石头，又说："快把石头搬到屋外，放在这里阻碍人来回走路。"丈夫家的人听后，不禁笑了。

点评：请对上面这则小故事进行评价。

＞＞＞＞＞＞＞＞＞

评述是以"评"为主的表达方式,要求评述者遵循实事求是、观点鲜明的原则。评述要使听者同意评述者的见解、观点和感受,所以应语气肯定、简明达意、以理服人,不可断章取义、含糊其辞、繁杂冗长。

1．评述的方式

（1）先述后评。这是指先复述、解说或描述将要评论的内容,然后再进行评论。

【小训练 2-40】

回忆一个自己最熟悉的人物的主要经历和主要事迹,说说你对他有何看法。

（2）先评后述。这是指先提出见解和看法,然后再叙述材料并证明自己观点的正确性,以感人的叙述和强度大的逻辑论证给人启示和力量。

【小训练 2-41】

请就"团结就是力量"这一论题进行先评后述练习。

（3）边评边述。一边叙述,一边议论的评述方式就是述中有评。它将评和述水乳交融地统一在一起,可以自由地且说且评,可"浓墨"说评,也可淡笔小评,如需总评或归纳,可置于开头或结尾。在口语表达中,述中有评是一种常见的表达方式,它舍弃了大量让人乏味的议论,是感性表达和理性分析的相互整合,更能引起听者的兴趣。

【小训练 2-42】

阅读下面的短文,参考后面的提纲,以《从问路喊"哎"谈起》为题进行评说。

马路边坐着一位银须白发、手握拐杖的老人。一个年轻人骑着自行车匆匆地要去县城,但又不认识路,离老人还有五六丈远,他就用"哎"向老人打招呼。见老人没有搭理,他嗓门更大了,"哎—哎—问你路呢,到县城有多少里路?"老人抬头瞅一眼车上的年轻人说:"还有五拐杖。"年轻人又急又气,说道:"不是论拐杖,是论里。""论理?"老人发话了,"论理你得叫大爷!"随后才向县城方向一挥拐杖:"年轻人,还有五里。"老人还是以"理"相告。

提纲:

（1）概述评说对象,引出论题。

（2）从礼貌语言是精神文明的体现方面评说问路喊"哎"是不文明的表现,论证讲文明礼貌的重要性。

（3）从礼貌语言是思想品质的反映方面评说问路喊"哎"不是小节小事,论证讲文明礼貌的重要性。

（4）从我们国家民族的优良传统方面,进一步指出见人喊"哎"是缺乏教养的表现,论证讲文明礼貌的重要性。

（5）提出希望。

2．评述的要求

要使评述有说服力,具体应做到以下几点。

（1）实事求是,持论公允。"述"要做到有什么说什么,没有的不能乱说,这就是"实事"；"评"要做到公平、公允、持中,向真理靠近,这就是"求是"。可见,如果"述"得不准确,"评"就会失去公允,当然也就不能以理服人。有了准确的"述",还要对它深入研究、具体分析、客观评价,掌握好尺度,恰当地予以"评",才能使听者理解、接受。

（2）观点鲜明,论据充实。评述的关键是"评",评述者赞成什么、反对什么、喜与怒、爱与憎,都要通过"评"表达出来,评述者切忌观点含糊不清,说话模棱两可,使听者云山雾罩,弄不清表达者所持的观点、所在的立场。当然,有了正确的观点并不等于完成了评述,还要有充分可靠的根据,让事实说服人比说空泛的大道理要有效得多。

（3）语言生动,逻辑严密。评述用语应准确、简练、生动、活泼,这主要偏重于"述"的一面；"评"是表达观点,讲明道理,偏重于要求语言条理清楚,层次分明,符合逻辑。即使"评"的内容比较深奥,也尽量用浅近、通俗的语言表达。

【小训练 2-43】

请对最近看过的一篇文章或者一部电影进行全面评述。

【小贴士 2-13】

从《国王的演讲》学演讲技巧

《国王的演讲》是由汤姆·霍珀执导,科林·费斯、杰弗里·拉什主演的英国电影。影片讲述了英国女王伊丽莎白二世的父亲、乔治六世国王的故事。

公开演讲对一个国王而言,是他的职责,但他却患有严重的口吃。1925 年,身为王子的艾伯特被父亲乔治五世要求在伦敦温布利的大英帝国展览会上致闭幕词。当会场内外静静期待他的精彩演讲时,广播里传来的却是"……我……有事宣布……我承诺……"的结巴声,他甚至紧张得在 20 秒内没有说出任何一个词。

我们很难想象一个国王没有出色的口才,不能当众演讲,会是怎样一种情形。但乔治六世在语言治疗师莱纳尔·罗格的治疗下,克服障碍,最终成长为能熟练运用演讲技巧、深谙演讲礼仪的国王,并在第二次世界大战前发表了鼓舞人心的演讲。

课 后 练 习

一、模仿练习

（1）模仿一段新闻联播的播报。

（2）模仿一段名人的演讲或讲话。

二、绕口令练习

（1）坡上立着一只鹅,坡下就是一条河。宽宽的河,肥肥的鹅,鹅要过河,河要渡鹅,不知是鹅过河，还是河渡鹅。

（2）板凳宽，扁担长，扁担没有板凳宽，板凳没有扁担长；扁担想绑在板凳上，板凳不让扁担绑在板凳上，扁担偏要绑在板凳上。

（3）一平盆面，烙一平盆饼；饼碰盆，盆碰饼。

（4）山前有个严圆眼，山后有个严眼圆，二人山前来比眼，不知是严圆眼的眼圆，还是严眼圆比严圆眼的眼圆。

（5）出南门，走六步，见着六叔和六舅，叫声六叔、六舅好，借我六斗六升好绿豆；过了秋，打了豆，还我六叔、六舅六十六斗六升好绿豆。

（6）哥挎瓜筐过宽沟，过沟筐漏瓜滚沟。隔沟挎筐瓜筐扣，瓜滚筐空哥怪沟。

（7）老方扛着黄幌子，老黄扛着方幌子。老方要拿老黄的方幌子，老黄要拿老方的黄幌子；末了儿方幌子碰破了黄幌子，黄幌子碰破了方幌子。

（8）八百标兵奔北坡，炮兵并排北边跑，炮兵怕把标兵碰，标兵怕碰炮兵炮。

（9）粉红墙上画凤凰，凤凰画在粉红墙。红凤凰、粉凤凰、红粉凤凰、花凤凰。

（10）老罗拉了一车梨，老李拉了一车栗。老罗人称大力罗，老李人称李大力。老罗拉梨做梨酒，老李拉栗去换梨。

（11）有个面铺门朝南，门上挂着蓝布棉门帘，摘了蓝布棉门帘，面铺门朝南；挂上蓝布棉门帘，面铺还是门朝南。

（12）大刀对单刀，单刀对大刀，大刀斗单刀，单刀夺大刀。

（13）一班有个黄贺，二班有个王克，黄贺、王克二人搞创作，黄贺搞木刻，王克写诗歌。黄贺帮助王克写诗歌，王克帮助黄贺搞木刻。由于二人搞协作，黄贺完成了木刻，王克写好了诗歌。

（14）天上有个日头，地下有块石头，嘴里有个舌头，手上有五个手指头。不管是天上的热日头、地下的硬石头、嘴里的软舌头、手上的手指头，还是热日头、硬石头、软舌头、手指头，反正都是练舌头。

（15）师部司令部指示：四团十连石连长带四十人在十日四时四十四分按时到达师部司令部，师长召开誓师大会。

（16）门口吊刀，刀倒吊着。

（17）老龙恼怒闹老农，老农恼怒闹老龙。农怒龙恼农更怒，龙恼农怒龙怕农。

（18）牛郎恋刘娘，刘娘念牛郎，牛郎年年念刘娘，刘娘牛年恋牛郎，郎念娘来娘恋郎。

（19）化肥会挥发。黑化肥发灰，灰化肥发黑；黑化肥发灰会挥发，灰化肥挥发会发黑；黑化肥挥发发灰会花飞，灰化肥挥发发黑会飞花。

（20）新脑筋，老脑筋，老脑筋可以学成新脑筋，新脑筋不学就变成老脑筋。

（21）南边来了两队篮球队员，男运动员穿了蓝球衣，女运动员穿了绿球衣。不怕累，不怕难，男女运动员努力练投篮。

（22）路东住着刘小柳，路南住着牛小妞。刘小柳拿着大皮球，牛小妞抱着大石榴。刘小柳把大皮球送给牛小妞，牛小妞把大石榴送给刘小柳，牛小妞的脸儿乐得像个红皮球，刘小柳的脸儿笑得像开了花的大石榴。

（23）金凤凰，银凤凰，凤凰山上画凤凰。金凤凰画红凤凰，银凤凰画黄凤凰。金凤凰不让银凤凰画黄凤凰,银凤凰不让金凤凰画红凤凰。金凤凰只好画花凤凰,银凤凰只好画粉凤凰。

（24）傅家屯老扈会种树,扈家庄老傅会养兔;老扈致富多种树,老傅致富多养兔;养兔致富的老傅跟种树致富的老扈比富,扈家庄的老傅和傅家屯的老扈都成了富户。

（25）凤凤和芳芳,上街买混纺。红混纺,粉混纺,黄混纺,灰混纺,红花混纺做裙子,粉花混纺做衣裳。

（26）屋前一堆粪,屋后一堆灰,灰混粪,粪混灰,灰粪混成一大堆。东混粪,西混灰,粪灰、灰粪都是肥。

（27）树上挂个小枣,树下站个小赵。小赵打小枣,小枣掉进草。小赵在草里找枣,枣太小不好找。小赵分开草细细找枣,找到了掉进草里的枣。

（28）长虫钻砖堆,长虫围着砖堆转,转完砖堆钻砖堆。

（29）三月三,三月三,小三去登山。上山又下山,下山又上山。登了三次山,跑了三里三。出了一身汗,湿了三件衫。小三山上大声喊："离天只有三尺三!"

（30）报纸是报纸,刨子是刨子。报纸能包刨子,不能刨桌子。刨子能刨桌子,不能刨报纸。

（31）四位老师姓石、斯、施、史,石老师教我大公无私,斯老师给我精神食粮,施老师教我遇事三思,史老师送我知识钥匙,我感谢石、斯、施、史四老师。

（32）叶上一条蚕,树上一只蝉,蚕常在叶里藏,蝉常在树里唱。

三、发音吐字训练

（1）大声朗读下列成语,注意声母和韵母及声调。

比翼双飞 披荆斩棘 满载而归 丰衣足食 大张旗鼓 推陈出新
南征北战 龙飞凤舞 高瞻远瞩 快马加鞭 和风细雨 洁身自好
轻歌曼舞 先人后己 正本清源 超群绝伦 生龙活虎 日新月异
责无旁贷 此起彼伏 四通八达 按部就班 呕心沥血 峨冠博带
依山傍水 闻过则喜 云淡风轻 而立之年 仗义执言 瞒天过海
鞍前马后 兵强马壮 催眠有术 灯红酒绿 飞崖走壁 甘霖普降
挥毫洒墨 坚决果断 鲲鹏展翅 捞钱索物 闷头写作 千锤百炼
酸甜苦辣 吞云吐雾 心明眼亮 争前恐后 因循守旧 巍然挺立

（2）向听众讲述一段个人经历中印象深刻的一件事。

要求:不要照稿宣读,注意吐字发音,并使自己的声音热情、自然、有表现力。可将自己上面的讲话用手机录下来,然后分析研究自己的录音,找到自己语言中的干扰词。再重复自己刚才讲述的内容,重复时注意克服这些干扰,尽量减少干扰词出现的频率。

四、态势语言训练

（1）快速说出下列描写态势语的成语所表示的意思。

挤眉弄眼 摇头晃脑 左顾右盼 咬牙切齿 眉飞色舞
面面相觑 点头哈腰 手足无措 目瞪口呆 摩拳擦掌

指手画脚 昂首阔步 手舞足蹈 顿足捶胸 打躬作揖

（2）分析自身日常语言交流中的态势语言，找到不符合规范的态势，并进行纠正。

（3）如果你是老师，要做一位同学的思想工作。你应该采用什么样的坐姿？

（4）如何理解面部表情在态势语言中的作用？

（5）古人云："言之不足，手之舞之，足之蹈之。"请就此论断来说明有声语言与体态语言之间的关系。

五、案例分析

如此"高僧"

吴礼权在其著作《言语交际与人际沟通》（暨南大学出版社，2013）中讲述了这样一个故事。

在明代，佛教界中人也并非个个都是得道高僧，而是鱼龙混杂，其中不乏滥竽充数的南郭先生。当时，有一位颇为知名的僧人，法号"不语禅"。虽然名声很大，其实是个毫无学识、毫无见识的庸人。说的直接点，也就是个佛教界的骗子。他的所谓名气，其实都是当时不甚发达的"传媒"（即口耳相闻的人际传说，捕风捉影，见风是雨，最不靠谱）炒出来的。知情者都知道，不语禅之所以能在佛学界混事，而且还混得风生水起，成为当时一时的名僧，都是因为他有两个有见识、有学识、又能说会道的侍者（相当于今天我们所说的"助理"）代他发言。

有一天，不语禅的两个侍者刚好出外办事，寺里就来了个云游的和尚。说是慕名远道而来，想见主持不语禅。不语禅没办法，只得摆出主人的姿态予以接待。因为都是同行，不能失了礼节！宾主寒暄施礼已毕，云游和尚便开口请教到："高僧，什么是'佛'？"

这是佛学的一个基本问题，做僧人的应该人人都是明白的，是不需解释的。但是，因为这是佛学的基本问题，所以它也是佛学界谁都回答不好的问题，最能见仁见智。云游和尚是来取经的，当然要问这样的经典问题。

不语禅一听，顿时傻了眼不知如何回答。于是急得东张西望，希望两位侍者快点回来解围，不然丑就出大了。可是，看了半天，两个侍者的影子也没有。

云游和尚见不语禅东顾西盼，不知何意，但又不便多问，遂又换了一个话题，问道："请问高僧，什么是'法'呢？"

不语禅不听则罢，一听这个问题，顿时脑袋"嗡"的一声，真的要昏过去了，因为他压根儿就不懂佛家的什么"法"。大概是觉得实在太惭愧了，不语禅这次不仅没有勇气直视云游和尚，甚至都不好意思左右顾盼了，所以只得仰头看屋顶，低头看脚下，极力避免与云游和尚四目相对。因为"眼睛是心灵的窗户"，他怕从窗户里泄露出他内心的一切。

云游和尚不知就里，遂再向不语禅问了一个问题："高僧，不知您是如何看待'僧'的？"

不语禅一听这话，以为云游僧是故意讽刺他枉穿袈裟，枉称僧人，遂更是羞愧难当，既不好意思左右顾盼，也不好意思上看下看，索性闭上眼睛，假装打坐了。

云游僧见此，既怕惊扰了大师，又心有不甘，自己不远千里而来，竟然与高僧未交一言，岂不是莫大的遗憾？想了想，云游僧又向不语禅问了一个问题："贫僧还有一个问题请教，敢问高僧，何谓'加持'？"

<<<<<<<<<

不语禅听云游僧问到这个问题，更是恨不得寻个地缝钻进去，或是一头撞死算了，因为他从来就不懂这些佛家术语的真正内涵，想到此，不语禅不由自主地伸出手去，云游僧看到不语禅闭目养神伸手，端坐岿然不动的样子，似乎突然有所顿悟，于是起身而去。

云游僧刚走处寺院，就看到了不语禅的两个侍者外出归来。云游僧与二人见过礼，抑制不住喜悦的心情，脱口而出道："高僧就是高僧！'不语禅'果然名不虚传！贫僧问什么是'佛'，高僧东顾西盼，意思是说：'人有东西，佛无南北。'贫僧又问什么是'法'，高僧仍然不语，只是看上看下，意思是说：'法平等，无有高下。'贫僧再问何谓'僧'高僧只是闭目打坐，意思是说：'白云深处卧，便是一高僧。'贫僧最后又问什么是'加持'，高僧则闭目伸手，意谓：'加持便是接引众生。'这等大禅，真是'明心见性'啊！"

二位侍者回到寺里，不语禅见之，大骂道："你们二人都跑到哪里去了？也不来帮我。今天来了一个野和尚，他问什么是'佛'，我答不出，就盼着你们赶快回来，但却东看你们不见来，西看你们也不见来；他又问什么是'法'，我哪里答得出，真是尴尬得要命，只好上看下看，可谓是上天无路，入地无门；他又问什么是'僧'，我实在没有办法了，只好闭目假睡；没想到这个野和尚问个没完，又问我什么是'加持'，我自愧一问三不知，还做什么长老，不如伸手沿门去叫化也罢。"

思考题：

（1）结合本案例谈谈态势语言在交际中有何作用。

（2）本案例对你有何启示？

六、心理素质训练

（1）自我暗示：每天清晨默念10遍"我一定要最大胆地发言，我一定要最大声地说话，我一定要最流畅地演讲。我一定行！今天一定是幸福快乐的一天！"（平常也要自我暗示，默念或写出来，至少10遍）

（2）想象训练：想象自己在公众场合成功地演讲，想象自己成功。

（3）微笑练习：在镜前学习微笑，展示自己的手势及体态。养成微笑的习惯，要笑得灿烂、笑得真诚，富有亲和力。

（4）阅读励志书籍或口才书籍，培养自己积极的心态，学习一些技巧。

（5）每天放声大笑10次，乐观面对生活，放松情绪。

（6）训练接受他人的目光，培养自信和观察能力。

（7）学会检讨，每天总结得与失，写心得体会。

（8）当你走进演讲世界的神秘大门时，有没有魔咒能令你奇迹般打开这扇神秘的大门呢？如果你能记住演讲魔咒，每天不断默念诵读，并在实践中不断演练，你一定能打开通往演说家乐园的大门。"咒语"如下：

——我喜欢演讲；

——我有演讲的天分；

——我天生就是演说家的料；

——我用生命准备我的演讲；

——我的脚下就是演讲的舞台；

>>>>>>>>>

——我的身边就是演讲的大众；

——每天都是我演讲的第一时间；

——每件事都是我演讲的最好素材；

——只要有机会演讲我就演讲；

——只要演讲我就要激情演讲；

——只要演讲我就大声演讲；

——只要演讲我就快速演讲；

——只要演讲我就全身心演讲；

——只要演讲我就用眼睛演讲；

——只要演讲我就用手势演讲；

——只要演讲我就用身体演讲[①]。

七、口才思维训练

(1) 请围绕"牛"每人说一个观点，进行发散思维。然后用"养牛好处多"为主题，对发散思维的结果进行筛选、组合，说一段完整的话。

(2) 用最快的速度说出至少20个与手有关的动词。

(3) 向全班同学讲述司马光砸缸救人的故事，然后分析当时司马光在什么样的思维方式支配下成功地救出了小朋友。

(4) 请运用纵深思维，以"关于'空巢家庭'现象的思考"为题写一段话。

(5) 快速解词猜词训练。规则为两人为一组。教师在黑板上写一个词语，甲面对黑板，负责说清楚这个词语的意思，但语言中不能出现这个词语；乙背对黑板，根据甲的解释猜出是哪个词语。一组猜5个词，每个词2分。例如：

① 说话、计算机、书包、奔跑、两面派

② 书、洗发液、日历、猫、虎背熊腰

③ 演讲、广告、葱、起重机、袖手旁观

(6) 打破自己固定的思维模式，积极思考，迅速回答下列问题。

① 影院内禁止吸烟，而在剧情达到高潮时，却有一男子开始抽烟，整个银幕笼罩着烟雾，却没有任何人表示异议，为什么？

② 海曼先生身高2.3米，一天，一位身高2.4米的高个子先生来拜访从没出过村子的海曼。吓呆了的海曼说："这是我有生以来头一次见到个子比我高的人。"高个子先生肯定地说："不可能！"为什么？

③ 纸上写着某一份命令。但是，每个看懂此命令的人都没宣读它。纸上写的是什么呢？

④ 阿明是卜卦能手，一次他为自己卜了一卦，结果是"由此处往北走，就能遭遇人生最大的幸运"。但阿明却失望地垂下了头。这是为什么呢？阿明身体健康，四肢健全，而

---

① 乔宪金. 四维演讲兵法 [M]. 北京：北京工业大学出版社，2008.

且并没有阻挡前路的障碍物。

⑤ 宴会上,主人拿出一瓶酒,告诉大家,酒瓶用软木塞塞住,没有起塞工具又不准损坏瓶子,大家怎样才能喝到瓶子里的酒呢?

八、倾听能力训练

(1) 两个同学为一组,每个同学准备一篇有一定信息量的约800字的文章,一位同学将文章读给另一位同学听,倾听者要注意使自己保持专注。文章宣读完毕,由倾听者陈述自己获得的信息,宣读者检查对方信息是否准确无误。然后角色互换,再进行一轮。最后双方谈谈自己倾听中的感受。

(2) 教师对学生说:"请拿出一支铅笔,一张纸。在纸上画一条约10厘米长的垂直线。把你姓氏的第一和最后一个字母写在直线的上方和下方。"注意不要强调最后一个句子中的两个"和"字。教师会发现大多数人会把第一个字母写在线上方而最后一个字母写在线下方。

问题:

① 以上小练习说明了倾听中的什么问题?

② 从以上练习中我们应该汲取哪些倾听经验?

(3) 到养老院做义工,陪老人聊聊天,注意运用倾听的技巧,看看效果到底如何?

九、表达方式训练

(1) 根据短诗提供的情节和意境展开联想,扩展成一则小故事。

回乡偶书

贺知章

少小离家老大回,乡音无改鬓毛衰。

儿童相见不相识,笑问客从何处来。

(2) 请在下列语句中任选一句,扩展成一段话。

要求:

① 在10分钟内完成,不少于150字。

② 教师请学生到台上演讲,演讲时间2~3分钟。

③ 师生点评,评出最佳者1名。

训练材料:

A. 雨下得真大　　B. 今天好热　　C. 他是个好人　　D. 学校真大

E. 食堂太挤了　　F. 她非常善解人意

(3) 自己找一些视频进行解说,视频内容可以涉及景物、人物、动物、植物等。要求在解说的过程中,观察仔细,表述准确。

(4) 请对中国四大古典名著中的任一部作品展开评述,要求观点越新颖越好。

第三章 命题演讲

要散布阳光到别人心里,先得自己心里有阳光。

——[法]罗曼·罗兰

只要遵循正确的方法,做周全的准备,任何人都能成为出色的演说家。反之,不论年纪及经验多么老到,若没有适当的准备,仍会在演讲中出窘。

——[美]戴尔·卡耐基

课程思政要求

- 进行社会主义核心价值观教育;
- 进行爱国主义教育;
- 开展诚信教育、法律意识教育和道德意识教育;
- 塑造职业形象、提高职业素养;
- 促进学生全面发展。

学习目标

- 明确命题演讲应做的准备;
- 能够成功地设计命题演讲稿;
- 演讲者形象符合要求;
- 掌握演讲的控场技巧;
- 运用相关技巧成功地进行命题演讲。

案例导入

冯玉祥的抗日演说

抗日战争时期,著名爱国将领冯玉祥来湖南益阳作过一次抗日演说。

那是1938年秋的一天早上,益阳市机关学校、团体及城乡居民两万多人齐集在老城区的西门体育广场,欢迎冯玉祥将军一行。会场内人头攒动,都想一睹这位力主抗日的爱国将军的风采。

冯玉祥当时是国民党军事委员会副委员长。人们以为他来时定会骑着高头大马,随从前呼后拥,谁知他徒步入场,后面是百名背着长板凳的士兵,还有一个士兵肩上扛着一棵小松树,最后就是当地知名人士。

欢迎大会开始,主持人请冯玉祥演说。两万多双眼睛都注视着主席台。只见冯玉祥身着一套发白了的旧军装,脚穿青布鞋,身材魁梧,神采奕奕地向群众挥手。那些士兵把凳子放在主席台的前面,让婆婆娃娃安安稳稳坐定之后,冯玉祥开始演说。

冯玉祥演说的时间不长,但讲得通俗易懂。开始,他引用《世说新语•言语》中的"岂见覆巢之下,复有完卵乎"的典故。他左手握住士兵扛来的松树,右手把一个草编的鸟窝安放在树杈上,又把几只蛋放进鸟窝里后,就慷慨激昂地演说起来。他把树比作国,把窝比作家,把蛋比作生命,以手握树比作誓死捍卫国家。他严肃地说,现在我们的国家遭到日本帝国主义的侵略,我们要用双手来保卫她,那就是抗日。如果不抗日——这时他手一松,树倒了,窝摔了,蛋砸了。接着,他高声朗诵自己创作的《鸟爱巢》诗:"鸟爱巢,不爱树,树一倒,没住处,你看糊涂不糊涂。人爱家,不爱国,国如亡,家无着,看你怎么去生活。"

冯玉祥用生动形象的比喻、通俗易懂的语言,深入浅出地说明先有国,后有家,才有生命的道理,使民众懂得不抗日就会遭受亡国、亡家、亡命的严重后果。他的演说震撼了全会场。演说完毕,会场内外爆发出雷鸣般的掌声,抗日口号此起彼伏。随后就有多名热血青年报名要求当兵上前线,杀敌卫国。

现在多年过去了,听过当年演讲的人回忆起当时的情景时,仍激动不已。[①]

问题:

(1) 冯玉祥的抗日演说为什么多年后仍然令人激动不已?

(2) 成功地进行命题演讲应注意哪些问题?

第一节　命题演讲概述

命题演讲就是演讲者根据事先给定的题目或范围,经过全面充分准备,在规定的时间内,针对某一事件或者某一话题所做的内容系统、结构完整、要求全面的演讲。

一、命题演讲的特征

1. 题目具有针对性

命题演讲的题目往往是活动组织方根据当前的需要,围绕某一事件或者某一个方向,拟定具体的题目。根据确定的题目,演讲者再自行组织材料,进行各方面的准备。

2. 准备具有充分性

一般情况下,命题演讲是先由活动组织方发布演讲题目。演讲者拿到题目后,可以依靠自己的力量找到合适的切入点,列出提纲,起草演讲稿,了解听众的特点,设计演讲出场的整体形象和动作表演,也可以主动求助外界力量,找经验丰富的人给予指导,帮助修改演讲稿,反复模拟演讲进行试听,修正演讲中出现的种种不足,培养出场信心,增强出色完成演讲的勇气。

3. 时间具有相对性

命题演讲都有严格的时间限制。演讲者要在规定的时间内完成演讲任务,把演讲稿

---

① 施峰. 冯玉祥的一次抗日演说 [J]. 党史天地, 2001(6).

>>>>>>>>>

的主要观点和思想表达清楚,赢得听众对演讲者的认可。演讲不足规定时间,或者演讲超出规定时间,都会影响演讲的水平和效果。[①]

【小贴士 3-1】

李云龙的任职演讲

热播电视剧《亮剑》中李云龙刚到独立团的一段任职演讲,面对刚刚遇到鬼子特种部队袭击的战士们慷慨激昂地说道:"你知道我李云龙喜欢什么吗? 我喜欢狼。狼这种畜生又凶又猾,尤其是群狼,老虎见了都要怕三分。从今往后,我李云龙要让鬼子知道,碰到我们独立团,就是碰到了一群野狼,一群嗷嗷叫的野狼。在咱狼的眼里,任何叫阵的对手,都是咱们嘴里的一块肉。我们是野狼团,吃鬼子的肉,还要嚼碎他的骨头。狼走千里吃肉,狗走千里吃屎。咱们野狼团什么时候改善生活,就是碰上鬼子的时候。"

点评:这段话豪迈、大气、刚毅、果敢,鼓舞斗志、振奋人心,同时在为独立团塑造灵魂。一言可以兴邦,李云龙利用他超强的爆发力,把内心的情感全部表达了出来,引起了战士心灵的共鸣。

二、命题演讲的分类

命题演讲分类的标准有很多,可以根据演讲内容、演讲者身份、演讲性质、演讲目的、演讲地点进行分类,也可以按照命题范围的大小和演讲的方式进行分类。具体如表 3-1 所示。

表 3-1　命题演讲的分类

分类标准	类型	阐释
根据命题范围的大小进行分类	全命题演讲	全命题演讲的题目一般是由活动组织方来确定的。全命题演讲主题鲜明,针对性强,其不足是局限性大,有时题目要求与演讲者的实际生活差距较大,难以讲深讲透
	半命题演讲	半命题演讲是指演讲者根据活动组织方限定的范围,自己拟定题目进行演讲。半命题演讲方式的特点明显,演讲者可以根据自己的生活阅历选择适合的角度,确定主题,准备材料,设计相关辅助动作,以具有自己特点和个性的方式展现出来,灵活性强,自主性大,有益于演讲主题的深化
根据演讲的方式进行分类	宣读式命题演讲	宣读式命题演讲就是照着演讲稿进行演讲,准确省时、一字不差,适用于领导讲话、报告会等具有政治背景和要求的场合,例如,开业典礼、新闻发布会、年终总结会等
	背诵式命题演讲	背诵式命题演讲是把事先准备好的演讲稿背熟记于心中,演讲时完全凭借对演讲稿的记忆进行演讲。这种演讲方式适合于经验不足、应变能力不强或临场发挥水平不高的演讲初学者。演讲比赛往往采用这种形式

① 姚小玲,张凤,陈萌,等.演讲与口才 [M].北京:电子工业出版社,2012.

续表

分类标准	类型	阐　释
根据演讲的方式进行分类	提纲式命题演讲	该演讲又称为脱稿演讲,指演讲者对演讲的观点和材料做了充分、详尽的准备,依据要点归纳了演讲提纲,但是没有形成演讲稿,演讲时根据提纲的提示进行演讲。提纲式命题演讲是日常生活中最为常用的演讲方式,如公司的工作会议、小组讨论、班级例会等,主持人一般都会采用此种演讲方式,列出提纲,简单明了而又不失重点
根据演讲的性质进行分类	会议命题演讲	这是指演讲者根据会议主办方的要求,针对特定的题目,在会议上进行的象征性或者主旨性的演讲。一般情况下,会议命题演讲包含开、闭幕式演讲,经验介绍,专题报告等
	比赛命题演讲	它也称为演讲比赛,根据演讲组织者的规定,演讲者针对某一特定题目或话题,在准备的基础上,通过演讲来全面展示演讲者对演讲题目的理解,并以此为依据获得成绩、赢得比赛为目标的演讲
	竞选命题演讲	也称为竞职、竞聘、竞岗演讲,所有为谋求工作岗位、职位或者资格而发表的演讲都是竞选演讲。从一定意义上讲,竞选演讲是演讲者在特定条件下为实现自己的人生理想,针对竞争的某一岗位发表见解、主张,用实绩向人们展示自我的演讲。演讲竞选的目的就是为了击败竞争对手,使自己脱颖而出,成为赢家

（资料来源：姚小玲,张凤,陈萌,等.演讲与口才 [M].北京：电子工业出版社，2012.)

三、命题演讲的准备

众所周知，1863 年 11 月 19 日林肯在葛底斯堡国家烈士公墓落成典礼上的演讲被尊称为英语演讲史上的经典。那么，林肯是怎样成功的呢?

【小故事 3-1】

林肯准备演讲稿

美国总统林肯曾被美国负责葛底斯堡公墓的委员会邀请致辞,林肯为此准备了两个星期。

他首先借来同时要做献辞演讲的全国享有盛名的学者、演讲家爱华·埃弗雷特的原稿,反复思考,甚至照相时都在思考。然后,他抓紧时间思索自己的演讲,甚至在办公室里等待最近战役的报告时,他都在思索。林肯还随身携带演讲稿,稍有空闲便思索、推敲。致辞前夜,他已修改过两三遍了,但他还在继续修改,并请秘书提意见。第二天吃过早饭后,他在去公墓参加典礼的路上,对演讲的内容又做了最后的修改。

经过认真、细致的准备后,林肯的演讲感情真挚,内容集中,文辞朴实,感动了在场的每一位听众,这次演讲大获成功。

（资料来源：佚名.超级演说家的六个秘诀 [EB/OL].[2018-06-27]. https://baijiahao.baidu.com/s?id=1604402452148711228&wfr=spider&for=pc.)

>>>>>>>>

可见,巨大的成功与演讲前的精心准备是分不开的。演讲前的准备工作是多方面的。苏联著名演讲家阿普列相在《演讲艺术》一书中指出:"真正的演讲家总是一身而三任:既是作者(剧作家),又是导演,还是完成自己的演讲、谈话的表演者。"这段话形象地说明了演讲者肩负的职责,也道出了命题演讲的主要工作。命题演讲的准备一般包括研究听众、酝酿构思和试讲演练三个阶段。

1. 研究听众

听众是演讲活动的客体,不了解听众的演讲是无的放矢乱讲一气,是不可能获得成功的。研究听众就是通过不同渠道设法了解听众的职业、身份、性别、年龄、文化程度、生活阅历、兴趣爱好及现时的心理活动。其目的在于因人制宜,采取令对方喜闻乐见的形式传达自己的思想和主张,有效影响听众的思想和行动。

【小故事 3-2】

竞 选 班 长

某市公共关系培训班的学员们以演讲方式竞选班长。前面发表竞选演讲的十几位学员都是以冷静的风格说明"我当班长要做好哪几项工作"或"我具备了哪些当班长的条件"。台下学员对千篇一律的演讲开始厌烦,有的开始起哄,会场秩序呈现混乱状态。这时,一位男学员大踏步地走上讲台,说:"我——竞选班长! 如果我当班长,我将是各位忠实的代表! (掌声)请记住——选我,就是选你们自己!"(热烈掌声)

(资料来源:李成谊.新编实用沟通与演讲[M].2 版.武汉:华中科技大学出版社,2013.)

点评:这位学员针对听众心理,及时调整演讲角度和风格,运用极富号召力的语句和语调,再辅之以大幅度的态势语言,造成了强烈的现场情绪,取得了较好的效果。

在研究听众时还应特别注意了解听众的意愿要求,有针对性地做好确定主题、选择材料等准备工作。听众参加演讲会的意愿要求大致有以下几项。

(1)慕名而来。当著名政治家、科学家、演讲家、学者、明星等发表演讲时,往往有大批听众慕名前往。此时听众的主要目的大多是为了一睹名人的风采,一般不太计较演讲水平的高低。同时,由于潜在的崇拜心理,名人的演讲往往能激起异乎寻常的热烈反响。

(2)求知而来。为了获取新的知识和能力,听众会自觉地选择那些满足自己求知欲的演讲,如学术讲座、技术辅导、国外见闻等。如果演讲内容充实、条理清晰,听众一般不会过于挑剔演讲技巧。

(3)解惑而来。听众对自己渴望的演讲话题总是抱着极大的兴趣。如果关系自己的切身利益,听众会十分主动地参与演讲的沟通过程。此时,所要做的是分析听众希望了解的话题和存疑之处。此类听众只要求把演讲内容交代清楚,对演讲者的身份、地位和演讲水平不会有太苛刻的要求。

(4)欣赏而来。此类听众的目的在于欣赏演讲者的表达技巧,在其潜意识中隐藏着对高水平演讲者的崇拜和学习演讲的强烈愿望。面对这样的听众,演讲者要充分展示自己的口才魅力和表达技巧。

（5）被动而来。工作报告、经验交流、各类庆典的会场上，有些听众是由于单位安排或出于礼貌而不得不来的。这类听众对演讲内容不甚关心，心不在焉，反映冷漠。演讲者想征服这类听众，必须掌握高超的演讲技巧。

2. 酝酿构思

不管是自愿还是受命，一旦准备登台演讲，就必然有一个由酝酿到构思的过程，而这一过程的结果就是演讲稿。这一过程包括审定题目，确立主题，收集和选择资料，构思框架，撰写演讲稿。这是一个十分艰难的创作过程。这既是一系列的封闭式的个人劳动，同时又是以社会、听众为背景的艺术创作活动。

（1）审定题目。分两种情形：对规定了题目的演讲，要研究审定题目中的关键词，譬如《祖国在我心中》，关键词就有"祖国"和"我"，既要歌颂祖国，又要与我的经历和见闻联系起来；对只限定了大致范围或主题的演讲，要研究审定其切入点，譬如《传承文明，弘扬美德》，要求演讲者只做关于道德文明方面的演讲，演讲者可以自拟题目，也可从不同角度切入和演讲。

审题要把握两个关键点：一是选择角度。角度要新、要适度。新，是相对于同台演讲者而言，尽可能避免与别人的演讲相同或相近，尽可能给人耳目一新的感觉。适度，是相对于自己而言的，太大，驾驭不了，讲不透；太小，容量不够，发挥不好。二是选择自身的优势。1994 年，在新加坡举行的第二届全球华语演讲大赛中，印度姑娘鲁巴·沙尔玛一举夺魁。她在复赛和决赛中的演讲分别是《汉学在印度》和《我与汉学》。因为她出生在印度，父母都是高级知识分子，从小又跟父母到了中国，从小学到大学都是在中国上学，她既熟悉印度，又了解中国的文化。因此做这方面的演讲，就特别得心应"口"，也特别能迎合新加坡听众的需求。

（2）确立主题。主题是命题演讲的核心。确立主题应特别注重把握两方面。一是主题要适时，即适合社会的需求，具有时代感；适合听众的需求，考虑听众年龄、职业、文化程度的共享性。二是主题要单一。演讲稍纵即逝，讲得太多、太杂，反而适得其反。正如德国著名演讲家海因兹·雷曼所说："在一次演讲中，宁可牢牢地敲进一个钉子，也不要松松地按上几十个一拨即出的图钉。"

（3）选择材料。演讲是信息的传播，信息的载体是材料。信息有疏有密，有强有弱。前者表现为量，即材料的多寡；后者表现为质，即材料的优劣。选择材料，就是在具有一定数量的基础上，对材料进行优化组合。组合的依据：一是能恰当地表现主题，二是能满足听众的预期需要，三是真实典型，四是具体新颖。

（4）构思框架。命题演讲的构思包括两个方面：一是构思演讲稿，二是精心设计演讲的现场实施。演讲稿的构思，包括开场白、主体、高潮、结尾，这实际上就是材料的安排与处理；同时也包括思维框架与基本语言形态的选定。精心设计现场实施，实际上构思演讲稿的过程，就基本上包含了现场实施的设计。但两者比较，后者更具体、更细化、更具有操作性。这种设计是在演讲稿构思的基础上，进一步琢磨实施过程中的处理与表现，其中包括各种演讲技巧的运用，譬如手势、眼神、声音、应变等。构思在命题演讲过程中是较

> > > > > > > > > >

为重要的一个环节。

(5) 撰写讲稿。执笔成文,是上述各个环节总的归宿。命题演讲的成败,取决于演讲稿的优劣。演讲稿必须精心写作,最好是自己动手写稿,保持个人的风格。

3. 试讲演练

试讲演练是命题演讲必经的一个阶段,主要目的是背诵和处理演讲稿、斟酌演讲的技巧应用。有的演讲者以为只要把讲稿记牢背熟就万事大吉了。其实不然,演讲稿中记载的只是演讲的内容和架构,至于演讲的技巧与方法,包括语调、节奏、停顿、体姿、手势、表情、眼神等的设计与应用,演讲稿中却无法体现,这些都需要在试讲演练中细心揣摩,精心处理。在试讲和演练中特别要处理好以下几个问题。

(1) 情感基调的把握。或平实,或激昂,或欢快,或悲壮,都要根据稿件内容做相应的处理。自己写的讲稿相对好处理些,别人代写,或者经过别人加工的稿子,就更要仔细琢磨。如果情感基调把握不准,感情处理不到位甚至错位,再好的稿子也难有好的演讲效果。

(2) 语音的处理。由文字转化为语音,一定要经过处理,否则便会在演讲中出现念稿或背稿的现象。演讲既要自然,又要做恰当的艺术处理,否则,便会造成整篇演讲的不协调。

(3) 态势的处理。服饰、化妆是事先可以设计好的,而手势、姿势、表情是随着演讲内容与情感的变化而不断改变的,原则上很难做出精确设计。

【小贴士 3-2】

演讲 PPT 演示图片的制作原则

演讲者在制作 PPT 演示图片时要注意 KISS (Keep It Short and Simple) 原则和 KILL (Keep It Large and Logic) 原则。

坚持 KISS 原则,要注意图表不要成为数据的海洋;不要出现大段的文字、连篇累牍;尽量利用图形、图表,有利于清楚地传递信息;运用饼图、直方图、曲线图,每张页面不要出现两个以上的图。

坚持 KILL 原则,要注意演示图片上的字体要较大,如文字一般在 28 号字体以上,32 号比较合适;演示图片的图像、图表要大,能让听众清晰浏览;前后图片之间内容连贯;图片之间衔接有逻辑,不出现思路中断;要多运用逻辑性、总结性图片。[①]

【小训练 3-1】

请以"我的梦想"为题在全班做一次演讲 (最好有 PPT 演示),其他同学点评。

---

① 杨利平,艾艳红. 实用口才训练教程 [M]. 长沙:湖南人民出版社,2013.

<<<<<<<<<

第二节　命题演讲稿的设计

有人做过这样的实验：把用于阅读的一篇优秀文章不加改写地讲给一部分人听,另外把一篇引起过轰动效应的演讲,根据录音一字不差地记录下来,把文稿交给另一组人去读,然后收集两组人的评论意见。实验结果是：对优秀的阅读文章,听者觉得修饰词汇太多,很有矫揉造作、卖弄文采之态,有些字眼听起来还不顺耳,引起误解;而那篇让人阅读的演讲稿,读者反映他们体会不到精妙动人之处,甚至有许多用语是废话。这个实验表明：长期以来,适用于听的语言和适用于阅读的语言,在习惯上已出现明显的差异,人们对听的语言和读的语言早就默认了两种不同的要求。由此可见,书面演讲词和书面文章有着区别。同样都是文字表达,二者有什么区别呢? 演讲家李燕杰对此有独到见解,他讲："文章是让文字躺在纸上,让读者体会文章作者的思想、感情及其所讲述的道理。若把文章比作无声的影片,那么演讲则可以比作立体声的电影。因此,在'制片'时,就应充分考虑视听综合效果,让文字鲜活地'站'在听众面前。"

一、命题演讲稿的特点

命题演讲稿是为适应演讲活动的需要而写作的一种实用文体,与其他文体相比,有以下几个特点。

1. 以情感人

演讲必须以情感人,情感是演讲的生命线。没有人愿意坐上几个小时,就为听演讲者这些空而又空、玄而又玄的大话。这样的大话连演讲者自己都不能感动,又怎么能感动别人呢? 所以,精彩讲稿的第一个特点是以情感人,说出自己的心里话,而不是"为赋新词强说愁"。那些虚假的事、夸大的情,只会让人感到做作、别扭。社会交往中待人真诚是第一,说话真诚也是第一。

现在最受欢迎的演讲就是那种情真意切、以情取胜的演讲。

白居易说"动人心者莫先乎情",唯有炽热真实的感情,才能使"快者擿髯,愤者扼腕,悲者掩泣,羡者色飞"。美国第一任总统华盛顿的就职演讲是这样开篇的。

参议院和众议院的同胞们：

本月4日收到根据两院指示送达给我的通知。阅悉之余,深感惶恐,我一生饱经忧虑,但过去所经历的任何焦虑均不如今日之甚。一方面,因国家的召唤,要我再度出山,对国家的号令,我不能不欣然谨从。然而,退居林下,是我一生向往并已选定的归宿。我曾满怀奢望,也曾下定决心,在退隐之余度过晚年。对此退隐的居所,除喜爱之外,已经习惯;看到自己的健康,因长期操劳,随着时光流逝而日益衰退,这时,对此更感需要和亲切。另一方面,国家委我以重托,其艰巨与繁难,即使国内最有才智和最有阅历的人士,亦将自感难以胜任,何况我资质鲁钝,又从未担任过政府行政职务,更感德薄能鲜,难当重任。处于此种思想矛盾中,使我一直认真致力于正确估量可能影响我执行任务的每一种情况,以确定我的职责,这是我所断言的……

在场面热烈盛大的就职典礼上，华盛顿说了这样一番并不激昂甚至有些低调的话，似乎与当时的盛况有些不和谐，但是看得出来，这确实是他的心里话。据当时一家报纸报道，华盛顿在宣誓和演讲时非常"虔诚热情"，很多听众都流下了眼泪，其动人之处正在于他的虔诚。他讲的确实是一个年近60岁的老人受命承担国家命运时自然的思想斗争。恰恰是因为这斗争的激烈，更让人们看到这位总统的爱国热情，这篇讲稿的名字叫《我的热情驱使我这样做》。这个低调的开篇比那些慷慨激昂的宣告感人得多，正是因为他讲的是自己的真心话。

2．切合场景

演讲者要注意自己的演讲切合具体的场景，并能因势利导，使自己的演讲有力度，这正是创造环境，借东风烧曹船。它往往能取得意想不到的效果。丘吉尔在第二次世界大战阴影笼罩全球时，在一个圣诞节上，是这样演讲的：

战争的狂潮虽然在各地奔腾，使我们心惊肉跳，但在今天，每一个家庭都在宁静的、肃穆的气氛里过节。今天晚上，我们可以暂时把恐惧和忧虑抛开、忘记，而为那些可爱的孩子布置一个快乐的晚会。全世界说英语的家庭，今晚都应该变成光明的、和平的使者，使孩子们尽量享受这个良宵，使他们因为得到父母的礼物而高兴，同时使我们自己也能享受这种无牵无挂的乐趣。然后我们担起明年艰苦的任务，以各种代价，使我们的孩子所应继承的产业，不致被敌人破坏。因此，在上帝的庇佑下，我谨祝各位圣诞快乐。

丘吉尔说得多好啊！"使我们的孩子所应继承的产业，不致被敌人破坏。"在一个本是处处洒满圣洁月光的盛大节日，一个本该是和平宁静的节日里，让孩子们快乐，在战争席卷全世界的背景映衬下，这样一种安静、肃穆来得何等艰难！不忘圣诞节的宁静安详；不忘在这样的日子致以希望与祝福；不忘让疲于战争的人们暂时放松；不忘让这么一个盛大的节日不失节日的气氛。但丘吉尔同时也不讳言战争的可怕，让恐怖与安详形成鲜明的对比，让人们更憎恨战争的残酷。多么入情入理！多么扣人心弦！在战争的阴影下，在欢乐的圣诞节日中仍忐忑不安的人们，听了这话能不振奋激动吗？如果在这样的情境中，丘吉尔大呼战争，大呼反抗，大呼"我所能奉献的没有其他，只有热血、辛劳、汗水与眼泪"，这将多么败人兴致、大煞风景呀！但一味地平安祝福，忘了眼前黑暗，又不像一个首相的演讲。他如此巧妙地发表圣诞祝词，尽显一个演讲大师的风度，的确是非常切合时间与场合的，这才是精彩的讲稿。

3．使用短句

演讲归根结底就是一种说话，而声音转瞬即逝的特点就决定了演讲的语言不能太烦琐、太复杂，因为在演讲中，听众根本没有时间反复推敲和仔细琢磨。因此，对听众而言，多用长句，很容易让听众顾此失彼，即使能勉强理解，也不可避免给他们造成一种疲于追赶的紧张感，时间久了，自然会产生厌倦和疲惫心理，演讲效果必然大大降低。如果多采用短句，则有这几样好处：一是可以让表达更明确，听众不需要努力辨听就能轻而易举地理解演讲内容，感觉轻松；二是短句句式多变，还能采用排比、对偶、顶针、回环等修辞手段化散为整，将短句整合成整句，这样便会让表达更紧凑有力、严密集中。著名的演讲，如林肯的《我们在此立下誓言》(《葛底斯堡的演讲》)、尼克松的《人类历史上最珍贵的一刻》、闻一多的《最后一次演讲》等,都是简洁有力的典型。这里我们来看看 1941 年 12 月 8 日罗斯福在《一个遗臭万年的日子》中是如何运用短句,达到自己的演讲目的的。

（日本军队）昨天对夏威夷群岛的进攻,给美国海陆军部队造成了严重的损害。我遗憾地告诉各位,很多美国人丧失了生命。此外,据报,美国船只在旧金山和火奴鲁鲁岛之间的公海上,也遭到了鱼雷的袭击。

昨天,日本政府已发动了对马来西亚的进攻。

昨天,日本政府进攻了中国香港。

昨天,日本政府进攻了菲律宾群岛。

昨天,日本政府进攻了威克岛。

今晨,日本人进攻了中途岛。

这篇著名的演讲中,罗斯福列举了大量的事实,充分说明日本的侵略是蓄谋已久的。用的是短句,但其说服力度绝非长句能比。这一小段演讲词尤其铿锵有力,语感和听觉效果都很不错,排比造成的气势也非同一般,用这样的句式表达愤懑,其愤懑之情溢于言表,很能调动听众情绪。这就是短句得天独厚的优势。

4．通俗易懂

演讲语言不同于书面语言,演讲是讲给别人听的,讲稿也只是口语的书面文字形式。在写讲稿的时候,必须考虑到听众在现场中不可能有余暇去理解某些生僻的词语和隐晦的意思,更不可能像阅读文章那样进行多次的反复领会,因此必须尽量避免"文绉绉""掉书袋",少用复杂的结构句式,少用生僻字,要让人一听就懂。

比如,"体面"与"堂皇"、"驼背"与"佝偻"、"寒冷"与"凛冽"等几组近义词或同义词,每组的后一个词语更书面化,更能体现使用者的文化素养。但在演讲中,用后者不如用前者,否则让听众想上一阵恍然明白"佝偻"是哪两个字,是什么意思,后面的演讲就更听不过来了,这样的演讲是在给自己帮倒忙、找麻烦。

【小贴士 3-3】

于丹拆解"贪婪"二字

于丹在《有梦不觉人生寒》中讲道:"贪婪是人的本性,'贪'字下面是贝,贝字都跟金钱有关,财、资,行贿等,贪字就是在钱上专注。'婪'是上林下女,就是希望自己能占有的女人跟林子的树木一样多。'贪''婪'这两个字,一个贪财,一个好色,老连在一起。贪婪太盛,会被世界打得很惨。我们这几年谈反腐,过去政治局委员是什么层次,都不会想到那么大的老虎也会被拉下来。还有我们议论风声的王林'大师',曾几何时,大家都认为他是带着光环的人,现在不也锒铛入狱了吗?人不能'作'得太厉害。如果'作'过了,一定会付出性命。"

点评：于丹巧妙地解释贪婪二字,形象生动,通俗易懂,深刻警示人们在追求梦想的过程中要不贪婪,做到一生廉洁清白。

>>>>>>>>>>

5．文体交融

演讲稿是一种特殊的文体，写作时要交融使用各种语体。文章中的记叙文、议论文、说明文，就其主要表达方式来看，有着单一的对应关系。而演讲稿的写作需要运用各种文体的写作规律，综合各种文体的特点于一体。准确地说，演讲稿要具有论文的结构、新闻的真实、散文的选材、小说的语言、诗歌的激情、相声的幽默、戏剧的安排。所谓论文的结构，是指观点与材料的统一，条理清晰井然；所谓新闻的真实，是指所用事实材料必须取于生活中的真情实况，不许虚构；所谓散文的选材，是指发散式选材在演讲中体现得最充分，不受时空局限，皆可为我所用；所谓小说的语言，是指经过加工处理的文学化口语，大量使用修辞手法；所谓诗歌的激情，就是演讲稿或热情奔放，或感情充沛，或深沉悲壮，或严肃冷峻；所谓相声的幽默，就是要活泼有趣、雅俗共赏；所谓戏剧的安排，指内容、结构的编排上有张有弛，跌宕起伏，切忌平铺直叙，体现出起承转合的悬念贯一。

演讲不是纯粹的艺术，而是一种讲究艺术性的现实活动。演讲稿的写作则要让各种可用的艺术都为我所用，各种文体的写作技巧在这里都有用武之地，体现出演讲在艺术上的追求。

6．选例典型

这个要求可归纳为一种模式："画面＋我"。所谓画面，就是通过选讲真实感人的事例，在听众心中所构筑的那一幕幕动人场景和形象。选例具有典型性，一方面是指选何种事例、选多少事例，这要针对演讲主题和现场需求而定，既不能多选，多选有堆砌、讲故事之嫌；也不能少选或不选，否则难以充分说明事理。另一方面选例还必须具有代表性、时代性。一般来讲，历史的不如现实的，陈旧的不如新近的，陌生的不如熟悉的，书上的不如生活的，而群体的、个体的、伟大的、平凡的、他人的、自己的，凡此种种，则可兼而备之。

【小贴士 3-4】

以亲身经历打动听众

演讲者演讲《善良的意义》是以他的亲身经历的典型事例打动听众的：我在非洲工作的时候，要去一个战乱的地方。我知道那里有很多难民，所以就在车上装了一些食物。我把那些食物散乱地扔在车上，一位年长的同事却一件件摆好，他说："摆整齐一些，可以多装一点！"我无所谓地说："我们又不是专门去救灾，有那份心意就可以了！"同事很认真地说道："对我们来说，可能一份食物只是自己的一点善心，但是对那些缺少食物的人来说，多一份食物就多一点活下去的希望！"当我们到达那里之后，那些难民接过我们的食物，我看到他们很多人都已经皮包骨头，甚至有些人走向我们的时候，都是摇摇晃晃的，仿佛随时会饿昏过去！

我心中仿佛压了一块大石头，恨自己的车太小，为什么不能多带一点食物！一点善举，对我们来说可能只是举手之劳，但是对那些真正需要的人来说，你的一点食物，可能就是他们活下去的希望，你的一件旧衣服，可能就是他们一个温暖的冬天！

点评：演讲者以亲身经历的典型故事和要阐述的道理巧妙地结合起来，夹叙夹议，增强了演讲的趣味性，让道理变得更形象，让听众爱听和认可，且给听众留下了深刻印象。

二、命题演讲稿题目的设计

命题演讲稿由题目、主题、开篇、主体和结尾几个部分构成,把握好演讲稿的题目设计是演讲先声夺人的基础。

演讲的题目是一篇演讲稿的有机组成部分,它与演讲的内容、风格、语调有直接关系。内容决定题目,题目则又鲜明地体现了内容的特点。

1. 演讲题目的作用

一个新颖、生动、恰当而富有吸引力的题目有以下三个作用:一是具有概括性。它能将演讲的主题、内容、目的全面地反映出来。如毛泽东的《反对党八股》《为人民服务》等演讲题目,一讲出来就让人明白内容和主题。二是具有指向性。题目一讲出来,听众就知道你要讲的是哪方面问题,是政治性的、学术性的、党政军的或是伦理道德的。三是具有选择性。题目能在开讲之前就告诉听众演讲者要讲什么,听众可以据此选择听或不听。

2. 确定演讲题目的原则

(1)积极性。题目要给听众一种希望。一方面,要选择那些光明的、美好的、富有建设性的题目,如《自学可以成才》,听到这个题目,就会给人一种鼓励,去掉失望心理,充满信心走自学之路;另一方面,要选择乐观的题目,如《癌症终可治》,听了这个题目,就使听众感到有希望。

(2)针对性。这可从三个方面考虑:其一,要针对听众的实际。即选题要考虑听众的思想修养、文化水平、职业特点、阅历等,这样才能有的放矢。其二,要注意自己的身份。即选择与自己所从事的工作性质、专业、知识面接近的题目。因为自己熟悉的东西容易讲深讲透,容易收到预期的效果。其三,要估算好演讲的时间,即按规定的时间选择题目,如果规定的时间长,题目就可大些;时间短,题目就可小些。

(3)新奇性。只有"新"和"奇",才能吸引听众,干瘪瘪的题目是不受听众关注的。比如《我的祖国》《青春在岗位上闪光》等,听众听完了,恐怕也睡着了。在此,我们不妨看看鲁迅的演讲题目:《老而不死论》《伟大的化石》《老调子已经唱完》《象牙塔与蜗牛庐》,这样新奇的题目怎能不吸引人呢?

(4)情感性。把强烈的爱憎情感注入题目里去,从而打动听众并引起共鸣,使题目对听众有一种情感的导向作用和激发作用。如宗庆后的题为《娃哈哈是我的梦》的演讲,以情感饱满的话为题目,通过炽烈的感情感染影响了听众。

(5)生动性。演讲题目生动活泼,就能给人一种亲切感和愉悦感,像前面举例的《老而不死论》《象牙塔与蜗牛庐》等。

当然,题目是否生动活泼要由主题和内容而定。严肃的主题和内容就不宜用活泼的题目,否则,会冲淡和破坏演讲的质量和严肃性。为了确保题目臻于完美,还要注意以下三点:一是不要太冗长。冗长的题目不仅不醒目,而且也不易记,应该尽可能简洁明快。二是不要太深奥。题目太深令人费解,就引不起听众的兴趣。三是不要太空泛。空泛就使人抓不住中心,提不起兴趣来。如《我自信》《理想篇》等,这样的题目听众根本捕捉不到演讲的范围和内容,也不会愿意听讲。

>>>>>>>>>

【小贴士 3-5】

切实有效的标题拟定小技巧

A. 用一组令人兴奋的词语,如"用你的服务赢得客户的忠贞不渝"。

B. 用一首流行歌的名字作标题,如"爱拼才会赢"。

C. 运用类比,如"真相如同玫瑰一样带着刺:娱乐圈繁华的背后"。

D. 疑问句,如"OEM 到底是馅饼还是陷阱"。

E. 挑衅,如"让任志强与潘石屹休息:我们来合作建房"。

F. 结合最近的某件大事,如"从黄金大崩盘看中国的金融安全"。

三、命题演讲稿主题的设计

掌握好演讲的主题,犹如掌握好军队的统帅权,有了它,就可以将原来散乱的素材组织成井然有序的演讲稿。

1．演讲主题的选择

演讲主题要从以下方面进行选择。

(1) 选择现实中急需回答的问题。马克思和恩格斯认为:一篇生动的演讲词,究竟能在多大程度上帮助听众弄清社会现实中的复杂现象,并在多大程度上有助于迫在眉睫的社会问题的解决,这是演讲艺术的本质特征。如在招聘中普遍使用的竞职演讲就是选择现实中急需回答的问题,其核心的内容就是现在的事、身边的事。

(2) 选择自己有真知灼见的主题。纵观古今中外诸多优秀的演讲词都是演讲者以熟悉而有见地的题材为线索构筑起来的,如古希腊苏格拉底的《泛希腊集会辞》、德摩斯梯尼的《反对腓力》的八篇演讲词、李燕杰的《国家、民族与正气》等。演讲者在确定演讲主题时,要把握的一个重要原则就是"讲自己能讲的,讲自己能讲透的"。

(3) 选择"旗帜鲜明"的主题。在这里,"旗帜鲜明"四字有两层意思:一是听众听后就知道你谈的主题是什么,而不是让听众感到虚无缥缈。二是演讲的主题要鲜明地表现出演讲者的爱憎情感。只要有益于进步的事物,就宣扬、就支持;只要有碍于进步的事物,就抵制、就批评。切不可似是而非,模棱两可,欲说又止,吞吞吐吐。

(4) 选择和听众生活密切相关的主题。只有选择和听众生活密切相关的主题,才能更好地抓住听众的心,空泛的理论往往只能让人不知所云。如果发表的演讲只是对事件一知半解的阐述,发表一些无意义的议论,那么即使求助于资料、书刊,甚至课本、名人名言,东拼西凑成一篇冗长的演讲词,同样也是不受欢迎的。只有对听众有意义的主题,对听众有价值的主题,才是受听众欢迎的主题。捷克作家的讽刺小说《好兵帅克》中,记录了这样一位天马行空的演讲者——克劳斯上校。他的演讲没有主旨,充满了让人感到乏味的内容。

诸位,我刚才提到那儿有扇窗户,你们都知道窗户是什么东西是吧? 一条夹在两条沟之间的路叫公路。对了,诸位,那你们知道什么是沟吗? 沟就是一群工人挖出来的凹下去的狭长的坑,是的,那就是沟。沟呢,是用铁锹挖的。那你们知道什么是铁锹吗?铁锹啊,就是铁做的一种工具,我想,不用说大家都知道的,是不是?你们都知道吧?

这样的讲话不仅没有逻辑可言,而且不具有任何意义。与其说是在演讲,不如说是一个思维混乱的人没有穷尽地自言自语。作者借这个虚构的人物,暴露了现实中一些演讲者的缺点,值得我们注意。

2.演讲主题的提炼

如何提炼一个格调高、内涵深、角度新,并且有一定美学价值的演讲主题呢?这需要把握以下原则。

(1)突出重点原则。一篇演讲稿主题太分散,就没有重点,听众自然也就不知道你到底在讲什么。主题太多,企图面面俱到,结果蜻蜓点水,不深不透,就达不到演讲的目的。所以演讲者选择主题,一定要集中。调动演讲的一切手段,紧紧地围绕一个主题,把问题讲清楚、讲透彻,从而使演讲重点突出,才能使听众留下深刻的印象,收到良好的效果。

(2)抓住动机原则。什么是演讲的“动机”呢?即演讲者在接触生活、素材、题材时,接收到它们许许多多信息(即意蕴)。通过演讲者形象的、逻辑的、灵感的三大思维组成的网络,敏锐地发现和捕捉到一个或几个与主题有联系,或者可以发展、提炼和形成主题的“主题意蕴”,这就是演讲的“动机”。

(3)提炼意境原则。演讲的意境是指演讲者主观的“意”与现实生活中的“境”的辩证统一。有了深邃优美的意境,才会使演讲的主题诗意化,产生巨大的艺术魅力。因此,演讲者应善于在现实生活中“捕捉”那些具有诗情画意的情节、细节、场景,通过自己的感受和理解,达到客观与主观的统一,熔铸成深而美的意境,使整个演讲的主题得到升华。

(4)揭示哲理原则。演讲主题要具有一种深刻的内涵,就必须揭示和凝练生活的哲理,使之贯穿于整个演讲之中,使演讲的主题闪烁着理性的光芒,从而给人以深刻的启迪。

(5)贵在创新原则。演讲艺术的优劣在于一个“新”字。我们提炼演讲主题要独辟蹊径、别具匠心,把对生活的独特感受、独立思考、独到评价贯穿在整个演讲中,给人以耳目一新之感。

【小贴士 3-6】

俞敏洪演讲:追一个女孩子背后的人生哲学

在上大学的时候,我有没有看上过我喜欢的女孩子?我看上过,但是我在上大学时从来没有去追过一个女孩子,为什么?不敢,我一想到要去追一个女孩子,我就先想到我自己。瞧我这副模样,长得那么难看,又是农村家庭出身,成绩也不怎么样,普通话又说得不好,我要是去追,百分之百被人拒绝。既然被人拒绝,这个面子又没了,我去追她干什么呢?所以在大学,我就只能单相思,到最后什么机会都没有了。但是后来我才明白,你去告诉任何一个女孩子你爱她,哪怕你是个癞蛤蟆,女孩听了也会高兴的。你要知道,多一个人爱她总要比少一个人爱她好。她是不是爱你,那是另外一回事。就算你去追了十次以后,她还不要你,也没关系。我问你一个问题:在追她以前,她属于你吗?她不属于你呀。那追了她以后,最终没答应你,你丢东西了吗?你什么也没有丢。对不对?但是万一她答应了呢?坦率地说,你的收获还不止如此。第一,面对自己想要追求的对象,你学会了放弃自己的面子,你敢于去追求了;第二,在被人拒绝以后,你还能勇敢地去追,你有了坚韧不拔的意志;第三,当你觉得对方无论如何也不会爱上你以后,你放弃了,你收获得更多,你有了放弃的勇气。

(6)画龙点睛原则。画龙点睛既是演讲艺术的表现手法,更是一种提炼演讲主题的方法。它是在演讲的关键之处采用片言只语,揭示和突出演讲的主题,使演讲具有一种警策作用,更加耐人寻味、发人深省。1775年3月23日,美国演说家、政治家帕特里克·亨利在弗吉尼亚州第二届议会上发表演讲,他把演讲的主题提炼为"不自由,毋宁死!"的警句,高度浓缩和概括了反对殖民统治、争取自由独立的重大主题,激励了美国人民的爱国热情,振奋了美国人民的斗志,鼓舞了千百万美国人民拿起武器投入争取自由独立的战争。

总之,主题提炼是演讲者形象思维、逻辑思维、灵感思维的结晶,是使演讲形成一个活生生的、统一整体的好方法。很多时候,演讲的时间都是有限的,这就从客观上要求演讲的主题不能过多,篇幅不能过长。如果主题过多,篇幅过长,就会变得不知所云,使听众产生厌烦的情绪,不利于演讲的最初目的。

确立一个好的主题,能够为你赢得阵阵掌声。

【小贴士 3-7】

决 战 人 生

这是施瓦辛格作为美国加州州长访华,在清华大学发表的一篇演讲,其中一段是这样说的:

我还记得第一次到美国参加世界健美锦标赛。当时我输了,绝望无比。我就像一个失败者,一个遭受惨败的人。

我哭了,事实上我感到让朋友失望了,也让自己失望了。但第二天,我重整旗鼓,改变了态度,并对自己说:"要吸取教训。"

从那时起,我不断努力,事业也因此飞黄腾达。我实现了自己想做的一切——首先成为健美冠军,接着成为电影明星,后来当上了世界第六经济体——加利福尼亚州的州长。

实现这一切,都是因为我的梦想。即使别人说我的那些梦想都是虚伪而荒唐的,但是我仍然坚持不懈。

在好莱坞,他们曾说:"你绝对不可能成功,你一口德国腔。在好莱坞,还没有一个说话带德国腔的人能成功的。饰演一些纳粹角色你倒是可以,但有口音的人想成为主角是不可能的。还有你的体形,一身肌肉,太过发达!20年前倒是拍过大力士的影片,不过早过时了。还有你的名字,施瓦辛格,根本不适合上电影海报。算了,你不会成功的。还是回去搞你的健美运动吧!"

其余的都成了往事。演完《终结者》之后,我便成为好莱坞片酬最高的明星,但外界的质疑从未中断过。我竞选州长时还有人说:"阿诺,你永远当不上加州州长。你也懂政治?"而我依然参加了竞选。

我相信自己的梦想。我最终当上了州长。因此那些梦想总引导着我不断向前——健美运动给了我信心，电影给了我财富，而给我更大的决心的是竞选州长的成功，以及因此带来的为公共服务的机会。

点评："决战人生"是一场被广大网友交口称赞的演讲，一篇思想性、艺术性俱佳的演讲杰作。整个演讲主题非常鲜明，施瓦辛格通过自己现身说法，充分证明有一个积极的人生态度多么重要。施瓦辛格选取了一个他自己感兴趣的主题，并用自己非常熟悉的亲身经历来论证、支持这个主题，逻辑严密，观点鲜明，最终演讲取得了成功。可见，在演讲中确立一个适合的主题至关重要。只有确立好的主题，你才能对演讲的内容有一个全方位的认识，才能更好地把握演讲的内容。

3. 演讲主题的引出

开门见山地抛出演讲主题自然是痛快，但很多时候，因为主题深奥，并不能马上让听众轻松理解，这样就容易导致听众云里雾中的结果，致使演讲效果大打折扣。如果能通过一定的技巧，把主题缓缓引出来，不但能让听众看到演讲主题，而且还能够深刻理解演讲主题，就一定能够让听众更好地融入演讲中。采桑人在其《如何巧妙引出演讲主题》、冯恒仁在其《切入主题巧，演讲效果好》中分别对此进行了阐述，现录于此，供参考。

（1）数学题或者数据引出主题。著名天使投资基金创始人徐小平的演讲《3 个桃与 4 个桃》：

用 1 元钱能买两个桃子，用两个桃核能换 1 个桃子。假如你有 1 元钱，能吃到几个桃子呢？当然是 3 个，这连一年级小学生都弄得出来。其实不是这样的，你完全可以吃到 4 个桃子。怎么可能吃到 4 个桃子呢？你想啊，当吃完第 3 个桃子后还剩下 1 个桃核，这时可以先向卖主借 1 个桃子，吃完后就有两个桃核了，然后把两个桃核还给卖桃子的人，这样既多吃了一个桃子，又遵守了规则，何乐而不为呢？其实，手上剩下的 1 个桃核，是一个不成熟的条件，因为它仅能换到半个桃子而不能换来 1 个完整的桃子。这个条件看似没用，其实转变一下思路就大有可用。如果我们手上拥有的只是这样不成熟的、看似没用的条件，千万别把它们放弃了。我们可以先采取"借"的方式，借助自己的智慧、别人的力量、一切有利于不成熟条件成熟起来的因素，让一个不可食用的桃核变成一个美味可口的桃子。我今天要讲的就是创业过程中，如何利用好手中的不成熟条件。

徐小平这次演讲的主题是：如何利用不成熟条件取得创业的成功。但是他并没有平铺直叙地进入主题，而是给听众们出了一道看似很简单的数学题，并通过由 3 个桃到 4 个桃的转化过程，突出了手中不成熟条件的"价值"。这种引出主题的方式新颖别致，给听众眼前一亮的感觉，并使听众对于"不成熟条件"这一抽象的概念有了一个形象的认识。接下来，再从专业角度演讲的时候，就容易为听众所理解了。用一些能够启迪人心的算术题或者小公式引出演讲主题能够调动听众思维，使演讲主题形象直观，值得一试。

又如，张晓鲁《禁毒刻不容缓》的演讲中是运用数据引出主题的：

"如今，毒品已经像瘟疫一样成为当代社会的'国际公害'，而目前我国的禁毒形势仍然非常严峻，2014 年年底，我国实际吸毒人员约 1400 万人，占到了人口总数的 1%，吸毒人员的年龄也一再突破底线,往低龄化方向发展,2014年至2015年7月,北京市查获涉毒在校生70多名,其中年龄最小的吸毒者只有12岁!虽然警方在查禁毒品、打击贩毒方面加大了力度,但吸毒人数仍然呈上升趋势,且五花八门的新型毒品比传统毒品危害更大,也更隐蔽,更难被发现。"

说起毒品,很多人总觉得离自己很远。张晓鲁则从2014年底我国吸毒人数占人口总数的百分比以及吸毒年龄低龄化的翔实数据为例,巧妙切入"珍惜生命,远离毒品",为接下来进一步剖析大众对于毒品的错误认知和心理弱点以及如何远离毒品打下了坚实的基础。数字本身是有力量的,用数字作切入点,特别是对比性数字,能够一下子让听众清醒地认识到演讲内容的重要性。

(2)用细节叙述引出主题。著名演员冯远征《体验生活》演讲:

1984年,我拍的第一部电影叫《青春祭》。当时我们是提前一个月去体验生活,住在傣族人家里体验生活,做各种农活。然后一部电影拍了7个月,拍到最后我回到驻地的时候,身上大的包有上百个。那几天不敢洗澡,就是挠,就恨不得把皮肤挠破了。最后,别人给我出主意涂风油精,涂了一身的风油精,麻烦了,大夏天的,我盖一被子在床上,冻得我直哆嗦。但是,那个时候你拍出来的东西,每一部戏都有很强的质感。去年,北京国际电影节把《青春祭》修复以后播放,很多"90后"看完以后鼓掌。为什么?就是因为那个时候我们是脚踏实地、非常认真地拍每一个镜头。

这里冯远征选取了自己拍第一部电影时吃苦的诸多细节,以小见大,切入到要出精品必须要把每门功课做好,对所从事的工作要有敬畏感的主题,令人深受启迪。以小见大,叙述的是小细节,阐发的则是深刻的、闪光的思想。演讲时,通过极具感染力的细节叙述切入主题,往往会有意想不到的效果,具有扣人心弦的作用。

(3)用哲理故事引出主题。著名学者易中天《这是你的理想吗》演讲:

一个从小练习芭蕾舞的女孩决定将跳舞作为终身职业。但她很想搞清楚自己是否有这个天分。于是,当一个芭蕾舞团来到女孩居住的城市时,她跑去求见该团团长。女孩说:"我想成为最出色的芭蕾舞演员,但我不知道自己是否有这个天分。""你跳一段舞给我看。"团长说。5分钟后,团长打断了女孩,摇了摇头说:"不,你没有这个条件!"女孩伤心地回家,把舞鞋扔到箱底后再也没有穿过。后来,她结婚生子,当了超市的服务员。多年后她去看芭蕾舞演出,在剧院出口又碰到了当年的团长。她想起当时的对话,于是给团长看了自己家人的照片,并聊起现在的生活。她说:"有一点我始终不明白,你怎么那么快就知道我没有当舞蹈家的天分呢?""哦,你跳舞的时候我几乎没怎么看,我只是对你说了对其他所有人都会说的话。""这真不可饶恕!"她愤怒地叫道,"你这句话毁掉了我的生活,我原本可以成为最出色的芭蕾舞演员的!""我不这么认为。"老团长反驳说,"如果你真的渴望成为一名舞蹈家,你是不会在意我对你所说的话的。"如果是理想就不会轻易放弃,如果轻易放弃了,那就不是你的理想。

如果这个故事只听前半段,那么错的一定是这个不太负责任的团长,因为他很随意地就毁掉了一个女孩的理想。但是当把整个故事听完的时候,却突然发现,原来,那都是团长的考验。考验女孩是真的把芭蕾舞当成自己的理想,还是只是想碰碰运气。而一个碰运气的人是不会有毅力取得真正的成功的。这样的"奇峰突起"正是哲理故事的魅力所在。这个精彩的哲理故事引导人们思考自己的理想到底是什么,同时也融入了易中天的演讲主题"什么是理想"。用哲理故事引出的演讲主题,能够引发听众的深深思索,从而以最快的速度融入演讲中。

(4) 以独特问题引出主题。演讲者把精心设计的问题亮出来,以"问"开场,引出演讲的主题,不但能吸引听众,给听众以干净利索、爽快直率的好感,而且可以起到激发听众兴趣的作用,使其心动,从而会集中精力关注演讲。比如,某职业技术学院曾举办"青年与祖国"的主题演讲比赛,一位同学在演讲时,就是以独特的问题引出主题的:

"亲爱的同学们,我想向大家请教一个问题:谁能用一个字来概括青年和祖国的关系?"

他顿了顿,听众也被这一"问"吸引住了,纷纷抬起头来,期待着答案。这位同学开始娓娓道来:

"这个字就是'根'! 我们青年乃至更多的华夏子孙有一个共同的姓就是'中华',有一个共同的名就是'根'。'中华根'应该是中国青年最自豪、最光荣的名字!"

话音未落,全场掌声四起。这位同学的演讲以巧"问"引出话题,用精辟的词语高度概括青年与祖国的关系,为接下来演讲主题的展开做了很好的铺垫,给听众及评委留下了深刻印象,其演讲一举夺冠。

4. 演讲主题的深化

演讲的主题是通过演讲材料的有机整合,采取相应的方式方法而渐进深化的。它们或以情节发展为线索,通过对事件结果的理性提升得以深化;或以分析说理为线索,在分析对比中演绎归纳,从而凸显主题;或以情感推进为线索,在感情的积聚过程中得以强化。演讲中,若可以对材料的本质内涵加以分析、概括、提炼、延伸,并通过富于理性色彩的语言点拨、渲染,便可将听众的思维引向一个更深邃、更崇高的境界,使演讲主题得以深化和升华,达到一个演讲的高潮。演讲无论怎样深化,都有一个渐进的过程,主题逐步深化,直抵听众心底,从而达到预期的演讲效果。

(1) 由典型事件扩展开来,引领听众思考深化主题。罗宽海在其题为《"人"的教育》的演讲中就是采用这种方法深化演讲主题的。

首先说一件令人痛心的事件。前不久,一个高一的学生跳楼自杀了。他在初中时是学校里的佼佼者,到了高中,佼佼者多了,他考了一次班级倒数第二,无法接受现实而选择了自杀。一朵绚丽的生命之花瞬间凋谢,实在可悲可叹。可更令人难过的是,学校紧急召开家长会,让家长告诉孩子成绩并不那么重要。不料,一个孩子竟然反问道:"妈妈,成绩不重要,那我还去学校干什么?"成绩,真的成了学生的命根,这实在是教育的悲哀! 事后,我就在想,一所学校到底要教给学生什么? 最近,读过洛克的《教育漫话》之后,我才明白真正有价值的是对一个人的精神品质的培养、礼仪教育、求生的能力、思考习惯等一辈子终身受益的东西。我渴望每一所学校,把读一些有用的书,把培养良好的读书习惯当作大事情来做,让阅读促进精神的成长;我渴望每一所学校,把培养学生的求生技能作为一件大事来抓,一旦灾难来临,能熟练地运用生存技能,保存鲜活的生命;我渴望每一所

>>>>>>>>>

学校,把学生的修养放在教育的最高位置,让优雅的言谈举止、流利而有感染力的演说能力、关心民间疾苦的胸怀、积极参与社会活动的热情、懂得与人相处的基本法则,来成就人生长久的快乐。一言以蔽之,学校的教育,应该是人的教育,人的发展永远是第一位的。

演讲者选取令人痛心的"高一学生自杀事件"作为一个点,通过另一学生"成绩不重要……干什么"这句话,道出了学校教育唯"分数"的触目惊心的事实。通过这个点,演讲者又引领听众思考:我们到底需要什么样的教育?由点向面扩展,喊出学校要把"培养良好的读书习惯当作大事情来做",要把"培养学生的求生技能作为一件大事来抓",要把"学生的修养放在教育的最高位置",得出"学校的教育,应该是人的教育"的结论。最终使演讲主题得到了深化和升华。

(2) 从感性到理性,在情节发展中深化主题。俞敏洪在其题为《越过心中的铁丝网》的演讲中就是用此法深化主题的。

我们来到科尔沁草原,草原风景美不胜收。从山脚下爬到山坡上,会看到更加辽阔的草原。但我们被路边的一道铁丝网拦住了去路。铁丝网不是很结实,也不高。稍微使点劲,就能从上面跨过去;把中间的两根铁丝往上下一拉,也能从拉开的洞里钻过去。有人说:"呀,有一张铁丝网,过不去了。"我犹豫了一下说:"没事,我们可以钻过去。"但马上有人说:"钻过去是不守规矩的行为,而且还会被铁丝钩住衣服。"我从小在农村长大,知道这样的铁丝网一般不是用来挡人的,突破了不会产生什么严重后果。我走向铁丝网,向下一压就跨过去了。其他人犹犹豫豫,发现我跨过去之后什么也没有发生,才一个个跨过来。其实,我们生命的成长也是如此。因为习俗、传统、习惯等的限制,我们在潜意识中逐渐养成了"不突破界限"的习惯,而这种习惯慢慢就成为制约我们发展的重大障碍,使我们陷入不敢突破、无能为力的境况中。实际上,不是我们无法突破,而是被心中的铁丝网挡住了。所以,面对障碍,我们应该善于思考、勇于跨越,越过心里的铁丝网,才能看到更美的风景,创造自己更精彩的世界!

最初,演讲者先交代大家想看"更加辽阔的草原"而攀爬山坡,却被并不结实也不很高的铁丝网挡住的事实。接着讲述在铁丝网面前,习惯性思维停滞了大家的脚步。最后在"我"的带领下,才一个个地跨过铁丝网。铁丝网本身挡不住人,为何大家被挡住呢?并不是客观的障碍难以跨越,而是来自心灵的顽固性习惯的束缚。至此,演讲者按照事情情节的发展,透过事物本身的表象,从个别到一般,从感性到理性,水到渠成地深化了"善于思考、勇于跨越"这个主题。

(3) 由"个别"引申到普通,以理服人深化主题。俞敏洪在其题为《成功是"逼"出来的》演讲中,就是用这种方法深化演讲主题的:

每个月为公司的杂志写一篇卷首,本来不难。但每次编辑部向我索稿时,我都惊慌失措,因为我无比繁忙,从来都没能把稿件预先准备好。所以,暗暗"仇恨"编辑部的人总是在最后几天这样"逼"我交稿,让我本来可以轻松的几天变得心情沉重、食不甘味。然而,就是在这样一次次被"逼"之下,一篇篇卷首语被"逼"了出来,几年后居然结集出版了几本书,心中免不了产生一点成就感。中国正在日益变得强大,这强大也是被"逼"出来的。想一想清朝前期,我们眼中除了中国没有世界,结果,鸦片战争惨败,国人这才发现自己成了挨打的对象。100多年,在羞辱和悲愤中,国人开始奋发图强。到今天,我们终于看到了一点曙光,赢得了一点民族的尊严和别国的尊敬。也许,我们应该"感谢"那些曾经欺负过我们的国家和强盗,是他们让我们清醒地意识到了"落后就要挨打"的真理。成功从来都不是唾手可得的。如果我们觉得在被"逼"着做某些事情时,不必为此感到无奈或懊恼,因为这些事情从长远来看也许不是坏事。适当的逼迫能够把我们的惰性"逼"走,把我们的平庸"逼"走,把我们的勇气"逼"出来,把我们的前途"逼"出来,也把我们的成就感和幸福感"逼"出来。

在演讲中,有时也可用某一典型事件或现象作为媒介来加以引申,联系到另一类相关事件或事理,以此来升华演讲的主题。这里,演讲者首先讲述自己遭遇编辑的"逼",结果是被逼出了几本书。由此,联系到中国被列强"逼"得越来越强大的事实,进一步说出了"逼"的作用。最后,演讲者将前面这些"个别"引申到普通,由此及彼,得出了"成功是逼出来的"这个观点,主题自然也得到了深化。

四、命题演讲稿开篇的设计

开场道白,如同乐器定调,这个调定得如何,将决定全部演奏的成败。演讲的开场白是演讲者与听众之间的第一座桥梁,是演讲者给听众留下的第一印象。演讲成功与否,开场白往往起关键作用。如果演讲者的开场白能像凤凰之冠那样引人入胜、扣人心弦,就会取得旗开得胜的效果。所以,开头要精心设计,造成一种气氛,务求三言两语即能抓住听众,先声夺人。

1.开篇的作用

俗话说:"万事开头难。"演讲稿也是如此,而且不论任何形式的演讲,开头总是关键的。在演讲开始后的几分钟或者几秒钟内,听众通常会决定是否接受演讲,是否听下去。有趣的是,准备演讲从来不是从开头入手,而是应当先确立演讲的目的,然后围绕题目收集材料,并将材料加以组织整理,最后要做的才是着手准备开头,只有这样才能更好地选择正确而恰当的开头方式。那么,应当怎样做好演讲的开头呢? 在写演讲稿的开头时,需注意以下要点。

(1) 吸引听众的注意力。演讲开头成败的关键,在于能否吸引并集中听众的注意力。演讲时获取听众注意力的方式随题材、听众和场景的不同而改变。一般可以运用事例、逸闻、经历、反诘、引言、幽默等手段达到目的。

麦克米兰石油公司副总裁迈克斯•艾萨克松在一次演讲的开头中,便运用了引言和反诘的方法来吸引听众。

我们都知道,演讲是件很难的事,但是请听听丹尼乐•韦伯期是怎么说的吧:"如果有人要拿走我所有的财富而只剩下一样,那么我会选择口才,因为有了它,我不久便可以拥有其他一切财富。"

>>>>>>>>>

(2) 阐述演讲结构。演讲时,应当利用开头部分对演讲内容加以概述,让听众了解演讲的中心思想和结构。特别是当演讲的主题很复杂,或是专业性较强,或是需要论证几个观点时,这样做就能使演讲显得清楚而易于理解。

汉诺威信托制造公司的主席及总裁约翰·F.麦克基里卡迪在一次演讲的开头中,就很明了地陈述了他演讲的结构及范围。

女士们、先生们,晚上好!

我很荣幸应科里主任的邀请,来参加这个在我国很有权威的商业论坛,在见解上,它可以与底特律和纽约的经济俱乐部相提并论。

首先,我们对最近的国内经济形势加以展望。我认为,它并非人们有时所想象得那样严峻。

其次,谈谈近期欧佩克的经济增长对国家的经济增长的影响——对包括我们自己在内的许多国家来说是件痛苦的事,但又是完全有办法应付的。

再次,对总统的能源建议作几点评论,我认为它既令人鼓舞,又令人失望。

最后,我将就演讲逐渐成为一种时尚和必要的现象,以及美国的现状谈一点个人看法。

(3) 说明演讲目的。在大多数情况下,演讲的开头应揭示出演讲的目的。如果做不到这一点,那么听众要么会对演讲失去兴趣,要么会误解演讲的目的,或者甚至于会怀疑演讲者的动机。

美国快递公司主席詹姆斯·鲁宾逊三世,在短短的15秒内,便把他的演讲目的陈述给了听众。

女士们、先生们,早上好。

谢谢大家给予我这个露面的机会。美国广告联盟是美国传播工业的一个重要组成部分。当前,美国传播工业还面临许多问题,而重担则落在大家的肩上。我今天演讲的目的,便是就这些问题及它们呈现出的挑战,谈谈我的看法。

(4) 激发听众的兴趣。从本质上说,听众是很有目的性的,他们只有在感到能从演讲中有所收获时,才专心去听演讲。演讲的开头,应当回答听众心中的"我为什么要听?"这一问题。

在对美国会计协会罗切斯特分会的一次演讲中,演讲顾问唐纳德·罗杰斯,通过表达他对听众需要的关心,而激发起他们的兴趣。

我今晚要演讲的题目是"信息的透露"。确定这个题目之前,我先是查阅了本地的会计年鉴分册和全国会计协会的学术专刊,然后又询问了我的同事亚历克斯·莱文斯顿和戴夫·汉森:"今晚来听演讲的人都有哪些?他们希望我讲什么?"

他们告诉我,在座的各位都是些很热心的人,希望我的演讲有趣而富有启发性。因此,我将告诉大家一些有用的知识,我也同时希望,我的演讲简明扼要,并留给大家一定的提问时间。

2．开篇的方式

演讲的开头是不拘一格、活灵活现的，因时、因地、因人而有所不同。正如一个乐队的演奏，既可以用嘹亮激昂的号角开端，又可以用轻柔舒缓的提琴声作为开端。只要能打动听众的心，使他们产生"继续听下去"的强烈愿望，使其感到不是"要我听"而是"我要听"，那么这个开头就应该认为是成功的。这里介绍几种演讲常见的较受欢迎的开头方式。

（1）开门见山式。这是一种最常见的成功的方式。演讲一开始就把"问题"提出来，或把自己的观点亮出来，做到鲜明突出、引人入胜。例如，一篇标题为《艰苦奋斗的传统不能丢》演讲稿的开头是这样设计的：

一段时间以来，我一直被一个问题困扰着，现在日子过好了，吃穿住用都不用发愁了，作为革命传统的艰苦奋斗精神还有没有发扬的必要呢？

这样开头，开门见山。随着疑问的提出，听众也跟着思考起来，同时又希望听到你的看法。

又如某学生的演讲稿《生命的价值在于奉献》的开头：

生命的价值究竟是什么？是追求金钱？还是追求远大的理想？为人还是为己？

这种开头很容易抓住听众，从而引导听众"听"个究竟。在运用这种方法时，一定要先清晰地把握演讲的中心，把自己要讲的中心问题向听众表达出来，使听众一听就知道你演讲的中心是什么，注意力马上集中起来。

【小贴士 3-8】

刘少奇的开场白

1944 年 5 月 20 日，刘少奇《在陕甘宁边区工厂代表会议上的讲话》是这样作开场白的：

我们陕甘宁边区最近几年搞起来一件新的东西，这就是工业。我们今天的工业规模虽然还很小，但这几年的发展是惊人的。1935 年时，这里只有几十个人的一个修理厂，而现在则已经有一万多工人了。这次会议，相信会有更快更大的发展。

点评：这里没有一句大话、套话、空话，也没有一句打官腔的话，而是开门见山、单刀直入，用三言两语摆出自己的观点，讲实事，讲大家亲身经历并关心的事，一开场就揭示了演讲的主题内容。

（2）故事导入式。巧妙地借用新鲜而有趣的小故事，以生动形象的材料，将自己的思想观点不动声色地溶入故事中，引出一个话题，把听众引入一种"佳境"，起到"随风潜入夜，润物细无声"的作用，往往能收到事半功倍的效果。

如讲关于教育孩子独立生活能力的相关话题，就可以引用这样的故事作为演讲开场白：

今日某报纸披露了这样一个事实：一个四年级的小学生，每天要带由父母亲剥光了壳的鸡蛋到学校吃。有一次，父母忘了给鸡蛋剥壳，差点憋坏了孩子。他对着鸡蛋左瞅右看，不知如何下口。结果只好带回鸡蛋去问父母。母亲十分吃惊地问他怎么不把鸡蛋吃了，

>>>>>>>>>

他的回答很简单："没有缝儿，怎么吃呢？"

故事导入式开场白要求故事短小精悍，有细节和主要人物，有意味，促人深思，并与演讲内容有关。但要注意摒弃复杂的情节和冗长的语言，不然就成了故事会。这里还要求演讲者平时要注意积累责任、励志、成功、感恩、执行力、友谊等各类故事。

以下两名学生的演讲就成功地运用了这种开场白。一篇演讲稿《珍爱青春，远离网瘾》这样开头：

大家好！我先给大家讲个故事：蜘蛛向空中一只年轻的蚊子热情打招呼："小伙子，到我家里歇歇吧。"蚊子说："别骗人了，谁不知道那是个要命的陷阱。"蜘蛛说："如今我开'网吧'了，真叫过瘾，有的'客人'玩通宵，你快来试试吧。"蚊子听了这话，调回头，一头便扎了进去……

文章的作者用一个蜘蛛和蚊子对话的有趣故事来开头，巧妙地进入了"网络"话题的演讲，说明网络就像蜘蛛拉开的一张张网，延伸到了社会生活的各个角落。听众会自然地想到了与网吧有关的事宜，听众就会沿着你的演讲思路听下去。

另一篇演讲稿《养成一种良好的学习习惯》的开头是：

什么叫习惯呢？先请同学们听一件小事。在印度和泰国随处可见这样的场景：一根小小的柱子，一截细细的链子，拴得住一头几千斤重的大象。那些驯象人，在大象还是小象的时候，就用一条铁链把它绑在水泥柱或钢柱上，无论小象怎么挣都无法挣脱。小象渐渐地习惯了不挣扎，直到长成了大象，可以轻而易举地挣脱链子时，也不再挣扎。小象是被链子绑住，而大象则是被习惯绑住。

这个故事讲得很有趣，使听众对"习惯"有个全新的认识："习惯真是一种顽强而巨大的力量，它可以主宰人的一生，因此，我们从幼年起就应该通过教育培养一种良好的习惯。"

【小故事 3-3】

钱锺书在日本早稻田大学的演讲开场白

被中国学界视为"文化昆仑"、学贯中西的一代学问大家钱锺书先生，在 1980 年 11 月 28 日的日本早稻田大学文学教授恳谈会上，谦虚地做了演讲开场白。

大才子钱锺书幽默地讲了个意大利笑话：有个穷乡僻壤的土包子，一天在路上走，忽然下起小雨来了。他凑巧拿了一根木棍子和一块方布，还算急中生智，用木棍顶住方布，遮住头顶，回到家后居然没有被淋成落汤鸡。高兴之余，觉得自己应该把这一发明公之于世。他听说城里有个"发明专利局"，就兴冲冲地拿棍连着布，赶到城里，到发明专利局去报告和表演自己的发明创造。专利局的工作人员听他说明来意，哈哈大笑，拿出一把雨伞，让他看个仔细。

钱锺书说，自己今天来日本讲学，就仿佛那个上注册局申请发明专利的乡巴佬，孤陋寡闻，没见识过雨伞。在找不到躲雨的地方的时候，只能用根木棍撑着块布，来自力应急了。

（资料来源：王文静．钱锺书在日本早稻田大学的演讲开场白 [J]．文史月刊，2013 (11).）

（3）设问祈使式。演讲开场抛出恰当的问题，引起听众的好奇心，并让听众进行思考，将演讲的主题更加紧密地与听众互动起来。可以通过提出与中心思想相关的问题来使听众投入于你的开场白。如《演讲与口才》2001年第8期刊登过一篇题为《与党一起同行》的演讲词，它的开场白是这样的：

朋友们：当我们泛舟西湖引吭高歌一览祖国壮丽风光勃勃生机时，您是否还记得80年前嘉兴南湖上的那条诞生了我们党的小船？当我们觥筹交错莺歌燕舞躺在祖国温暖有力的怀抱中时，您是否还记得那群唱着"红米饭啊南瓜汤"的可爱人们？

这里一连两个提问，吸引了听众的注意力，从而让大家带着思考全神贯注地倾听接下来的演讲。

设问祈使式开场要注意问题不能过于简单，过于简单地进行提问是有风险的，听众很可能并没有做好思考的准备，达不到预期效果。

（4）即景生情式。一上台就开始一本正经地演讲，会给人生硬突兀的感觉，让听众难以接受。不妨以眼前人、事、景为话题，引申开去，把听众不知不觉地引入演讲之中。可以谈会场的布置，谈当时的天气，谈此时的心情，谈某个与会者形象……例如，1863年，美国葛底斯堡国家烈士公墓竣工。落成典礼那天，前国务卿埃弗雷特站在主席台上，只见人群、麦田、牧场、果园、连绵的丘陵和高原的山峰历历在目，他心潮起伏、感慨万千，立即改变了原先想好的开头，从此情此景谈起：

站在明净的长天之下，从这片经过人们常年耕耘而今已安静憩息的辽阔田野放眼望去，那雄伟的阿勒格尼山隐隐约约地耸立在我们的前方，兄弟们的坟墓就在我们的脚下，我真不敢用我这微不足道的声音打破上帝和大自然所安排的这意味着无穷的平静。但是我必须完成你们交给我的责任，我乞求你们，乞求你们的宽容和同情……

这段开场白语言优美、节奏舒缓、感情深沉，人、景、物、情是那么完美、那么自然地融合在一起。据记载，当埃弗雷特刚刚讲完这句话时，不少听众已泪水盈眶。

即景生情不是故意绕圈子，不能离题万里、漫无边际地东拉西扯，否则会冲淡主题，也使听众感到倦怠和不耐烦。演讲者必须心中有数，还应注意渲染的内容必须与主题相互辉映、浑然一体。

（5）诙谐幽默式。演讲时用幽默法导入，不仅能够较好地表现演讲者的智慧和才华，而且使听众能在轻松愉快的气氛中不自觉地进入角色，接受演讲的内容。同时，在幽默趣味的开场中，不时发出一种与导入语的语感、语义十分和谐的笑声，这轻松的一笑，不仅给人以美的感受，而且能沟通双方的感情。大家都知道李敖文笔不凡，但却不知道他的口才也同样了得。他思维敏捷，词锋犀利，却又不乏幽默狡黠，诙谐之处每每让人捧腹。

2005年9月21日，李敖到北大演讲，他的整场演讲都幽默风趣，让人捧腹。他的开场白是这样的：

你们终于看到我了。我今天准备了一些"金刚怒目"的话，也有一些"菩萨低眉"的话，但你们这么热情，我应该说菩萨话多一些。（掌声，笑声）演讲最害怕四种人：一种是根

>>>>>>>>>

本不来听演讲的；一种是听了一半去厕所的；一种是去厕所不回来的；另一种是听演讲不鼓掌的。（李敖话音未落，场内已是一片掌声）

当年克林顿、连战等来北大演讲时，是走红地毯进入的。我在进门前也问道："我是否有红地毯？"校方说："没有，因为北大把你的演讲当作学术演讲，就不铺红地毯了。"如果我讲得好，就是学术演讲；若讲得不好，讲一半再铺红地毯也来得及。（听众席爆发出了雷鸣般的掌声）

很多演讲者都喜欢在开场时先恭维一下在场的听众，赚点人气。李敖却不落窠臼，来了个"反弹琵琶"，不说客套话，首句便以"你们终于看到我了"来打趣听众，暗含潜台词"你们有机会见到我李敖应该很高兴"，充满谐趣且匠心独运。紧接着，他用"金刚怒目"与"菩萨低眉"来形容自己的话语，诙谐之处令人捧腹。然后，他趣谈演讲最害怕的四种人，实则在变相向听众"讨要"掌声，可谓妙到极致。李敖接着拿"红地毯"说事，"如果我讲得好，就是学术演讲；若讲得不好，讲一半再铺红地毯也来得及"，这句幽默话一语双关，既自矜于高超的演讲水平，又顺便戏谑了克林顿、连战的演讲水平不及自己，中国"台湾文坛第一狂人"的形象一展无遗。如此妙趣横生的开场白，自然能收获听众的满堂彩了。

又如一位同学在竞选班干部时的演讲是这样开头的：

大家好！先自我介绍一下：我叫梁丽叶，与梁山伯同姓，和朱丽叶同名。大家可能会莞尔一笑："哟，好一个中外合资的名字！"爸爸对我说，叶子很平凡，但美丽的叶子却不多，起这个名字是寄希望我出平凡于不平凡之中，自己创家立业。这名字就代表我的志向、我的作风、我的追求。

这个幽默的演讲开场白，能使听众在轻松愉快之中很快进入演讲接受者的角色。

【小故事 3-4】

周恩来的幽默开场白

1965 年 11 月，美国友人安娜·路易斯·斯特朗女士在中国庆祝她的 80 寿辰，周恩来总理特意在上海展览馆大厅举行了盛大的祝寿宴会。周总理的开场白是：

今天，我们为我们的好朋友、美国女作家安娜·路易斯·斯特朗女士庆贺"40 公岁"诞辰。（参加宴会的祝寿者为"40 公岁"这个新名词感到纳闷不解）在中国，"公"字是紧跟它的量词的两倍。40 公斤等于 80 斤，40 公岁就等于 80 岁。

（资料来源：孟红．周恩来庆贺生日的故事 [EB/OL]．[2017-09-20]．http://dangshi.people.com.cn/n1/2017/0920/c85037-29546875.html.）

周总理巧妙的解释在几百位祝寿者中激起了一阵欢笑，斯特朗女士也高兴得流下了眼泪。

幽默式开场白切忌低级庸俗的笑话或粗俗的语言。

即使有的演讲立意没有错，也激起了听众一阵阵的大笑，但这种笑声恰恰是听众对演讲者庸俗粗鄙的语言的嘲笑。这种所谓的"诙谐幽默"，不仅损坏了演讲主题的价值，也贬低了演讲者在听众心目中的人格形象①。

【小故事 3-5】

陈毅的幽默开场白

用幽默的语言和动作,或者用轶闻趣事作开场白,创造出一种轻松、和谐、积极的氛围。这种方式能很快获得听众的接纳与信赖,有时还会产生意想不到的效果。据说 20 世纪 50 年代初,当时担任上海市市长的陈毅应邀到一个单位作报告。他见讲台上摆着许多鲜花和水果,就走上讲台把花瓶和果盆撤了,然后幽默风趣地说:"我这个人作报告很容易激动。一激动起来就会手舞足蹈,这花瓶放在台上有点碍手碍脚,说不定就被我不小心碰翻砸碎了,我这个供给制市长还赔不起呢!"几句幽默风趣的话逗得场上一片笑声,缩小了演讲者(市长)与听众(群众)之间的距离,气氛很快活跃了起来。

(资料来源:佚名. 有关成功的演讲开场白模板 [EB/OL].[2019-03-12].http://www.cncoolm.com /shitiku/2019/0312/292099.html.)

(6)制造悬念式。人们都有好奇的天性,一旦有了疑虑,非得探明究竟不可。为了激发起听众的强烈兴趣,可以使用悬念手法。在开场白中制造悬念,往往会收到奇效。

制造悬念不是故弄玄虚,既不能频频使用,也不能悬而不解。在适当的时候应解开悬念,使听众的好奇心得到满足,而且也使前后内容互相照应,结构浑然一体。例如:

教育家陶行知先生非常善于演讲,在他一生无数次的演讲中,有一次制造悬念的演讲,令人拍案叫绝。1938 年,陶行知在武汉大学作演讲。那天大礼堂里挤得满满的,会议开始后,有几位先生先后上台作了演讲。轮到陶行知时,会场上响起了一阵热烈的掌声。只见他不慌不忙地拿着一个包走上了讲台。出人意料的是,陶行知并没有讲话。他从包里抓出一只活蹦乱跳的大公鸡,接着,陶行知从口袋里掏出一把米。放在桌上。他左手按住鸡的头,逼它吃米。鸡只叫不吃。陶行知又掰开鸡的嘴,把米硬塞进去。鸡挣扎着仍不肯吃。接着,陶行知轻轻松开手,把鸡放在桌子上,自己后退了几步。只见大公鸡抖了抖翅膀,伸头四处张望了一下,便从容地低下头吃起米来。这时,陶行知说话了:"各位,你们都看到了吧。你逼鸡吃米,或者把米硬塞到它的嘴里,它都不肯吃。但是,如果你换一种方式,让它自由自在,它就会主动地去吃米。"面对听众们疑惑的目光,陶行知扫视全场后加重语气说道:"我认为,教育就跟喂鸡一样。老师强迫学生去学习,把知识硬灌给他们,他们是不情愿学的,即使去学也是食而不化,过不了多久,他还会把知识还给老师的。但是,如果让学生主动去学习,充分发挥他的主观能动性,那效果一定会好得多!"此时大家恍然大悟,爆发出热烈的掌声。

人们都有好奇心理,对于未知的东西有一个探索未知的冲动,这是人的一种本性。在演讲中利用悬念吸引听众一般有语言悬念和实物悬念两种类型。

---

① 佚名. 演讲与培训十种开场白 [EB/OL].[2016-05-06].https://www.hjenglish.com/new/p794033/.

>>>>>>>>>

一是语言悬念。一开口就出其不意，独辟蹊径，才能引人入胜，激起听众的好奇心。例如，有一个年轻美貌的女士在一次演讲中第一句就说道："昨天我险些脱掉裙子。"此言一出，在场的听众人人大吃一惊，急欲知道这是怎么一回事。她接着说道：

当我昨天在厨房做事时，我那念小学三年级和一年级的两个儿子在隔壁房间吵了起来，他们两兄弟似乎吵得很凶，口出恶言。首先小弟说："你这个大笨蛋，妈妈的肚脐是凹进去的。"接着老大也不甘示弱地反驳说："妈妈才不是凹肚脐呢，她的肚脐像一小截肠子似的凸出来。"小弟说："你胡说，才不是呢！"大儿子说："你才胡说！"我看情形不对了，赶快跑出来解释说："你们两个给我下来，我让你们看看妈妈的肚脐是凹的还是凸的。"于是我做出要脱下裙子的样子。"啊，妈妈羞羞羞。"他们两个小鬼看后马上拿小食指划着小脸蛋羞我，我们三个人都笑了起来。

这是一个关于"亲子关系"的演讲。

二是实物悬念。就是在演讲的开头，用一件或几件实物的展示来"抓"住听众的兴趣，而这些实物既与演讲的主题相关又不同寻常，还能勾起听众的好奇心理。例如，有一位日本教授给大学生演讲，一开始场面乱哄哄的。老教授并没生气，他从衣袋里摸出了一块黑乎乎的石头扬了扬，然后说道：

请同学注意看看，这是一块非常珍贵的石头，在整个日本，只有我才有这么一块。

同学们顿时静了下来，被这块并不起眼的石头吸引了，人人都在暗自发问：这是一块什么石头呢？如此珍贵？全日本才一块？老教授的悬念收到了效果。他面对静下来的同学和那一双双充满好奇的眼睛，才开始了他关于南极探险的演讲。最后大家都知道了那块黑乎乎的石头是从南极探险时带回来的。

(7) 插叙解释式。演讲开头，恰当地运用插叙的方法，不仅可以补充人物和事件，使演讲内容丰富和充实，引人入胜，还能使演讲波澜起伏，神采飞扬。冯小刚在题为《温故而知幸福》的演讲开头讲道：

"为什么要讲'温故而知幸福'这个话题呢？在回答大家这个问题前，我想先讲讲《温故1942》的拍摄初衷。"接着，他插叙道："那是1993年一个阳光明媚的下午，王朔从他的客房走到我这个客房来，扔给我一本小说，是刘震云写的《温故1942》。我就一口气看完了，非常受触动。小说里写了1942年发生在河南的一场灾荒，三千多万人向陕西逃荒，途中有三百万人饿死。刘震云去采访那些幸存的当事人时，大家也都说记不清了。是不是我们是善于忘记的一个民族，还是说我们这个民族遭遇的苦难实在太多了？所以我下定决心要拍这个电影。"然后，冯小刚接着讲道："如果你生在1942年的河南，你真的是叫生不逢时。你会觉得在今天，你怎么想你遇到的所有的挫折，你都不会想我被饿死了。跟饿死了相比，咱们目前的这些挫折、这些不幸，其实都不在话下。所以，温故之后，才知道幸福。"

冯小刚运用的就是插叙解释式开头，即在叙述的过程中，对事件发展的原因，做一些解释和说明。温故知幸福，是从哪想到的，插叙的"那个下午的故事"，就解释说明了这个问题。这种插叙能够让听众了解事情的前因后果、来龙去脉，从而接受你的观点。演讲中，

<<<<<<<<<<

当我们需要解释说明时,可以运用这种开头方式,深化演讲主旨。

(8)材料引人式。演讲者选择用一个精彩的材料作为开头,以像磁石一样,深深地吸引住听众,为接下来的演讲打开局面。要材料引人,首先要选用能激发听众兴趣的材料作为开头。如编剧郑晓龙的演讲《审美的变迁》是这样开头的:

从中世纪开始,欧洲人都认为洗澡是不健康的行为,会带来疾病,有人甚至认为,洗澡是一种罪。当时的肥皂非常昂贵,即使要用,也只能在面部、颈部和双手涂抹,偶尔也在脚上涂一点。因此,那个年代的人自然是体味浓郁,嘴里也是一股子臭气。为了掩盖体臭,女士们会在腰上别一个绣着精美花纹的袋子,里面装着香料。实际上,香水的问世,就是为了掩盖令人不快的体味。当时,英国女王伊丽莎白一世一个月洗一回澡,结果,同时代的人都嘲笑她有洁癖。当时,人们以不洗澡为荣,不洗澡甚至可以成为个人成就。发现新大陆的哥伦布很骄傲,因为他说自己一生只洗过两次澡,一次是出生的时候,一次是结婚之前。昨天的美有可能变成今天的丑,潮流总是随着时代的发展在不停变换。

在古代的欧洲,竟然以洗澡为耻,以不洗澡为荣,这也太不可思议了吧。演讲者开头的这段材料可谓妙趣横生,一下子就激发了听众浓厚的兴趣,吸引住了听众,使听众对接下来的演讲充满了期待。听众们会想,那么,接下来人们的审美是如何发生了变化的呢?这就为整场演讲定了成功的基调。

一是要材料引人,二是要选用能给予新知的材料作为开头。如一位演讲比赛选手在进行《合适的距离产生美》演讲的时候,是如此开头的:

据专家介绍,如果地球和太阳的距离再近1%,地球就是一个永恒的"火焰山";如果再远3%,地球就是一个永恒的"广寒宫"。而现在的距离不偏不倚,恰到好处。仰望那些孤寂荒芜的星球,需要庆幸我们拥有多姿多彩的天气、舒适宜人的温度,庆幸我们与太阳之间合适的距离。所以不是距离产生美,而是合适的距离产生美。我们与人交往也是如此,就算关系再好,也不要不分你我,肆意去窥探别人的隐私,每个人的心里都有一个不愿被别人触及的角落;即使你与一个人合不来,也不要水火不容,正常的交往还得保持,不要"欲除之而后快",给自己树立敌人。

演讲者这段作为引子的开头材料,一般的听众是不可能了解到的,听众一开场便获得了新知,顿时产生了一种"没有白来"的感觉。而这个引子还打破了人们一贯的认识:距离产生美,更具体、更到位地阐释了距离与美的关系:合适的距离产生美。开头新意盎然,听众自然愿闻其详。

(9)实物开讲式。在演讲开场的同时,展示与演讲内容有关的实物,可以强化演讲内容,给听众一个新鲜、感性的直观印象,引起听众的注意,充分调动起听众的兴趣和期待心理,一下子抓住听众。《演讲与口才》2005年第11期刊登的一篇题为《见贤思齐和而不同》的演讲稿,就是这样处理的。

尊敬的院领导、老师、亲爱的同学们:

大家好!先请大家欣赏两幅画:这一幅是清朝宫廷画师郎世宁的《八骏图》,这一幅是徐悲鸿的《群马图》。

>>>>>>>>>

这样的开场白,不但使大家欣赏到了名家作品,大饱了眼福,更令大家迫切地想知道,演讲者接下来到底要说些什么。

又如在某单位举办的以"珍惜时间"为主题的演讲会上,一名选手首先将一片黄叶展示给在场的听众。

亲爱的朋友们,你们看,我手中拿的是什么?是一片落叶吗?不错。然而这仅仅是一片落叶吗?不,它是穿越时空隧道的过客,是一首哀叹时间一去不回头的诗。我们读它,仿佛是在与那来去无踪的时间对话。从这里,我们不只看到了时间的伟大力量,同时也看到了时间的无情和冷峻。绿叶婆娑,那是时间的恩典;黄叶飘零,那是时间的摧残。面对它,我们还有什么理由不珍惜时间呢?……

演讲者灵活自然地选取"道具"——黄叶作为"切入点",并将其与演讲的主题巧妙地结合起来,用富有朝气与活力的语言,深入浅出、形象鲜活地唤起了听众对时间的哲理性思考,激起了听众心中的波澜,给他们带来耳目一新的感受。

(10)巧妙点化式。不少人,尤其是名人,总喜欢在演讲的开场白中,以幽默的口吻,讲一些与演讲主题无关的"废话"。然而,他们又总善于点化,一经点化,这些"废话",一下子就变成了妙语。例如,马未都演讲《最终的快乐是文化的快乐》的开场白是这样的:

到上海来,首先要跟上海人"套瓷",北京话里的"套瓷"就是说我得跟上海搭上关系。我出生在北京,但是在上海诞生的。(全场笑)这个说法听起来有点费解。我父母都是军人,我父亲抗战后参加革命,解放战争一直打到上海,我母亲到上海来当兵,跟我父亲相识,结婚以后有了我,然后怀着我进了京,所以我就跟上海套上了这个瓷:我诞生在上海,出生在北京。(全场大笑,鼓掌)这就是文化的快乐。

马未都一开场,就说自己出生在北京,但是在上海诞生的。这个不可思议的说法,经他一番妙趣横生的解说,就让听众在忍俊不禁之中,感悟到了"这就是文化的快乐"的含义,而这正是他用演讲的题意进行的点化。有了这样的点化,开场的一段"废话",真的就成了耐人寻味的妙语。

又如,琢磨先生演讲《阅读的快乐》的巧妙点化式的开场白是幽默风趣,引人入胜的:

谢谢主持人,也谢谢在座的各位老师同学,在这个周末的晚上来听我的讲座。我大学的时候因为没人喜欢我,我也经常跑去听讲座。(众笑)后来终于谈了一个女朋友,因为我经常跑去听讲座,跟我分手了。(众笑)分手时跟我说:爱,就是陪伴,你总是去听讲座,我们没法在一起。(众笑)我记起亚里士多德的一句话:我爱老师,但更爱真理。所以我也对她说:我爱你,但更爱听讲座。(众笑)所以今天来到这里的同学,对我应该都是真爱。(鼓掌)

琢磨先生谈起自己大学时期一段与听讲座有关的恋爱经历,尤其是与女朋友分手时的对话,富有情趣和意味。演讲者说这一番与讲座主题无关的"废话",一经最后一句"对我应该都是真爱"的情感点化,全都成了贴近听众的妙语,为他的正式开讲营造了融洽的氛围。[①]

【小训练 3-1】

你的母校——某大学（学院）校庆 50 周年，你作为校友代表被邀请在校庆典礼上演讲。请你为这次演讲分别设计 3 个开场白。

要求：切合现场气氛，每个开场白不超过 100 个字，分别讲出来并加以比较。

五、命题演讲稿的主体设计

主体是演讲的主干部分，演讲者在撰写演讲稿时必须予以高度重视。

1. 演讲主体的构成

演讲的主体至少应该包括以下四个方面。

（1）独到的见解。演讲者要有自己的真知灼见，要能讲出别人想讲而未讲或根本没有想到的却对做人做事很有启发意义的道理，这样才能启迪人心，使人感佩。演讲最忌讳人云亦云，老生常谈。例如，刘宏在《什么人帮助我们成长》的演讲中说：

有个犹太人把一大批羊引入西伯利亚，准备做羊的生意。但是，这里的冬天异常寒冷，羊都一动不动地挤在一起取暖，还是冻死了一些羊。有一天，他让猎人捕来了一只狼，关进了羊圈里，人们说他疯了。可是，他让人做了一条狭长的栅栏，让狼在羊圈旁追赶羊群，羊群看到狼后便拼命在羊圈里奔跑，结果，这些羊安全地度过了严冬。就这样，犹太人在这儿做了一笔笔羊的大生意。有时候，最能帮助我们成长的不是我们的朋友，而是我们的对手。

这个演讲中特别见解的"点"是"对手帮助我们成长"。人们的习惯思维总认为只有朋友才能帮助自己很好地成长。而这个演讲却揭示了"对手帮助我们滋生内在动力，提高自身能力，进而立住脚跟"的见解。这样的演讲以生动的叙述讲出特别见解，从而揭示和升华主题，给人以过耳难忘的深刻启迪。

无独有偶，宋珍珠在《切勿漠视"小"》的演讲中说：

1996 年，华为决定实行全球化战略，他们进军的首要地区是俄罗斯，准备在那儿打造海外战略的样板。任正非派了一个很受信任的俄罗斯地区总裁前往奋战。然而，经过百般努力，好话说尽却绩效全无。第二、第三任总裁也遭遇同样的"滑铁卢"。任正非在连连摇头的同时，派出了第四任总裁。经过千辛万苦的努力，总裁带回来 36 美元的订单。就是这个微不足道的合同，让任正非看到了希望。于是，他派人锲而不舍地努力，终于打开了市场。多年后的今天，任正非说，今天华为能达到 1100 亿美元的销售收入，不要忘了当年 36 美元的辉煌。小的东西，是大的希望；小的东西，往往是大的结果。因此，盛衰成败，也往往是小的东西导致的，它告诉我们，切勿漠视"小"。

---

① 李增源. 巧妙点化，让开场白的"废话"成为妙语 [J]. 演讲与口才，2019 (10).

>>>>>>>>>

这段演讲从一个"36美元"的微观事件中讲出了宏观见解，悠远绵长。在生活中，人们重视的往往是大的东西，而对微小的东西予以漠视。然而，许多事物表明，小的东西往往却蕴藏着大的结果。这样从微观事物讲出宏观道理的方法，不仅见解深刻特别，而且深入浅出、通俗易懂。因为启迪的方法是娓娓道来、引人入胜，所以劝导和启示人的作用显而易见。①

（2）真挚的情感。"感人心者，莫先乎情。"演讲具有真诚而热烈的感情才能打动人心，引起听众心灵的交汇和共鸣。1963年8月28日，世界最著名的演讲家之一，美国黑人领袖马丁·路德·金在林肯纪念堂前发表了《我有一个梦想》的演说，其高潮部分是这样的：

回到密西西比去吧！回到阿拉巴马去吧！回到南卡罗来纳去吧！回到佐治亚去吧！回到路易安那去吧！既然知道这种境况能够而且必定改变，那么应回到我们北方城市中的陋巷和贫民窟去吧！我们绝不可以在绝望的深渊中纵乐。

今天，我对大家说，我的朋友们，纵使人们面临着今天和明天的种种艰难困苦，我们仍然有个梦想，这是一个深深植根于美国之梦的梦想。

我梦想着，有那么一天，我们这个民族将会奋起反抗，并且一直坚持实现它的信条的真谛——"我们认为所有的人生来平等是不言自明的真理"。

我梦想着，有那么一天，甚至现在仍认为不平等的灼热和压迫的高温所炙烤的密西西比，也能变为自由与平等的绿洲。

我梦想着，有那么一天，我的4个孩子，能够生活在一个不是以肤色，而以品性来判断他们的价值的国度里。

我梦想着，有那么一天，就在邪恶的种族主义者仍然对黑人活动横加干涉的亚拉巴马州，就在其统治者拒不取消种族歧视政策的亚拉巴马州，黑人儿童将能够与白人儿童如兄弟姐妹一般携起手来。

我梦想着，有那么一天，沟壑填满，山岭削平，崎岖地带铲为平川，坎坷地段夷为平地，上帝的灵光大放光彩，芸芸众生共睹光华！

这就是我们的希望！这是我返回南方时所怀的信念！怀着这个信念，我们就能从绝望的群山中辟出希望的宝石；怀着这个信念，我们就能变我们祖国的嘈杂喧嚣为一曲优美和谐的兄弟交响乐；怀着这个信念，我们就能共同工作、共同祈祷、共同斗争，甚至哪怕共同入狱。既然知道有朝一日我们终将获得自由，我们就能为争取自由共同坚持下去！

在这段演讲中，马丁·路德·金用四段"我梦想着"领起的排比式表述，深情地、正面地、具体地表示了对自由的渴望，语势一泻千里。他热切地期望种族歧视最严重的密西西比变成"自由与和平的绿洲"，希望自己的孩子在有高尚品德卓越才能的情况下不因肤色不同而得不到公正对待，希望黑人儿童与白人儿童能够像兄弟姐妹一样携起手来，和睦相处，由此甚至希望一切都变得公正平直，坦途通天。作为民权运动的领袖，他的这些话完全发自肺腑，道出了千百万黑人的心声，使在场的听众有的呐喊，有的喝彩，有的悄然流

---

① 卢继元.演讲中，如何讲出独特的见解[J].演讲与口才，2019（10）.

＜＜＜＜＜＜＜＜＜

泪,有的失声痛哭。由此可见,情感语言出于肺腑,方能入肺腑,从而打动和激励听众。

(3) 典型的事实。"事实胜于雄辩。"因为人的大脑对外界种种信息的接受总是具体的易于抽象的,感性的易于理性的。事实具有直接现实性的品格,它能够以自己丰富多彩的活生生的形象直接打动听众的思想和感情,浅显易懂地体现和证明深奥的道理,无须听众多费脑筋去思考、消化、转换。因此,事实和道理是演讲主体部分相辅相成的两个方面,分担着说服和感染听众的共同任务。例如,华为副董事长孟晚舟的演讲《从平凡到非凡》就是通过列举典型事实说明"平凡的人也能变伟大"这一朴素道理的:

1993 年大学毕业后,我加入了华为,那个时候的华为只有二三百人,如果我没有记错的话,销售收入刚刚过亿元。30 前前,华为只是无人知晓的创业公司。20 年前,知道的人也没几个。1996 年,我去北京参加通信展,手里提着几大袋资料,纸袋子上有华为的Logo,出租车司机很热情,说:"哦,华为,我知道……就是做纸袋子的嘛!"

30 年后的今天,你在全世界的机场都能看到华为的广告,我们正为全世界 30 亿人提供着通信服务。发明飞机的莱特兄弟,原本是开自行车铺的。布尔代数解决了计算机的逻辑问题,没有布尔代数,就没有计算机,也没有信息革命,然而布尔代数的发明者只是一名小学教师。这样的例子还有很多。

人生的起点并不重要,重要的是你终将驶向哪里。每一个平凡的人都有一双伟大的翅膀,只是有时我们忘记了扇动。当我们忘记扇动理想的翅膀时,翅膀就退化成了一个羽绒披肩。

在演讲中,孟晚舟通过数字串联法,列举了"自己见证华为从平凡到非凡"的事例,随后她又推己及人地列举了莱特兄弟、布尔代数等典型"事实",让演讲更接地气,最后通过比喻论证,讲明"平凡的人也能变伟大",可谓有理有据。

又如鲁林希《匠心是最好的味道》演讲:

张阿姨每天一早都会去县城里最贵的那家肉铺子,买最好的五花肉,而面粉一定要用纯净水和,要捏揉八次,到有一点点发硬,张阿姨说这样的饺子皮做出来才筋道,包好的饺子煮起来不容易破,也不会黏牙,拌馅料的青菜要用水洗四遍,洗到没有一点点脏东西,她说:"人吃到肚子里的东西一定要安心、放心,如果自己都不喜欢吃,就千万不要给旁人吃。"由于找不到好的继承人,张阿姨只好把水饺铺子关门了。后来我想明白了,因为张阿姨的水饺除了咸、香、鲜之外,还有一份旁人没有的味道,那个味道叫作"匠心"。这些人太平凡了,但是他们在面对诱惑的时候却会坚守底线。

为什么只有张阿姨的那份水饺味道不一样呢? 因为她 20 年如一日地坚持,铸就了特别的味道,那就是匠心! 演讲者捕捉"张阿姨在食材处理上十分严格"这一细节,以这一方面的诸多典型事实表达出对像张阿姨那样坚持自己的初心,把毫不起眼的小事做到极致的平凡又伟大之人的崇敬之情。[①]

———————————

① 王颖彬.命题演讲成功的"三个诀窍"[J].演讲与口才,2019 (11).

>>>>>>>>>

（4）动人心弦的高潮造势。"文似看山不喜平"，演讲也要求节奏鲜明，张弛相间，跌宕起伏。要有引人入胜的内容和动人心魄的高潮，力避平铺直叙，泛泛而谈。一次成功的演讲总会高潮迭起、扣人心弦，使听众达到"快者掀髯、愤者扼腕、悲者掩泣、羡者色飞"的出神入化的佳境。动人心弦的高潮造势常用如下两种方式。

一种是以重复形成高潮。在演讲中有意识地进行重复，不仅是为了让听众记住一些重要词句，更重要的是在重复时通过有声语言的变化来加强语气、强调观点和升华感情，从而增强语言表达效果。1963 年 8 月 28 日，马丁•路德•金站在林肯纪念碑的台阶上发表了《我有一个梦想》的演讲。在高潮阶段，他高举双臂，以充满电力的嗓音高声朗诵一位老年黑人的精神赞歌，借此来呼唤黑奴的解放"当我们让自由之声轰响，当我们让自由之声响彻每一个大村小庄、每一个州府城镇，我们就能加速这一天的到来。那时，上帝的所有孩子，黑人和白人、犹太教徒和非犹太教徒、耶稣教徒和天主教徒，将能携手同唱那首古老的黑人灵歌：'终于自由了！终于自由了！感谢全能的上帝，我们终于自由了！'"

另一种是以排比形成高潮。根据演讲内容的需要运用排比的修辞方法，可以把演讲者的思想感情表达得淋漓尽致，把演讲和听众的情绪推向高潮。例如，周恩来在延安一次会上演讲的两个片段就成功地运用了排比形成高潮："要胜利，不是拖而是打！要胜利，不是消极抗战而是积极抗战！要胜利，不是国内的分裂而是国内的团结！要胜利，不是政治的压迫而是政治的民主。""有办法！办法就出在陕甘宁边区！办法就出在八路军、新四军和敌后抗日根据地！办法就出在中国人民的身上！办法就出在真正抗日的党派和军队中间！办法就出在中国共产党尤其是在我们的毛泽东的手中！"

【小训练 3-2】

怎样安排好自己的演讲高潮，并巧妙地结束演讲？

2．突出一个中心

一般来说，在一篇演讲稿中只能安排一个中心，不能搞多中心，因为多中心就是无中心。演讲也如同打仗，"伤其十指，不如断其一指"。演讲者如果一会儿谈花卉栽培技术，一会儿谈商业管理，就会变得杂乱无章，使人难以理解。演讲中只有目标始终如一，方寸一丝不乱，以一个中心贯穿始终，才能使主题鲜明突出，给听众留下深刻的印象。威廉•詹姆斯教授曾在对教师的谈话中说：在长达一小时的演讲中，也只可以提出一个要点来解说。然而一些初学的演讲者往往在几分钟的演讲内安排了两三个甚至更多的要点，以至于一个问题也没有阐述明白。这种演讲已不是正常演讲，而是在用说话来跑马了，这样的演讲没有不失败的。演讲中，观点不在于多，而在于把一个观点阐述得充分明白，让听众彻底了解，并深感兴趣，欣然接受，这才是最重要的。为此要注意以下三点。[①]

（1）采用片言居要的方法来突出主旨。为了使演讲更加突出，应采用一个中心的方法来突出主旨，在文章中要"一线到底"，如同兵卒要接受大将的统帅、射箭要射到靶子上一样，使全篇演讲"万变不离其宗"。例如，美国演说家帕特里克•亨利在弗吉尼亚州第二

---

① 袁红兰．演讲与口才 [M]．北京：航空工业出版社，2014．

届议会上的演讲,便是用"不自由,毋宁死"的"片言"来揭示全篇的主题。这种"片言居要"方法的运用起到了"画龙点睛"的作用,既使听众易于把握演讲主题,又使主题表现得格外明晰。所以揭示主题,话不宜多。

(2)反复向听众解释要点。演讲有一个中心,演讲者也很清楚,这很容易办到,但要使听众也同样清楚,就并非易事。所以,为了让听众彻底了解演讲的主旨,演讲者就必须反复加以解释。但是反复不是重复,在反复申说解释要点时切不可使用完全相同的语句,以免听众感到啰唆而厌烦。演讲者可以用几种不同的措辞,换几种不同的说法,听众就不会觉得重复了。例如,美国的政治家柏寿安曾说:"如果你自己还没有明了那个问题,你绝对无法使别人明了那个问题。反之,你对这个问题认识得越是清楚,你把这个问题传达到别人的心里也越容易。"这段话中,第二句意思与第一句相同,但由于第二句采用了不同的措辞和说法,听众便没有工夫来细细辨别它是不是重复,反而觉得这样一解释,意思显得格外清楚了。古今中外许多著名的演说家都曾用这种方法来突出演讲主旨,实践证明,这的确是一个行之有效的方法。

(3)加强综合性的阐述。要想透彻地说明一个观点,单从一个角度去论证显然是不够的。例如,要证明改革开放的必要性,只讲这是党中央制定的方针政策还不够,还应从内外、正反、纵横等方面去论述。就内外方面来说,内指内容,外指形式;从正反方面来看,正是利,反是弊;而纵横方面,纵指历史角度,横指空间地理位置角度。如果演讲者能在各方面的对比中有力地阐明改革开放的优越性,那样不仅主题鲜明突出,而且令听众心悦诚服。有些演讲不能使听众信服,原因就在于只讲一面而忽略了另一面。说好,就好得无以复加;说坏,就一无是处。既无比较又无鉴别,殊不知,这反倒容易让人看出它的破绽来。

【小贴士 3-9】

深受学生欢迎的开学演讲

沈红卫是绍兴文理学院机械与电气工程学院的院长,他擅长演讲,他的演讲平实风趣,又不乏真知灼见。学生们听了他的演讲,都赞许说:"别有洞天,耐人寻味。"一次新生开学典礼上,沈红卫院长是这样演讲的。

各位新生同学们:大家好!不是一家人,不进一家门。我代表老司机欢迎各位新司机!

大一怎么样,基本上决定了你的大四怎么样。因此说,得大一者得大学。为了帮助大家抓住大一,今天我想组织一场入学摸底考试,考试很简单,只有三道题,但是得高分不容易。请大家听题。

第一题:大学期间最不该做的是什么?参考答案:待在寝室。大学的成功有千种,但是大学的迷失只有一种:在寝室中沉沦!很多学长总结说,寝室是时间的黑洞,意志力的坟墓。可以去风则江边漫步或沉思,说不定能遇上心仪之人;可以去图书馆,不仅可以看很多你想看的书,而且可以碰到很牛的人,或许让你产生了靠近优秀的冲动;可以去实验室,说不定发现了自己的兴趣,有了自己最好的老师。

第二题:什么是大学最有用的地方?参考答案:可以读许多无用的书。因为所有的美好,都从有用开始;而所有的更好,都来源于无用。最短的路未必最快,有的时候忘掉目的更能达到目的。

>>>>>>>>>>

第三题:如果大学不发你文凭,四年以后拿什么证明我读过大学? 参考答案:没有。

各位同学,考试结束了,但大家不需要急于交卷! 不妨先做这样的思考,我们十年寒窗,如此千辛万苦,目标只有一个,就是为了开始大学之路。开始的确需要勇气,但是坚持更需要勇气。如果有人说,我为什么要回答这些问题。我想这样告诉他,一切不以学习为目的的上学,都是耍流氓。因为你是不是用心、用思想和行动去回答这些问题,关乎一个重要的结果,是你上了大学,还是大学上了你?

谢谢,非常感谢! 虽然我是如此感谢大家的掌声,但是我更希望大家能有机会给自己的大学生活鼓掌,多给自己的人生鼓掌!

3．引入激发听众兴趣的元素

在一开场营造有利的演讲气氛后,演讲进入主体阶段,这时更需要你继续付出努力,紧紧抓住听众的注意力。人的注意力的集中是相对的,因为人们的思维活动是一刻不停的,在吸引听众注意力方面不能指望一劳永逸。一旦演讲者用平淡的口气叙述时,听众就会感到乏味,注意力就难免会分散。在演讲过程中,主题贯穿于整个演讲过程,可以只是一个,也可以由若干要点组成。注意不要涉及过多的要点,否则就会向听众填鸭式地灌输过多的信息,而听众是记不住那么多信息的。可以在演讲的过程中加入以下令听众感兴趣的元素来营造高潮。

(1) 故事。听众都喜爱听故事,但是你与听众分享的故事应是与你的演讲主题、要点有关的故事,简短精炼、发人深省的故事能帮助你把抽象的概念转换成与听众有关的情境,给听众以强烈的印象和深深的震撼。

【小故事 3-6】

这条小鱼在乎

这是一位外国教师在中国某医学院开学典礼上的演讲,题目是《这条小鱼在乎》,其内容如下。

有这么一个故事。在暴风雨后的一个早晨,一个男人来到海边散步。他一边沿着海边走着,一边注意到,在沙滩的浅水洼里,有许多被昨夜的暴风雨卷上岸来的小鱼。它们被困在浅水洼里,回不去大海了,虽然近在咫尺。被困的小鱼,也许有几百条,甚至几千条。而用不了多久,浅水洼里的水就会被沙粒吸干,被太阳蒸干,这些小鱼都会干死!

男人继续朝前走着。他忽然看见前面有一个小男孩,走得很慢,而且不停地在每一个水洼边弯下腰去——他在捡起水洼里的小鱼,并且用力地把它们扔回大海。这个男人停下来,注视着这个小男孩,看他拯救着小鱼的生命。

终于,这个男人忍不住走过去:"孩子,这水洼里有几百几千条小鱼,你救不过来的。"

"我知道。"小男孩头也不抬地回答。

"那你为什么还在扔? 谁在乎呢?"

"这条小鱼在乎!"男孩一边回答,一边拾起一条小鱼扔进大海。"这条在乎,这条也在乎,还有这一条,这一条,这一条……"

今天,你们在这里开始了大学的生活,你们每一个人都将在这里学会如何去拯救生

<<<<<<<<<

命。虽然你们救不了全世界的人，救不了全中国的人，但是，你们还是可以救一些人。你们可以去减轻他们的痛苦，因为你们的存在，他们的生活将从此有所不同——你们可以使他们生活得更加美好。这是你们能够并且一定会做得到的。

在这里，我希望你们勤奋努力地学习，永远也不要放弃！记住：

"这条小鱼在乎！这条小鱼在乎！还有这一条，这一条，这一条……"

（资料来源：佚名 . 一位外国教师在医学院开学典礼上的演讲词 [EB/OL].[2009-12-14].http://www.360doc.com/content/09/1214/14/599810_11094344.shtml.）

点评：作为一门艺术，演讲的内容就不应是千篇一律的，应该在深刻把握演讲主题的情况下，从不同的角度来确定演讲的内容，给人以别开生面的创意感。这位外国教师通过一个故事，激起医学院学生们的兴趣和共鸣，让他们懂得医生的天职是什么。全篇没有一句关于"关爱每一个生命""救死扶伤""人道主义"的提法与要求，但又是没有一句讲的不是这一道理。

（2）细节。细节指的是演讲者对演讲中的人物形象、叙述、情感倾泻、事理阐议的富有典型意义的细枝末节所做的细致刻画和精确描述。细节是演讲中人、事、景、物、理、情的艺术形象和表现主题的基本要素，它可以以小见大、以一当十，有着表现社会、生活本质真实的效用。善于捕捉事物的细节，细节刻画到位，吸引听众的注意力，将调动听众的兴趣，甚至成为触发听众情感的动情点，打开情感闸门，以情动人。

【小贴士 3-10】

高 温 细 节

时飞在演讲《治不必同，期利于民》中有这样高温细节的描述：我们在巴基斯坦，最高气温是 55 摄氏度，大家知道这个温度是什么概念吗？就是你裸露的皮肤，不小心碰到脚手架，瞬间就会被烫起泡。这么高的温度，我们只有拼命地喝水，可是喝下去的水，马上变成汗水，蒸发掉了，一天都不用上厕所，可是肾里面的杂质排不出去，导致有的人得了肾结石。后来我们采用了低垢的饮用水，调整了作息时间，尽量避开高温时段，也采用了当地的一些土办法来避暑。刚到巴基斯坦的时候，我们发现当地人用头巾把头部全都包裹起来。当时我就感觉特别奇怪，这么热的天，那么厚的头巾，和夏天穿一件棉袄有什么区别啊，难道就不怕捂出痱子吗？后来我自己试了一下，别说，真管用。它可以避免太阳直接暴晒你的头皮，也可以把你的耳朵和颈部，裸露部位包裹起来，避免脚手架的烫伤。有人问我："55 摄氏度高温，你们怎么那么能扛？"其实我想说："我们哪里是能扛，我们完全是在死撑。"

点评：裸露的皮肤一碰脚手架立即起泡，喝下的水立即变成汗水被蒸发掉，一天不用上厕所，演讲者利用这些细节，把巴基斯坦的高温天气描绘得淋漓尽致，把中国援建工程队"死撑"也要把援建工程高质量完成的国家荣誉感、责任感展示了出来，使听众感到这些工程人员是新时代最可爱的人。

演讲中细节的运用要注意三点：一是细节不能失真，不可虚假，细节必须是真实的。

>>>>>>>>>

二是"细节"要蕴含着深刻的意义,为主题和内容服务,或为使演讲中的人物形象化,或为深化演讲的主题,决不能为了"细节"而"细节"。三是细节不能过多。"细节"不宜冗长烦杂,也不宜满篇"撒播"。听众所希望的"细节",是一个典型的、富有代表性的"细节"。

(3)类比。类比就是利用不同事物或道理间的类似性,借助喻体的特征,来加深听众对本体的理解。类比能帮助听众了解复杂的概念。在演讲中,若能巧妙运用类比来论证观点,不仅可以使演讲生动形象,幽默风趣,而且会让说理透彻有力,更令人信服,这对于拓展演讲艺术空间,具有十分重要的意义。例如,中央党校教授黄相怀在演讲中论述改革需要破解难题时,引用了"吴哥窟难题"的比喻。他说:

"柬埔寨有个世界文化遗产——吴哥窟,由于地处热带,藤本植物发达,日久天长,藤蔓就把林中的石像勒出了一道道裂痕,所以需要文物专家修复。但是修复的时候,发现了一个难题:要修复石像,就必须把藤本植物去掉,而藤本植物去掉后,就会发现石像因失去维系而裂成碎石。也就是说,曾经束缚伤害石像的东西,现在却变成自己存在的维系。我们的改革也是一样,一些既得利益者对现行制度的捆绑或绑架,就形成了一些明显的'吴哥窟难题'。所以中国的改革,我认为需要逐一破解这些难题,才能真正取得改革的成功。"

这里黄相怀教授通过"吴哥窟难题"所展示的情形,来类比改革之难题,形象指出了改革之所以难,关键就难在曾经束缚、伤害我们的东西,现在却成为自身生存的维系。这一类比,对于听众来说,无论自己是不是既得利益者,都无疑会引发大家的反省与思考。[①]

【小故事 3-7】

苏格拉底的《如何择偶》

苏格拉底曾讲过这样一段话:三人经过一块成熟了的麦地,大家约好,每人只能选择一次且不能回头,看谁能摘到一个最大的麦穗。第一个人出发不久,发现有个麦穗挺大,就把它摘了下来,当他发现后面还有更大的时却已不能再做选择,也就无奈地叹了口气!第二个人接受了第一个人的教训,明明看到大的也不敢摘,总以为后边还有更大的,等到发现后边的麦穗皆不如刚才的那个,也就无奈地叹了口气。第三个人则是把全部路程分为三个三分之一,第一个三分之一是细看看什么样的才叫大麦穗,第二个三分之一是核实一下刚才的判断究竟对不对,经过第三个三分之一时才动手采摘,果然摘到了最大的麦穗。

(资料来源:雷琰.应用文写作的模式化思维与创新思维[J].广西师范大学学报(哲学社会科学版),2007(10).)

点评:究竟如何择偶?听了苏格拉底的演讲,答案不言自明。这个演讲运用类比手法,说明择偶之道,既妙语连珠,又言简意赅,看似和主题不相干,实则处处紧扣主题。

---

① 水佳为淮.巧用类比,说理透彻有力[J].演讲与口才,2019(14).

（4）经历。一般来说，自己亲身经历的事或自己为之感动的事，最具说服力和感染力。一个好的演讲者，往往会把自己亲身经历的事例加工成演讲的素材，为听众现身说法，因为亲身经历的事例最真实、最有说服力，因而更能打动人。

2008年4月16日，有"当代福尔摩斯""华裔神探"美誉的著名国际刑侦专家李昌钰博士来到某大学为同学们作一场题为《使不可能成为可能》的演讲。他以自己的亲身经历对大家讲道：

……

其实我这一辈子一直在尝试做一件事，那就是尽量使不可能变为可能。人的一生就像一个漫长的爬坡，有着高低起伏，高的时候不应该骄傲，低的时候也不要气馁。我出生在江苏省如皋县，很小的时候就来到中国台湾，父亲在我年幼时就去世了，妈妈独自抚养了我们兄弟姐妹13人。在我眼中她是世界上最伟大的女性，中学都没毕业的她要求我们13个人，人人都要拿到大学学历，攻读博士学位。很多人问我一生最敬佩的人是谁，我说是我妈妈；最怕的是谁，我说也是我妈妈。到了中国台湾之后，家里从很有钱到一无所有，我念中学的时候就开始送报纸养活自己，念大学的时候没有钱交学费。当时在中国台湾，只有军官大学和警官大学读书不要学费，于是我便去了警官大学念书。

我从警官大学毕业后，在台北市警察局服务，当时侦破案件很简单。有一次破案，我们抓了7个嫌疑犯，一开始大家都不招供，于是就把7个人都带到后面的小房间。5分钟之后出来，7个人都招了，但招了也不知道是真是假。我们破的案比实际发生的还要多，其实中间有很多人是被屈打成招的。

所以我一直在思考，除了刑讯之外，是不是有其他科学的办法可以破案。

后来我带着全部家当50美金去美国留学，不会讲英文，和我太太去闯天下。到了美国才发现，美国不是想象中的那样满地黄金。在美国要出人头地有两个途径：一是出身名门贵族，如姓肯尼迪或者洛克菲勒；第二个办法就是"勤俭敬业，努力工作"。我在纽约医学院做研究员，每天工作到半夜三更，在餐馆端盘子，教中国功夫……什么都干过。

……

我在美国开始重读大一，很多人都很不理解，因为如果在中国台湾，我大概可以念研究院了。但是我觉得自己根基不好，尤其是英语，讲得十分不流利，所以我决定从头开始学习。我以两年半的时间修完了四年大学课程，获得纽约大学生物化学及分子化学硕士、生化博士学位。打破了纽约大学从来没有一个人一年拿到博士学位的历史。并非我考试作弊，这都是我辛勤工作的结果！中国人最优秀的传统美德就是勤劳。

……

人生最重要的是"坚持"，是"相信"，任何困难都可以克服。人生有高有低，有痛苦有快乐，这样才叫人生，假如太平淡了，那也不是人生了。

李昌钰讲完后，台下掌声如雷。在演讲中，在台上，李昌钰将发生在自己身上的故事，将自己早年在国外求学和工作所积累的成功经验，如实地讲给同学们听，不仅增加了演讲的说服力和可信性，还拉近了和听众的距离。

在演讲过程中，为了能够有效说服听众，可以结合自己的亲身经历，向听众现身说法，这比在台上空谈理论效果更明显,也是一种说服听众的好方法。

(5)事实和数据。以一种令人感兴趣的方式去讲述事实和数据,能够帮助听众把你提供的信息,与那些和他们有关的概念联系起来。例如:

著名艺术家王刚的演讲《严峻的课题是"去伪存真"》是从他饰演的角色和珅开头的,他这样讲道:"和珅是一个大贪官,这是历史上的定论。和珅死后一百多年后,梁启超先生才比较确切地统计出他的家产,总额八万万两白银。(全场惊叹)他为什么能贪这么多?因为当时他有机会贪,但从另一个角度讲,我又觉得他生不逢时。不是因为我演了他,所以替他说话。(全场笑)他最后等于是变相被判了死刑,因为案值特别高,所以在嘉庆四年正月十八被赐死。今天是正月十五,就是三天以后。(全场笑)他在当时还是一个大收藏家,我看他的抄家清单的时候非常羡慕,光是商鼎就有 27 件之多。(全场惊叹)为什么说他生不逢时呢?因为这事如果发生在现代就不一定是这样了,很多人贿赂贪官的文物都是假的呀。(全场笑)有眼力的权威专家一鉴定,就知道这个不值那么多钱,那么案值就下来了,兴许和珅就只能判个无期。(全场笑)大家知道和珅是'一个大贪官',然而,他究竟贪污了多少钱财,恐怕许多人都不了解了。"王刚以梁启超的统计为据,确切地说明了和珅的家产价值为八亿两白银,这个数额是"当时国库年收入的 11 倍",而他家收藏的商鼎就有 27 件之多。这样巨大的数字,怎能不让全场听众连连惊叹。

在演讲中运用让人惊叹的事实和数据材料,不仅可以引发听众的强烈关注,而且还能够巧妙地导入演讲的主题。

(6)幽默。幽默是最为有效的一种保持听众兴趣的方式。幽默不仅能够使你的听众放松,也能帮助你放松。许多人会认为,在向高层人士进行演讲的时候,最好不要掺入幽默因素。其实这是一种常见的误解。实际情况是,几乎所有的听众都乐于在演讲过程中享受放松。你不需要讲述一连串的笑话,通常可以讲述有意思的事情,或者经过仔细推敲的具有幽默感的话。

【小故事 3-8】

大师演讲玩幽默:妙用闭口音

中国著名语言文字学家、教育家钱玄同,1934 年在北师大中文系讲传统音韵学,讲到"开口音"与"闭口音"的区别。他举了一个例子——北京有一位京韵大鼓女艺人,因一次事故掉了两颗门牙。一天,她应邀赴宴,但尽量避免开口,万不得已,她一概用"闭口音"答话,避免"开口音",这样就可以遮丑了。有人问她:"贵姓?""姓胡。""多大岁数?""十五。"家住哪里?""保安府""干什么工作?""唱大鼓。"以上的答话都是用"闭口音",可以"守口如瓶"不露齿。等到这位女艺人牙齿修复好了,再与人交谈时,她又全部改用"开口音",于是对答又改成了:"贵姓?""姓李。""多大年纪?""十七。""家住哪里?""城西。""干什么工作?""唱戏。"露出亮闪闪的金牙,学生听了哈哈大笑。

(资料来源:尹松山.钱玄同讲音韵学 [J].视野,2007 (7).)

(7)物品。演讲中,借助具体的某一物品来做例证,使主题得到充分阐释,演讲才更具有感染力。借助某一物品演讲,要以引发听众兴趣为首要任务,因为满足听众才是演讲成功的开始。这也提醒我们,对于大千事物,一定要勤于搜集,精于甄选,敢于扬弃,如此才能取得演讲的成功。例如,李生的《无限的可能》的演讲如下:

我手中是一杯水,如果你手上拿了一杯水,接下来你要干什么?这个问题,最先是从一本书上看到的。我觉得特别有意思,于是问了很多人,他们的回答无非就是:喝了、倒了。可我们走进大学校门,原本是想让我们的视野变得更广,可惜的是,当我们被迫或者不得不选择一个专业的刹那,忽然发现,自己的视野变小了。我们做的所有事情都是要为专业课服务;我们的未来,一定要和专业有关;甚至找工作的时候,别人会先问你学的是什么专业,可是没有人规定一个人大学所学的专业就一定是自己以后要从事的职业。如果你有一杯水,接下来你要干吗?答案很简单,你要做自己想做的事情,和水没关系。

演讲者借手中的一杯水,告诉听众有关亦无关,因为未来不一定会沿着当下的方向发展,跳出眼前的限制并不意味着脱离了轨道,或许我们只是为了寻找生命的另一种可能。演讲中应选择代表性的事物,使观点更加稳妥扎实,听众因事物的典型和观点的精辟而受益匪浅。

又如龚彪的《我的使命》的演讲如下:

我先给大家做一个自我介绍,这是我的名片,可能跟大家的不太一样,我的名片是一个盾的形状,中间是两把利剑。我来自国家级反恐突击队之一的"蓝剑突击队",有我们出现的地方都是劫持人质、涉恐、涉枪、涉暴的重大突发现场,所以我们所面对的都是最危险的犯罪分子,而我们所要做的就是要么谈判劝降、兵不血刃;要么从天而降、一招制敌;要么远程狙击、一枪毙命。经常有人问我:"那么多的危险现场,你害怕过吗?"怕!我当然怕!但这就是我的职业,既然选择了,我就要坚持下去。只要老百姓平安就是我们最大的成就,就像蓝剑的寓意一样,我们这把和平的利刃,一定会用精湛的技艺和钢铁般的意志,守卫人民的平安!

演讲者借与众不同的名片开讲,新颖震撼,给听众强烈的冲击力。作为一名反恐特警,只要他们出现的地方都是重大突发现场,所面对的都是最危险的犯罪分子,然而他们却没有一次失败,因为一旦失败就意味着生命的代价,名片在昭示责任的同时,更让人敬佩不已。①

4.写作注意事项

无论是哪一种结构模式,在演讲稿主体的写作中,要特别注意以下几点。

第一是中心:要有一个演讲的中心论点贯穿全篇。结构紧扣主题是成功演讲的共同规律,任何一篇成功的演讲都不例外。

第二是条理:前后材料的编排要有条理,满足表述中心论点的需要。

第三是统一:观点和材料要统一,论点和论据要统一。

① 章材.借物抒怀,演讲富有感染力[J].演讲与口才,2019(11).

>>>>>>>>>

第四是严谨：各点之间有内在的联系，点点相连，整齐有序。

第五是变化：奇正相生。把趣味性材料和论证性材料予以巧妙地安排，要注意使其高潮与低谷相间，说理、叙事与升华议论相结合。

另外，演讲稿结构有其动态性。因为演讲稿的结构是客观事物固有的逻辑、条理秩序与作者观察、认识和表现客观事物的独特思路，以及听众接受有声语言信息的不同思路三者的辩证统一、密切配合，所以，在演讲稿结构的安排上，既要坚持有序性、整体性、相关性、多样性，也要注重有声性，使听众能够明确感到演讲层次的存在和脉络的清晰。

5. 常见的结构安排

演讲稿的结构同其他形式的文体结构是有区别的，结构好的演讲稿必须遵循某个易于辨明的组织模式。常用的演讲稿的结构有如下四个基本顺序：话题顺序、时间顺序、空间顺序和逻辑推理顺序。这四个顺序之所以常用，是因为它们最容易被听众理解。

（1）话题顺序。话题顺序是依据学科的分类或科目来组织演讲的主要观点。这是一种极为常用的给要点排序的方法，因为几乎任何学科都可以用许多不同方法来分组或分类。话题的顺序可以从一般到特殊，从最不重要到最重要或者其他一些逻辑顺序排列。演讲者所选话题的顺序常常对演讲的成功有很大的影响。

如果话题对听众或演讲目标的分量或重要性不同，那么安排的顺序可能影响听众对它们的理解或接受，如听众经常会把最后一条观点视为最重要的。在相同的例子里，各话题的分量皆不相同，它们的顺序是最重要的要点放在最后，一般认为这样的排序最适合听众及演讲目标。

例如，假如一位演讲者的具体目标是想要听众了解去除身体中毒素的三个被证实为有效的方法。

主题句：被证实有利于去除身体中毒素的三个方法是减少动物食品、保持水分以及纯天然食品。

① 第一个被证实有利于去除身体中毒素的方法是减少对动物食品的摄入。

② 第二个被证实有利于去除身体中毒素的方法是吃更多的纯天然食品。

③ 第三个被证实有利于去除身体中毒素的方法是保持充足的水分。

（2）时间顺序。时间顺序或年代顺序需要尊重事件的先后顺序，它强调首先是什么，其次是什么，最后是什么等。当选择对要点按年代顺序进行排列时，听众将会明白这些要点的顺序和内容都十分重要。当解释怎么做一件事、怎样制造一个东西、某个东西怎么运作或某件事怎么发生时，时间顺序是最合适的。例如，关于"将棉花纺成线的步骤"的演讲就是一个时间顺序的例子。

（3）空间顺序。空间顺序遵循要点的空间顺序或地理走向。当演讲者希望听众能认识到某物所处的位置非常重要时，空间顺序是最有帮助的。虽然空间顺序远远比不上话题或时间顺序使用普遍，但它可能用于描述性、知识性演讲中。在对情景、场所、人或物体的解释中，空间顺序有助于为听众创造有序的视觉画面。为了形成连续、有逻辑的描述，可以按从上到下、从左到右、从内到外或从任何听众能够想象出的方向进行演讲。

在下面的例子中，运用空间顺序将有助于听众想象大气层的三个气层。

具体目标：想要听众想象出组成地球大气层的三个气层。

主题句：地球大气层由对流层、平流层和电离层组成。

① 对流层是大气层的内层。

② 平流层是大气层的中层。

③ 电离层是构成大气层外部区域的系列气层。

（4）逻辑推理顺序。逻辑推理顺序强调听众为什么应该相信某事或为什么应该以某种方式行事。逻辑顺序不像其他三种对要点的安排顺序，它是最适合说服性演讲的，如下例所示。

具体目标：我想要听众捐助海啸受灾国的难民。

主题句：应该积极捐助海啸受灾国的难民。

① 海啸受灾国受灾情况极为严重。

② 海啸受灾国的难民急需世界各国的捐助。

③ 海啸受灾国有许多华人，他们急需我们的帮助。

④ 对海啸受灾国的捐助还有其他意义。

【小训练 3-3】

为什么要重视演讲稿的结构安排？有人说比较理想的演讲稿结构应当是"凤头、猪肚、豹尾"，这种说法对吗？为什么？

六、命题演讲稿的结尾设计

演讲的结束语，是演讲走向成功的最后一步，也是极为重要的一步，是演讲中给听众留下的一个"最后印象"。各种研究表明，演讲的结束比起其正文来说更容易被听众注意。好的结尾应该既是收尾，又是高峰；既水到渠成，又戛然而止；既铿锵有力，又余音袅袅、耐人寻味；既别开生面、不落俗套，又显得自然精妙。因此，讲究演讲结束语艺术，是保证演讲获得成功的重要环节。演讲结尾的语言艺术大致有以下几种。

1. 总结全篇式

这是演讲结束语最常见的方式，就是用极其精练的语言，总结收拢全篇的主要内容，概括和强化主题思想。这样通过"近因效应"，使演讲的要点更深刻地留在听众的记忆之中。毛泽东的《实践论》这篇演讲是这样结尾的：

通过实践而发现真理，又通过实践来证实真理和发展真理。从感性认识而能动地发展到理性认识，又从理性认识而能动地指导革命实践，改造主观世界和客观世界。实践、认识、再实践、再认识，这种形式循环往复以至无穷，而实践和认识之间每一循环的内容，都逐渐地进到了高一级的程度。这就是辩证唯物论的全部认识论，这就是辩证唯物论的知行统一观。

又如，吴月波的《我们是孩子选对的父母吗》的演讲如下：

>>>>>>>>

　　我想请所有的父母闭上眼睛,在心里回答我的问题:你有没有和孩子说过这样的话?"你再不听话,我就不爱你了!"可是,难道爱孩子是有条件的吗?你真的爱他吗?他做错事了,你有足够的耐心吗?你打过他吗?你骂过他吗?或许有些父母可能会说:"我是爱孩子的,他比我生命都重要。"各位,农民种庄稼,光靠爱行吗?不行,只有懂种庄稼之道才有好的收成;教育孩子,仅有爱够吗?不够,只有懂孩子的成长规律才能有好的未来。在中国最需要教育的不是孩子,而是父母。作为父母,我们有权利选择是否将孩子生下来,可孩子不能选择什么样的人做自己的父母,但是,我站在《我是演说家》的这个舞台上,就是想让天下所有的父母告诉你们的孩子:我是你选对的父母!

　　演讲者很高明,他用问话来引起天下父母思考:自己在教育子女的过程中,曾经说过哪些不应该对孩子说的话,有过哪些对孩子不理智的行为。正在听众思考之时,又列举出生活中"不合格父母"教育子女的种种现象,然后将自己的观点和盘托出。让人思考的同时,又紧紧抓住听众的心,演讲者这样高超的总结全篇式演讲结尾,震撼全场自然就是水到渠成的事了。

2．号召呼吁式

　　这种结尾方式就是运用一些情感激昂,富有鼓动性、号召性的语言,激起听众的情绪、信念,鼓动干劲,促进行动。在美国独立战争前夕,演说家帕特里克·亨利在弗吉尼亚州第二届议会上的演讲便是采用这种方法结束的:

　　我们的同胞已经身在疆场了,我们为什么还要站在这里袖手旁观呢?先生们希望的是什么?想达到什么目的?生命就那么可贵?和平就那么甜美?甚至不惜以戴锁链、受奴役的代价来换取吗?全能的上帝啊,结束这一切吧!在这场战斗中,我不知道别人会如何行事,至于我,不自由,毋宁死!

　　帕特里克·亨利以"至于我,不自由,毋宁死"九个字的结束语来激励听众行动起来,争取他们站到自己的立场上来。当他话音刚落,先是全场愕然,随后就响起"拿起武器"的呼声。

　　又如,王帆的《做一个怎样的子女》的演讲如下:

　　我想作为独生子女,我们确实承担着赡养父母的压力,但是我们的父母承担着世界上最大的风险,可是他们从不言说,也不展现自己的脆弱。你打电话他们说家里一切都好的时候他们真的好吗?作为子女,我们要善于看穿父母的坚强,这件事越早越好,不要等到来不及了,也不要等到没有机会了,就像所有的父母都不愿意缺席子女的成长,我们也不应该缺席他们的衰老。难道是"不必追"吗?不是!今天,我想告诉大家,我们就得追,而且我们要从今天就开始追!提早追!大步追!至亲至情,不应该是看着彼此渐行渐远的背影,而应该是你养我长大,我陪你变老。

　　做一个怎样的子女,这是每一个为人子女者都应该思考的问题。演讲者的结尾告诉了我们答案:要善于看穿父母的坚强,及早回报父母,不要等到来不及了,也不要等到没有机会了再来想起回报父母。到时候只能成为永久的悔恨和人生的遗憾。演讲者在结尾处发出的号召呼吁,振聋发聩,触动人心。

3．引用名言式

心理学家研究表明：在演讲的结束语中引用权威人物的名言警句激励后人，比一般性的结尾对人心理控制制度可提高21%～37%。恰当地结合演讲内容及要求，运用名人名言警句结尾，借助名人效应，可使通篇演讲得以升华，给听众以深刻的启迪和印象。胡适的《毕业赠言》结尾，运用名言颇耐人寻味。

诸位，11万页书可以使你成为一个学者了。可是，每天看三种小报，也得浪费你一刻钟的工夫，四圈麻将也得费你一点半钟打发光阴。看小报呢？还是努力做一个学者呢？全靠你自己的选择！易卜生说："你的最大责任，是把你这块材料铸成器。"学问便是铸器的工具，抛弃了学问便是毁了你自己。再会了！你们母校眼睁睁地要看你们10年之后成什么器。

这样的结尾，情真意切，令人心悦诚服地接受他的见解。

又如，演讲词《无名英雄无上光荣》就是采用的这种结尾方式。

诗人泰戈尔曾经说过："果的事业是尊贵的，花的事业是甜美的，让我干叶的事业吧，因为叶总是谦逊地垂着她们的绿荫的。"哨所的事业又何尝不是叶的事业呢？我愿做一片绿叶，用我的青春装扮我的哨所。我爱我的哨所，爱她就是爱我们的军队，爱她就是爱我们的祖国！

4．重申重点式

成功的演讲者往往在演讲结尾重申此次演讲的重点，以加强听众的记忆。日本松下电器产业公司创始人松下幸之助在公司培训演讲的结束语中应用了这种方法。

我已讲过的六条，其重要性是不一样的。唯有第一条和第三条是公司生存发展中最致命的，即松下永远以质量战胜一切竞争者，松下的凝聚力高于一切。这两条将成为我们的法宝和座右铭，也是我要求全体员工切记的。

5．引入高潮式

1941年12月8日，美国罗斯福总统发表了《一个遗臭万年的日子》的演讲，结尾这段话即是铿锵入耳，引入高潮式的名篇，整个演讲给人以庄重、严肃、紧急的感觉。

我现在断言，我们不仅要做最大的努力来保卫我们自己，我们还将确保这种形式的背信弃义永远不会再危及我们。我这样说，相信是表达了国会和人民的意志。敌对行动已经存在，毋庸讳言，我国人民、我国领土和我国利益处于严重危险之中，信赖我们的武装军队，依靠我国人民的坚定决心，我们将取得必然的胜利。上帝助我！我向国会宣布，自1941年12月7日——星期日，日本进行无缘无故和卑鄙怯懦的进攻时起，合众国和日本帝国之间已经处于战争状态。

运用高潮式结尾应注意，演讲者不要告诉听众要结束演讲，最好不用"我现在做个小结和归纳"之类的话，也不要用某种表情或动作来显示演讲即将结束。否则听众就会开始计算时间，分散注意力，很难继续专心听演讲。应当让听众有一种余音绕梁、意犹未尽

>>>>>>>>>

的感觉。

高潮式结尾如果运用恰当,会收到很好的效果。

6．画龙点睛式

画龙点睛就是在演讲结尾的关键地方,用简明扼要的语句点明题意,揭示演讲的主旨,使演讲的内容更加精辟有力。例如,曾仕强的《"爱"是家庭幸福主要的泉源》:

最近有个报道,有一对90多岁的老夫妻,他们已经携手度过70年的婚姻生活,举行一个钻石婚姻庆祝会。有记者访问这个老太太:"你是怎么和老伴厮守70年的?他有缺点吗?"女士说:"我丈夫的缺点比天上的星星还多啊!"记者一听,很是惊讶:"既然那么多缺点,你们为什么又能共处70年呢?"这位老太太说:"但是他爱家、爱人、负责任,他像太阳一样,当太阳出来的时候,那星星多的缺点就都没有了。"所以,男人要爱家,"爱"是家庭幸福主要的泉源。其实,男女的婚姻完全是靠相互的尊重和爱心来维持感情的。

上述演讲引用的新闻报道中,老太太直言丈夫有很多缺点,那么她是如何"委曲求全"地和丈夫生活的呢?就在记者疑惑不解时,老太太才幸福满满地解开了谜底,一番太阳和星星的比喻给人留下了深刻的印象。演讲者则顺势抛出"'爱'是家庭幸福主要的泉源"的感悟,一语中的,可谓画龙点睛,你爱的范围越大,你获得的力量就越大,极大地增强了演讲的说服力,令人回味无穷。值得注意的是:"画龙点睛"的语句既要简洁又要闪光,用一句话、短语、格言警句、人物对话都可以。如果过于啰唆,就会变成"画蛇添足"了[①]。

7．对照比较式

所谓对照比较式,是指在演讲结束时,演讲者把两种相对或相互矛盾的事物并列在一起,进行前后或正反对比,以明辨是非,拨乱反正,目的是增强演讲的说服力,突出演讲的论点,使听众在鲜明的对比之后,心服口服地接受演讲者的观点和主张。比如,毛泽东同志在1945年6月11日中国共产党第七次代表大会上做的闭幕词《愚公移山》的结尾就是采用了这种方式。

现在中国正在开着两个大会,一个是国民党的第六次代表大会,一个是共产党的第七次代表大会。两个大会有完全不同的目的:一个要消灭共产党和中国民主势力,把中国引向黑暗;一个要打倒日本帝国主义和它的走狗中国封建势力,建设一个新民主主义的中国,把中国引向光明。这两条路线在互相斗争着。我们坚决相信,中国人民将要在中国共产党的领导之下,在中国共产党第七次代表大会路线的领导之下,得到完全的胜利,而国民党的反革命路线必然要失败。

8．幽默诙谐式

幽默诙谐式是指演讲者在演讲结束时以幽默诙谐的手法作结,它能使听众在轻松愉快的笑声中受到深刻的教育和启发。例如,1930年2月21日,鲁迅先生的《在上海中华

---

① 冯恒仁．智慧的演讲者懂得画龙点睛 [J]．演讲与口才,2019 (13) ．

艺术大学的演讲》就是采用的这种结尾方法。

以上是我近年来对于美术界观察所得的几点意见。

今天我带来了一幅中国五千年文化的结晶，请大家欣赏欣赏。

说时只见鲁迅一手伸进长袍，把一卷纸徐徐从衣襟上方伸出，打开看时，原来是一幅病态十足的时髦女郎月份牌，引得哄堂大笑。在笑声和掌声中结束了他的演讲。

9．首尾呼应式

在你的演讲结尾时，紧密联系开场白中的内容，可以让你的演讲听上去浑然一体。最适合用这个方法的演讲是：你在开场白中提出了问题，或者你的开场白是一则小故事。

一个教育系统的官员，在对新聘教师讲话时，以自己小时候在学校的一个经历作为开场白，他是这样说的：

我在当教育局局长前，也做过 10 多年的教师。在我做教师前，也曾是一个学生。在我读初三前，成绩一直不好，调皮又捣蛋，经常是老师体罚与批评的对象。可以说，我在老师们的负面评价中已经习惯了，我觉得我就是一个无可救药的"坏学生"。

但在我上初三时，新的班主任很少批评我了，他总是努力挖掘我好的一面，表扬我，夸赞我。即使是偶尔批坪，也是先表扬，再说"要是你能如何如何就更好了"。

在那一年里，我惊奇地发现自己原来有那么多的优点，我决定做得更好。在我努力的过程中，我赢得了班主任更多的正面评价与鼓励。在这种良性循环中，我的不良行为举止得到了纠正，并出人意料地考上了高中。三年之后，我又考上了大学。

在结尾时，他又提到了开头的故事，并把它与自己讲话的主题——"关爱与悦纳每一个学生"联系起来。

在座的每一位即将走上岗位的老师，都会碰上 30 年前的我这样的所谓差生，我希望你们不放弃、不抛弃他们，我希望你们能用发自内心的喜欢去接纳他们，用积极正面的夸赞去引导他们，而不是用无休止的批评去打击他们。我希望那些所谓的差生，都能像我当年遇到的那位班主任一样，在老师的帮助下重建自信，迈向人生的高峰！

这样首尾呼应的结束语，浑然天成，无可挑剔，让人不觉陷入沉思。

七、命题演讲稿的写作与修改

演讲稿的写作是指在演讲前把所思所想写出来，用文字符号将演讲内容、范围固定下来。写演讲稿可分三个阶段，即编列提纲、起草初稿和加工修改。

1．编列提纲

编列演讲提纲，是演讲前的重要准备工作，它常常是临场发挥的重要依据。提纲编列得好坏，直接影响到演讲成功与否。所谓编列提纲，就是确定框架，以提要或图表的方式列出观点、材料以及观点和材料的组合方式。

>>>>>>>>>

（1）演讲提纲的作用。演讲提纲在演讲中有着重要作用，这集中表现在以下几个方面。

第一，确定框架。编列提纲能把演讲的整体轮廓用文字固定、明确下来。事实上，编列提纲的过程，正是认识不断明朗化、条理化的过程。通过编列提纲，可以对论题的设想不断加以修改和补充，使构思更为周密、完善。确定了整体框架，演讲者便能心中有数，逐层展开，而不会东一句西一句，词不达意。

第二，选材组材。编列提纲的过程，也是进一步选材和组材的过程，是演讲内容逐步具体化的过程。演讲题目、结构层次、典型事例、引文材料以及其他有关资料，都要具体地在提纲中体现出来。在这个过程中，必须要对材料做进一步的筛选和补充。

第三，训练思维。编写提纲的过程，正是演讲者积极思维的紧张过程。在这个过程中，演讲者必然要认真思考，分析演讲的主题、材料、层次、结构和其内在的逻辑联系，促使思维的条理化和科学化。因此，这个过程事实上正是培养和锻炼思维的过程。

第四，避免遗忘。编写提纲也是不断熟悉材料的过程，特别是在不用讲稿仅用提纲进行演讲时，提纲更是起着提示启发、避免遗忘的作用，成为临时发挥的重要依据。

根据演讲的具体目的和要求，以及演讲者对材料的掌握情况等，可把编列提纲的方法分为概要提纲法和详细提纲法。内容简单、材料易掌握，可编粗略些；内容复杂、材料丰富，就宜编得详细些。粗略的概要提纲，要以极其简练的语言，扼要地列举出演讲的主旨、材料、层次和大意等；详细提纲则要求比较具体，基本上是讲稿的缩影。

（2）演讲提纲的内容。演讲的中心论点必须清晰地列出中心论点所包含的分论点以及分论点下属的小论点，也应用简洁的语言逐层列出，应根据整理的内在逻辑关系依次排列。

演讲的材料依据。阐明主旨材料的事实材料和整理材料，也应用简明的语言或恰当的符号在相应部位列出。事实材料主要指例证、数据等；整理材料包括科学原理、科学定律、文化精神、法律条文、名言警句等。这些事实依据和理论依据能使演讲持之有据、言之有理，具有说服力和感染力，因此，必须逐一列出，不可忽视，以免遗漏。

演讲的整体结构。演讲提纲的编列要依据演讲的内在逻辑体现出演讲内容的先后次序，例如，如何开头、如何结尾、重点内容如何突出、如何过渡、结构层次如何安排等。事实上，演讲提纲就像事先构筑的语流渠道，决定着演讲语流的走向。

下面是《在马克思墓前的讲话》的两种类型的提纲，供读者参考。

1. 概要提纲

（1）开场白。

（2）主体部分。

① 马克思在理论上的重大贡献。

② 马克思伟大的革命实践。

③ 马克思对无产阶级革命事业的卓越贡献。

（3）结束语。

2. 详细提纲

（1）开场白提出中心论点。

①马克思逝世的时间和经过。

②马克思逝世是无产阶级不可估量的损失。

（2）主体部分。

①马克思作为"科学巨匠"在理论上的伟大贡献。

②马克思发现了人类历史发展的规律。

③马克思还发现了现代资本主义生产方式和它产生的资产阶级社会的特殊运动规律。

④马克思在他所研究的每一个领域（甚至在数学领域）都有独到的发现。

⑤马克思作为革命家在革命实践方面的贡献。

⑥参加打碎旧的国家机器的斗争，参加无产阶级解放事业的斗争。

⑦编辑报刊、拟定书籍和参加工人运动。

⑧马克思对无产阶级革命事业的卓越贡献。

⑨敌人对马克思的嫉恨和诬蔑。

⑩马克思对敌人的蔑视和斗争。

⑪无产阶级和劳动人民对马克思的尊敬、爱戴和悼念。

（3）结束语。"马克思的英名和事业永垂不朽！"

2．起草初稿

起草初稿没有什么诀窍，结合一般写作规律，演讲初稿的起草有自己的原则和方法。第一，要构思好再动笔，最好一气呵成。动笔前要盘算好所有的写作步骤、条理，想清楚再动笔，写时不要考虑修改的问题。第二，要抱着正确的态度，饱含真挚的感情去写。第三，要注意不同类型演讲的特点，采取相应的写作方法。例如，写政治性演讲稿时要强调逻辑的严密、材料的可靠；写学术性演讲要力求资料翔实、论据确凿等。

3．加工修改

演讲稿的加工修改是一项复杂的工作，每个人有每个人的修改法，但主要从以下几个方面入手。

（1）深化主题。演讲者首先要看确定的主题是否健康、正确，再看文字是否把演讲的主题表达出来了，是不是很充分，有无片面性，是否新颖。从这些方面找出来问题，就找出了修改的对象。更为重要的是，在起草时就让主题健康正确，并且充分表现出来了。如果认真修改，就会发现，在写作过程中由于全神贯注、精力集中，会在笔下出现一些作者预想之外的闪耀的思想和语言，比原来预想的还要深刻，还有分量，是一种新的发现和发展。但是由于原来预想的不充分，就没有得到扩展和发挥，而修改正是弥补的机会，修改的笔墨很多都是在于这个方面。

（2）调整结构。修改时主要审视的是正文。主题有了发展、变化，结构必然需要随之改动。即使主题没有什么变化，由于起草时只按提纲或者只是一种构想写出来的，一旦落实在纸面上，就会发现一些毛病，如逻辑性不强、前后位置不当、层次不清、上下文意思重复、材料和引文用得不是地方、段落衔接不紧密、不自然等情况，这就需要重新调整和修改。总之，对于草稿的结构进行认真的审视和推敲就会发现问题，并作为修改的对象，有

>>>>>>>>>

时"大动手术"也是经常出现的。

（3）润色语言。修改演讲草稿语言的目的，一是减少语言方面的毛病；二是保持演讲语言的特点。写出的草稿，在语言上会有一些毛病。起草的当时意念完全集中在主题的表现、事件的陈述上，对语言的运用是无暇顾及的，全凭定型的习惯信笔所致。这样就不可避免地在草稿上出现句子残缺，用词不准，丢、错、别字等，都需要修改，这是其一。其二，按平时定型的习惯写，在语言的运用上，就不乏出现书面语言的倾向，如句子太长、诗歌化、散文化等，这也需要修改，只有经过修改才能保持演讲语言的特点。

总之，对演讲稿的语言进行润色，关键就是要做到把话说得明白，把话说得有力，把话说得动听。修改演讲稿，说起来容易，做起来是颇费功力的。尤其需要演讲者在自身的思想政治、文化、语言等方面有更深层次的修养，才能得心应手，游刃有余。

【小训练 3-4】

从互联网上检索"著名演讲词"，组织学生分析当时演讲的背景和演讲者的心态，体会其语言特点，并让学生进行模仿、领会，较好地从经典演讲词中感受到演讲的魅力。

第三节　演讲者的形象塑造

演讲者的形象是演讲者通过演讲活动所表现出来的形体动作和思想意志的综合特征，并给听众留下的突出、集中、深刻的总体印象。因此，演讲者的形象一方面是他的身材、容貌、表情、姿态、手势和动作等给听众的直观印象，另一方面是他的思想、意志、观念、智慧、精神和气质等给听众的思辨感觉，这两个方面的有机结合构成了气度不凡的演讲者形象。

演讲者的形象虽然是由这两方面有机结合而构成的，但是后者比前者更为主要，它是演讲者形象构成的主要方面。比如，我们今天已经无法获得闻一多和林肯演讲的直观形象，但是却可以通过表现他们思想、意志、观念、智慧、精神和气质的演讲词体会到关于他们的思辨感觉，并在脑海里构筑起演讲者的形象。有人研究《林肯的第二次就职演说》后，发现那是一个"倡导和平与正义的善良形象"。由此可见，后者是构成演讲者形象的主要方面，不但给听众第一印象，而且是演讲者总体形象的组成部分，为此，优秀的演讲者对它都十分重视。

一、演讲者的仪表

仪表通常是指人的外表，而演讲者的仪表应指经过点缀、修饰和打扮的外表。为此演讲者的仪表是需要特定设计的。演讲者的仪表是演讲者形象给听众直观印象的重要因素之一，讲究仪表，寻求外在的美，是理所当然的。

1．仪表对演讲者来说很重要

讲究仪表是由演讲的目的所决定的。仪表作为演讲者的形象给听众以直观印象的重要因素,是给听众的"第一印象"的主要部分,对于获得听众的好感、尊重和爱戴是至关重要的。所以演讲者对仪表不能不讲究。

人都是按照美的规律打扮自己、改造世界。"爱美之心人皆有之",每个人都希望在社会活动中展现自己的美,在演讲中这种欲望会更加强烈,演讲者绝不能给听众留下一个蓬头垢面、不修边幅的印象;同样,听众也决不愿意在眼前晃动着一个邋邋遢遢、衣衫不整的演讲者。只有仪表堂堂才能满足演讲者和听众对美好形象的追求。

2．演讲者讲究仪表是对听众的尊敬

体现一个人仪表的主要方面是容颜和服装。讲究仪表是提高自信心、增强自尊心的重要途径和手段。女性可以通过化妆突出面部优点,掩饰其瑕疵,美化肌肤和五官,使演讲者更加朝气蓬勃、容光焕发,充满信心。

值得注意的是无论服装、饰品还是化妆,最主要的是和谐、自然、文雅、大方。过分地追求可能弄巧成拙,事与愿违。演讲者着装打扮要注意做到四个一致。

(1) 要和演讲者的思想感情及演讲内容的基调一致。表示喜悦、欢庆内容的演讲最好穿浅色服装,这样会让人心情愉快;而在发表严肃、庄重、哀痛等内容的演讲时应穿深色或黑色的衣服,这样能更好地表达演讲者的情感,烘托气氛;以青春、理想为主题的演讲,则可穿较简洁、时尚些的服装,以传递青春气息和奔放的热情。

(2) 要和肤色、体型、年龄相一致。一般来说,服装不能和自己的肤色反差太大(不过肤色较黑的最好不要穿黑色的服装)。稍胖者宜穿深色和竖条的服装,较瘦者宜穿暖色和明度较高的服装,青年宜穿款式活泼(不是奇装异服)和色彩鲜艳些的,中老年人可穿淡雅些的等。

(3) 要和自己的气质、性格及职业相一致。好动的人可借助蓝色增加文静的感觉,沉稳的人可借助浅色增加活力,在特定的情况下,有时可以穿职业装(如民警、税务人员、军人、护士等),以显示自己的身份和对自己工作的热爱。

(4) 要和演讲环境相一致。在建筑工地或救灾一线进行即兴演讲,大可不必换装,带着泥水的工作服要比西装更有感染力。

3．演讲者穿着要体现"和谐统一"之美

演讲者的穿着要做到"和谐统一",体现出美感来。所谓和谐统一,一是注意服装和鞋子要配套(如不要西服配旅游鞋之类),二是上装和下装从款式到颜色要协调,三是装饰物要和服饰及人物身份统一等。

4．演讲者穿着的装饰物要恰当

演讲者还要注意恰当选择装饰物。常见的装饰物有围巾、帽子、头饰、耳环、首饰、胸针等,不同体形和肤色、不同的年龄和性别对装饰物要求不一样。各种装饰的佩戴必须符合一定的礼仪规范与佩戴原则,才能达到合理渲染的效果。

戴眼镜也是一门艺术。从女性看,方圆形脸应选择窄型眼镜;椭圆形脸,一般眼镜均可。从男性看,圆形脸宜选用长方形镜架,尖形脸最宜戴有锐角形镜架;方形脸选用大方形镜架,这样会产生坚定、沉稳的效果。只要人们切实根据自身特点与实际做出恰当、正

>>>>>>>>>

确的选择,一定会使服饰表现出不同风格的艺术魅力。

20世纪60年代初美国总统竞选时,尼克松本来处于优势,但由于他没有注意修饰自己,以憔悴不堪的形象出现在电视屏幕上,结果失去了许多拥护者;而他的竞争对手肯尼迪却服饰整洁、气宇轩昂,以微弱的优势战胜了尼克松,这个结果与肯尼迪的仪表不无关系。

二、演讲者的举止礼仪

演讲者的举止是指演讲者整个身体的姿态和风度,而礼仪是指演讲者在演讲前后和演讲过程中对听众的礼节。举止与礼仪是演讲者的思想、品格、修养的外在表现,是演讲者风度和形象构成的重要因素。这是演讲前听众能见到和感到的"第一印象",所以历来为演讲者所重视。它要求演讲者在演讲过程中的举手投足及细枝末节都要落落大方、得体自然。有人在台上常常不自觉地做出些"小动作"来,背手低头不敢正视听众;用手不住地抻衣角或扭动衣扣;男士用手挠脖子,女士则不住地用手往耳后拨弄本来没有掉下的头发。尤其是忘词时,一些人的举止更是不雅,向旁边的"词托儿"或主持人翻眼求援;耸肩缩脖不知所措;摆着手连连说Sorry(对不起)等。因此,作为一名演讲者不论遇到什么情况,都要保持自己高雅得体的形象。具体策略是:以"静"制"动",即不管演讲的现场情况多糟糕,也要沉着冷静。比如,紧张时做深呼吸,调整心态之后再演讲,中间忘词时可以大大方方地拿起稿子念上一段。当会场纷乱时可以调整自己的语气、语调,或微笑行注目礼,等稍安静后再接着讲。

演讲者在演讲过程中(包括演讲前后),其举止与礼仪应做到潇洒自如、落落大方、彬彬有礼、温文尔雅。因此要注意以下几个方面。

1. 进入会场

有人陪同时,听众可能已经坐好,若几个人同时进入会场,不可在门口推托谦让,而应以原有的顺序进入会场。听众如果起立、鼓掌欢迎,演讲者应边走边表示谢意,不可东张西望,更不要止步与熟人打招呼、握手。没有人陪同时,听众可能没有完全入场,要寻找靠近讲台的位置坐好。不要在门口观望或等听众坐好后再进场。

2. 入座前后

有人陪同,要等陪同人指示座位,并应等待与其他演讲者同时落座,先入座有失礼节。如果先进入会场,被主持人发现给调换座位时,应马上服从,按指定座位坐好,并表示谢意。坐好后不要回头或左顾右盼找熟人,更不要主动与别人打招呼,那样显得轻浮。

3. 主持人介绍

演讲前主持人常常要向听众介绍演讲者,主持人提到演讲者名字时,演讲者应主动站起来,立直身体,面向听众,并微笑致意,感觉听众可以认清再转身坐下。如果主持人介绍词中介绍了演讲者的成绩或事迹,听众反响强烈,演讲者应再次起身,向听众致谢,并向主持人表示"不敢当""谢谢"之意。如果反响一般就不必再次致意,否则,多此一举,反而不美。要不要再次表示谢意,应审时度势、当机立断,过频或过分都有失礼节。

4．走上讲台

当主持人提到演讲者名字时,演讲者应站起身来,首先向主持人点头致意,然后走向讲台。走路时上身要平稳直立,不躬腰、不腆肚,步伐不疾不徐。目视前方,虚光转弯,面向听众站好,正面扫视全场,仿佛与听众进行一次目光交流,然后以诚恳、恭敬的态度向听众敬礼,稍稍稳定一下后,再开始演讲。注意,有经验的演讲者一定不会一上讲台就马上演讲。

5．站位和目光

站位不但考虑演讲时活动的方便,更要考虑听众观察演讲者的方便,听众不论在什么地方都能看清演讲者的演示,方便情感双向交流。要讲究站立的姿势,站姿得当,会显得英姿干练、生气勃勃,给人美感;站姿不当,不但形象不美,而且不利于动作,如果失去平衡造成失态,这是对听众的不敬。目光要兼顾到全场,落到每位听众的脸上,听众仿佛觉得光顾到他,仿佛与每位听众都进行过目光的交流。但是目光又不要总与一个听众的目光相撞、交流。演讲者的目光集中一隅、盯住不放就是对听众的失礼。

6．走下讲台

演讲完毕,要面向听众敬礼,向主持人致意。如果听到掌声,应再次向听众表示谢意,然后下台回到原座位。走路要和上台一样,不要因为"这下可讲完了"或者为了抓紧时间就匆匆忙忙、慌慌张张。这会给听众留下不好的印象,甚至影响下面演讲者的演讲。这就有失礼节,对人不敬。

7．走出会场

演讲全部结束时,演讲者可能由主持人陪同先行退场,听众出于礼貌,或站起身来,或热情鼓掌,这时演讲者要同样热情回报,或鼓掌或招手以致意,直至走出会场。如果听众先退出会场,演讲者应起立,面向听众,目送听众。

【小训练 3-5】

走上讲台,简单讲几句话,然后走下讲台。在这一过程中尝试运用环视、注视、虚视,体味其中的区别。

三、演讲者的手势与表情

在演讲中,手势动作的出现,一不要过多,否则会喧宾夺主,分散听众的注意力;二不要过多地重复同一个动作。一个手势动作在演讲的整个过程中最多不能超过三次,否则会引起听众的厌烦心理,而影响演讲效果;三是手势应当与语言、声音、表情协调一致,自然大方,以赋予手势悦目赏心的自然美。

波兰著名经济学家格列科夫斯基在研究商务演讲效果时,通过对 1945 个典型案例的分析,总结了这样一个公式:商务演讲的效果 =15% 的言辞 +34% 的音量传动波 +47% 的

面部表情效果 +4% 的动作效应。从这个分析中我们不难看出,演讲者的面部表情对商务演讲效果的重要作用。

如何通过演讲者的面部表情有效地表达其丰富的内心世界呢? 一般来说,要注意鲜明感、灵敏感的统一。鲜明感是指演讲者的面部表情伴随其演讲的内容而准确、明朗地表现出来。该喜则喜,该悲则悲,该怒则怒,该忧则忧,不能似是而非。灵敏感是指演讲者伴随演讲的内容,能够迅速、敏捷地反映出内在的情感。

在演讲中,演讲者的面部表情是通过鲜明感、灵敏感两者的有机统一而表现出来的。眼睛是心灵的窗口。不同的眼神表现着不同的思想感情。眼神坦荡、清澈,表现演讲者为人正直,心胸宽广;眼神狡黠、阴诈,表现演讲者为人虚伪,心胸狭窄;眼光执着,表现演讲者志向高远,信念坚定;眼光浮动,表现演讲者为人轻薄浅陋。因而,一个高明的演讲者,应善于恰当而巧妙地运用自己的眼睛去辅助有声语言,充分表达自己的感情。

【小训练 3-6】

为了练习演讲的手部动作,演讲专家乔宪金编练了三套手操,即领袖手操、战士手操和交心手操。请注意练习,以提高演讲时总手势的运用效果。

(1) 领袖手操。领袖手操由我行、你真棒、请进来、抓住你、给我冲五个环节组成。

我行——右手放到胸口。

你真棒——拇指向身前伸出。

请进来——手掌摊开,掌心向上伸向对方。

抓住你——右手做强力抓握动作。

给我冲——右手向前平推。

这套手操是模仿领袖人物的手部动作设计的,开放、大气、大度,长期练习有助于培养领袖风范。

(2) 战士手操。战士手操由不要这样、斩断你的“尾巴”、砍断你的“魔爪”、砸烂你的头、给我走开五个环节组成。

不要这样——右手伸开,手臂呈 90° 角,整个手掌由后上向前下拍打。

斩断你的“尾巴”——掌心向下,五指并拢构成砍刀状,然后在胸前快速划弧,由前上向右下方斩去。

砍掉你的“魔爪”——五指并拢,手掌作刀片状,从右上向左下快速直击,快刀斩乱麻。

砸烂你的头——右手握掌,掌心向外直击出去。

给我走开——右手半握,快速向前伸展,好像有东西从手里搬出去。

(3) 交心手操。交心手操由掏出来、举起来、举上去三个环节组成。

掏出来——两手在腰侧翻摊,好像心都要掏出来了。

举起来——手在腰侧打开后向前向上摊开,给人开诚布公的视觉形象。

举上去——双手自肩上向眼睛的前上方摊开,表示自己勇于接受新事物,勇于面对挑战,更预示着演讲者对美好事物的追求。

<<<<<<<<<

四、演讲者的控场技巧

所谓控场技巧,是指演讲者对演讲场面进行有效控制的办法。在演讲的过程中,由于种种原因,可能导致听众情绪不佳、注意力分散或现场秩序混乱等。演讲者为有效地调动听众情绪,集中听众的注意力,驾驭场上气氛及秩序,使其朝着有利的方向发展,就需要借助控场技巧来完成。关于控场,不同的演讲者有着不同的办法,常用的有以下几种。

【小训练 3-7】

第一次参加演讲时你感到紧张吗? 你是怎样克服紧张情绪的?

1. 注重气势

气势不是刻意地让听众感受到演讲者在演讲时的凌厉,或者演讲者的高大和威风,而是感受演讲者的气质和风度、在台上的镇定自若和演讲中的自信态度,使听众感受到演讲者的思想力量。这需要从演讲内容、肢体语言等方面下功夫。手势、眼神、语气的运用起着重要作用,手势要精当,眼神要真诚坚定,语气要充满感情,有起伏变化。

【小故事 3-9】

白岩松巧妙控场

有一次,白岩松在南京先锋书店五台山店演讲,演讲正式开始后,他发现还有很多人用手机对着自己拍照,他感受到了一种干扰,于是犀利幽默地提醒道:"站在你面前的是个大活人不看,非要在手机里看,我可以告诉你们,拍完照你们可以离开了。给大家一段时间,是像在动物园看见猴了嘛,我的确属猴,但是看完了,如果想留下,就请您把手机收起来。本来可以聊50块钱的,现在只能聊10块钱的了。"说完,现场一阵笑声。"拍照族"也都纷纷收起手机,放弃拍照,用心投入地聆听他的演讲中。

(资料来源:佚名.白岩松主题演讲调侃"拍照族"建议年轻人多读经典 [EB/OL].[2017-01-09]. http://media.sohu.com/20170109/n478160508.shtml.)

2. 调动气氛

演讲者要注意观察听众的反应。一般来说,如果听众注意力集中,专注地看着演讲者,或者互动情况很好,说明演讲者能吸引听众,主导着现场气氛,演讲者的情绪也会越发高涨,越讲越好。如果演讲者自己沉浸在某一问题的陈述中,而听众却表现出不关心、没兴趣或者做小动作等,就要马上调整内容,加入生动的事例等,吸引听众的注意,调动听众的热情。气氛越活跃,演讲效果才会越好。幽默是调节现场气氛的润滑剂、缓冲剂。举例如下。

胡适在一次演讲时这样开头:"我今天不是来向诸君作报告的,我是来'胡说'的,因为我姓胡。"话音刚落,听众大笑。这个开场白既巧妙地介绍了自己,又体现了演讲者谦逊的修养,而且活跃了场上的气氛,沟通了讲者与听众的心理,一石三鸟,堪称一绝。

>>>>>>>>>

3. 控制气息

在发声的过程中,有的人声音微弱,底气不足,听众听不清楚演讲者在说什么,听得昏昏欲睡;有的人嗓门过大,嗓子很快就哑了,听众听着也觉得不舒服。因此在演讲中,领导干部一定要学会控制自己的气息,适当地学习一些发声技巧,把握发声节奏,保持气流通畅。

4. 细节处理

一是话筒问题。话筒是演讲者语言力量的输出口,是影响演讲效果的重要技术因素。要注意话筒与演讲者之间的距离。如果离得过远,传出来的声音就显得单薄,音效就不好,特别是在露天中的演讲更应注意;如果离得太近,过强的音量冲击话筒,会使声音变质。正常情况下,演讲者与话筒应该保持10厘米左右的距离。要提前试音,尽可能按照自己正常的音量去讲,并请音响工作人员予以调整。

二是喝水时机。如果演讲者感觉嗓子有点干,或者不舒服,该喝水的时候就喝,不用避讳。有些人端着水杯趴到桌子底下喝,大可不必这么做。喝的时候稍微低下头或侧下脸就行了。如果喝完水后嗓子还不舒服,就清一下嗓子,注意不要对着话筒即可。

三是场上意外。会场上可能还会发生一些小意外,这时,演讲者不要惊慌,尤其不要因此而影响自己的思路和情绪。如果话筒被别人碰倒,扶起来接着讲就是;杯子不小心被碰倒了,抓紧处理一下也没有什么影响;有人打断演讲者的话或者有人递纸条表示不同意见,也完全正常,不要因为生气而中断演讲。要自如地解决这些会场上的突发事件,保持对现场的控制力。演讲场所的气温环境如果超出自己的想象和准备,要及时采取补救措施。如果太热一直出汗,要备好纸巾;如果天气过冷,也会造成被动,就有领导干部讲话时大冷天穿得单薄冻得说不出话的情况,因此要提前做好保暖措施。妥善应对这些细节问题,保持得体的风度,也是演讲者具有较强应变能力的体现,不可等闲视之。

【小故事 3-10】

普京顺势排除干扰

"六一"国际儿童节前夕,俄罗斯总统普京在克里姆林宫为获得"荣誉父母奖"的8个大家庭颁奖,并即兴发表演讲。他正在尽情地演讲时,大厅远处传来一名儿童的叫喊声,声音越来越大,普京的演讲被打断。但普京没有生气,他在稍微停顿后,笑着说:"他(叫喊儿童)在为我呐喊加油,他用这种方式表示赞同我的这段讲话。"接着,普京继续他的演讲。如此一来,普京顿时化解了尴尬,不仅尽显淡定从容、宽容大度、诙谐幽默的风采,而且为自己的演讲起到了很好的控场、圆场的作用,保证了演讲的圆满成功。

(资料来源:王博雅琪. 被儿童叫喊声打断演讲,普京微笑回应:这是赞同我的观点 [EB/OL].[2019-05-13].https://world.huanqiu.com/article/9CaKrnKkMBM.)

<<<<<<<<<

【小故事 3-11】

被意外打断的演讲却大获成功

在《超级演说家》的舞台上,中国传媒大学研究生苗霖以《评书不死》为题,穿插评书的形式,绘声绘色地讲述着自己与评书相识相爱到执着传承的心路历程。可是,当他演讲到一半的时候,现场电路突然出了故障,灯光尽灭,一片漆黑。20 多分钟后,灯光才得以恢复,苗霖又接着说上了,可已经不是他先前准备的词了:

"刚才黑灯的那一刹那我哭了,并不是因为我的演讲被打断了,而是因为我想到了很多,难道我讲传统艺术,它就要黑灯,这是天意吗?小的时候我学评书,遭到了很多同学的冷眼旁观,尤其是我高中的时候,和很多学播音的孩子们一起在培训班里,他们觉得我就是一个异类,学播音你学什么评书呀,评书有什么了不起的呀,谁还学呀,神经病!我特别不服他们,我每天早上五点起来开始练声,每天练两个小时,练即兴评书,我当时的普通话特别烂,全是山东味儿,但我一直没有放弃,我就要证明给大家看,评书它一定会有市场,传统艺术一定不会没落。我坚持了一年左右的时间,我以专业第一名的成绩考入了中国传媒大学播音主持艺术学院。(加油声,掌声)。有人说你应该放弃评书,应该和主持人一样,像播音那样说话,自然一点。但我偏不要,我觉得这是我的特点,我爱评书。我虽然不信邪,但我也相信天意,刚才黑灯是天意,但 20 多分钟后亮灯也是天意,黑暗总是暂时的。(欢呼声,掌声)我们并不是因为看到希望才去坚持,而是因为坚持才会看到希望。(欢呼声,掌声)传统艺术是在传承中发展,我希望通过我们这一代人的努力,为评书找到一个新的形式,新的出口,新的语言结合的办法,让评书重新回到人们的意识当中,让人们重新知道它的价值。我一直想做一名非常优秀的主持人,但同时不忘传承评书、发展评书,我一直想做到通俗但不低俗、张扬但不张狂、个性但不任性。谢谢,我是苗霖。"

苗霖的"谢谢"还未落音,四位导师就争先恐后推杆通过,苗霖顺利晋级。(胡征和)

5. 脱稿演讲

脱稿演讲既有助于增强听众对演讲者的信服感,也有利于更好地和听众交流。

【小贴士 3-11】

演讲中忘词怎么办

(1) 运用主动提问法。向听众提出问题,为自己赢得时间,又活跃了场上的气氛,既肯定了听众的功劳,又使之与演说内容浑然天成,不仅没成为瑕疵,反而锦上添花。例如:当演讲中出现"断片"时可以向听众提问:"大家知道我接下来要讲什么问题吗?"如果听众有回应,迅速互动,"对,就是这个观点"。尽量地给自己留出思考与回忆的时间。

(2) 运用跳跃衔接法。演说出现忘词,并不是把后面的全部忘却了,常常是把下一句或下一段给忘记了。这时不妨就从你记得最清楚的地方接着讲下去,跳跃衔接,记起哪里讲哪里。但要注意,如果观点是并列关系,并无大碍;如果观点是递进关系,则等衔接好

>>>>>>>>>

之后,要做个过渡性介绍:"大家或许觉察出来了,这个观点和前面的观点貌似有点儿脱节对不对? 是的,还有中间环节是……"而这个"中间环节"就是你忘记而又想起的部分。

(3) 运用幽默互动法。如果在演说忘词停顿时,拿自己幽默一下,或许能减少尴尬。比如"我最大的失败就是不能做自己脑袋的主人,我把知识装进去,它偏偏又不给我倒出来……"这样也会起到圆场效果。(李小由)

6.适应听众

不管你的演讲准备得多么充足,现场也难免有意外。这时,你不得不灵活处置一些突发情况,最大限度地适应好听众的需求。适应听众需求要具体情况具体分析,采取灵活有效的方式和手段,这样你的演讲才能顺利圆满。

(1) 注意听众人数。现场即将演讲时,你突然发现听众很少,完全超过了你的预期,那么你就要调整一下自己的演讲方式。人数少了,就少些正式,不妨多用聊天式、谈心式的语气娓娓道来,让听众更感亲切。尤其需要注意的是,不能因为听众少而怠慢演讲。例如,马云当初受邀到德国演讲,在能容纳两三千人的大厅现场,结果加马云在内只有两个人,马云就和这个听众一问一答,边讲边聊,谈心似地把演讲顺利完成了。

(2) 注意演讲时间。临上场前你突然被告知,分配给你的演讲时间削减了,这时,你不要光靠提高演讲速度。你应该浓缩演讲内容,只留下精华和重点部分,用可以掌握的时间把演讲顺利地完成。例如,奥巴马有一次夏天在柏林露天演讲,因为天气炎热,听众有人晕倒,他不得不"被缩时"演讲。然后,他极其精简地发表了 10 分钟的演讲。听众最后反而十分同情他的窘境,并欣赏他为听众着想的品格。这种效果远远超过你损失掉的演讲时间。

(3) 注意听众反馈。演讲进行中,如果听众坐着的时候身体前倾,带着很大的兴趣望着你,而且一边还点头表示同意,你可以假定事情进展不错。但是,假定你发现他们在皱眉头,或者作出困惑不解的表情,那就需要调整自己的演讲语言。例如,于丹在一次演讲中,发现全场没有人喧闹,没有听到接听手机的声音,而且很多人都以膝盖为桌,一边认真地听讲,一边将打动自己的经典语句记录下来。会场里的"安静"和听众的"表现"令于丹非常感动,她不由得中途六次深鞠 90° 的躬,对听众表示感谢。

(4) 化解听众的干扰。演讲者和听众之间发生摩擦的时候也是有的,这要求演讲者沉着应对,予以化解。例如,希拉里正在美国废弃物回收协会会议上演讲,突然,台下一名女子朝她扔鞋,正在演讲的希拉里快步躲过,并自嘲打圆场道:"刚才那是什么? 是蝙蝠吗? 不会是马戏表演的一部分吧? 难道她是想跟我打垒球?"引得会议厅内 1000 多名听众哄堂大笑。希拉里接着说道:"我的天哪,我都不知道固体废物处理会有那么大的争议。"再次引得笑声一片。由此看来,演讲者睿智地及时化解听众的干扰,甚至捣乱,才能保证演讲的继续进行。①

---

① 侯睿哲.如何在演讲期间适应听众需求 [J].演讲与口才,2017 (1).

总之,演讲者控场的最高境界在于——营造一个让听众和自己完全融为一体的氛围,并确保这个氛围始终如一。演讲者熟练地把握好控场技巧,恰当使用,演讲将会游刃有余,成功在望。

【小贴士 3-12】

临场意外及其应对五例

例1:有一位演讲者,当主持人宣布由他上台演讲时,听众报以热烈的掌声。他快步走向讲台,不料,在登台时突然摔倒,此时,全场听众突然哄笑起来。待他走上讲台,站定之后第一句话是"大家太热情了,我为大家的热情而倾倒,谢谢你们!"全场报以热烈的掌声。

例2:西方一位黑人领袖在讲演时被一位牧师打断:"先生有志于黑人解放,非洲黑人多,何不去非洲?"黑人领袖当即反驳说:"阁下既有志于灵魂解救,地狱灵魂多,何不下地狱?"

例3:英国首相丘吉尔在一次演讲时,一位女议员打断他的话:"如果我是你的妻子,我就在你的咖啡里放上毒药。"丘吉尔立即回答:"如果我是你的丈夫,我就把它喝下去。"

例4:一位西方外交人士在一次会议上打断中国代表的发言,挑衅性地说:"如果你们不向美国保证不用武力解决台湾问题,那么显然就没有和平解决的诚意。"中国代表义正词严地回答:"台湾问题是中国内政,采取什么方式解决是中国人民自己的事,无须向他国做什么保证。请问,难道你们竞选总统也需要向我们做出保证吗?"一句反问,使这位西方外交人士哑口无言。

例5:美国著名励志演讲家艾瑞克·托马斯回高中母校做公益演讲,但台下学生一直嬉戏打闹,他的演讲被迫中断。接着,他环视一下全场,大声说道:"我告诉大家我为什么会这么生气,因为到现在还是有人在下面聊天,到底是要怎么样?这是我的真心话,我爱你们每一个人。大家听好了,当我被邀请去美国的公司演讲,他们会付我5万~10万美金;各大篮球队也都会重金礼聘我演讲。但今天我来这里没收半毛钱,我来是因为我爱你们,但我绝不容许当我义务来演讲时,你们不尊重我。事实上,我还用我的影响力来募款,让学校的一些同学能有机会去哥斯达黎加参观。我今天来不是希望能得到什么,而是希望能带给大家一些有用的东西,只希望对大家能有所贡献。大家仔细听好了,当有人爱你,你不该视他们为粪土;当有人关心你,你不该对他们不尊重。"瞬间台下的同学们鸦雀无声。

【小训练 3-8】

某学院举行演讲比赛,一位演讲者刚刚上台讲了几句话,大脑就一片空白。好不容易控制住了紧张情绪,继续演讲,却发现有的听众毫无兴趣,昏昏欲睡;有的交头接耳,随意进出。如果你是这位演讲者,如何控制此类怯场、冷场等情况?

>>>>>>>>>

课 后 练 习

一、命题演讲训练

1．进行个人经历演讲。

准备一个 2～3 分钟的个人经历（叙述性）演讲。想想你有过的幽默、有悬念或富有戏剧性的经历，选择一段你认为你的听众会喜欢听的经历。

2．假如你参加了一个校园 3 分钟演讲比赛，比赛题目是根据现场抽签决定的。现在你抽到的论题是"中国梦"。请你用 10 分钟的时间构思。

（1）确定你演讲的主题。

（2）列出你的演讲提纲。

（3）列出你的论据材料。

（4）分析你的听众的特点。

3．命题演讲中如何使用直观教具？在这方面你有什么经验？

二、演讲稿设计训练

1．请选择以下题目撰写 1～2 篇演讲稿，也可根据你的兴趣另外选题撰写演讲稿。

青春无悔	人生处处是考场
红花需要绿叶衬	"沉默是金"之我见
毕业断想	勤俭与发展
拒绝平庸	顺境与逆境
感恩的心	成熟的标志
君子爱财，取之有道	喜欢……的 n 个理由
学会放弃	从"胯下之辱"看人生选择
莫当"手机控"	君子一言，驷马难追
生活告诉我	蚂蚁的力量
再议"眼见为实"	感恩的日子
一句格言的启示	书中自有黄金屋
别让英雄流血再流泪	自由与纪律

2．命题演讲续写训练。

根据下列题目与开头，构思演讲的脉络，进行续写。

大学生的责任

同学们，我今天演讲的题目是《大学生的责任》。大家一定会说，这题目都让人讲滥了还怎么讲呢？以前在一个同学的笔记本上我发现了一首中英文结合的小诗，诗中写道："人生本来当 happy！何必苦苦 study，只求考试 pass，拿到文凭 go away。即使如此 busy，何必天天 study，娶个漂亮的 lady，抱个胖胖的 baby……"读到这里，我的心在颤抖，难道说，我们跨世纪的大学生,只为考试 pass 和漂亮的 lady 吗?不,绝不!为此,我今天要认真地讲一讲大学生的责任。

3.谈谈你对以下开场白的看法。

"大家让我来讲几句,本来我不想讲,一定要讲就讲吧。"

"同学们,我没什么准备,实在说不出什么。既然让我来讲,那就随便讲点,说错了请大家原谅。"

"同学们,这几天实在太忙,始终抽不出时间,加上身体欠安,恐怕讲不好,请大家原谅。"

4.下面是两个不同演讲的结尾,各自运用了什么手法?取得了怎样的效果?

(1)浩云《论"男子汉"》的结尾:

所以,真正的男子汉,不仅须博大、精深,有理性的头脑,能开创一番事业;不仅须刚毅、坚强,有无畏的精神,敢蔑视一切困难,他也须能宽容,具善意,有爱心。正所谓"无情未必真豪杰,怜子如何不丈夫"也。但愿我们的世界,因为会有更多的男子汉出现,而充满了男性的美,男性的力度,男性的清醒与坚定,也充满了男子汉深厚宽广的爱。

(2)徐宁《叶的事业》的结尾:

伟大诗人泰戈尔有这样一段名言:"花儿的事业是甜蜜的,果的事业是珍贵的,让我们干叶的事业吧,因为叶总是谦逊地垂着她的绿荫的。"幼教事业又何尝不是叶的事业呢?每一个幼儿教师,都像是一片绿叶,在党的阳光下进行光合作用,孕育着花,孕育着果,孕育着神州大地的万千桃李。

让所有年轻的爸爸、妈妈都放心把孩子交给我们吧!我要把我的爱、我的智慧和我的整个生命都奉献给他们。假如命运允许我选择一百次,我还是要选择幼教事业!

我也愿所有的年轻朋友,都尽自己的力量,干好叶的事业,花的事业,果的事业,共同为我们欣欣向荣的祖国增一分明媚的春光,添一片绚丽的色彩。

三、演讲者形象及控场训练

(1)观摩演讲或观摩电影中的演讲片段,有目的地观察别人的手势、表情,仔细研究,博采众长,并经常对镜练习、矫正。多积累,烂熟于心,形成自己的动作。

(2)怎样在演讲中给听众树立自己良好的第一印象?

(3)应如何提升自己的演讲临场应变能力?

(4)美国前总统罗斯福在分析演讲者怯场的原因时指出:"每一个新手,常常都有一种心慌病。心慌并不是胆小,乃是一种过度的精神刺激。"你认为罗斯福的分析是否正确?为什么?

(5)请阅读以下温家宝总理演讲临场意外的应对案例,然后谈谈你的想法。

2009年温家宝在英国剑桥大学发表了题为《用发展的眼光看中国》的演讲。其间,现场突发高声骚扰。礼堂后方一名西方人模样的男子突然起身叫嚷,并向讲台投掷鞋子。

>>>>>>>>>

该男子的行径引起全场听众的强烈不满,大家齐声高喊"可耻""滚出去"。在一片斥责声中该男子被带离现场。温家宝随后在演讲中说:"这种卑鄙的伎俩,阻挡不了中英两国人民的友谊。人类的进步,世界的和谐,是历史的潮流,是任何力量阻挡不了的。"温家宝总理从容的神态和坚定的语气赢得了全场长时间热烈的掌声。

剑桥大学随后发表声明,剑桥大学发言人说:"从学校的角度来讲,这是一种侵犯行为。在一位国家领导人做演讲时,剑桥大学的学生有这样的举动的确让人非常沮丧。大学是讨论、争辩和思考说理的地方,不是扔鞋子的地方。"

个别人的行为不能代表剑桥师生,温家宝总理现场的表现令人敬佩,演讲内容精彩充实,深深吸引了听众。

四、案例分析

邓小平的一次演讲

中国改革开放的总设计师邓小平于 1982 年 9 月 24 日就香港问题发表了一次著名的演讲。

我们对香港问题的基本立场是明确的,这里主要有三个问题。一个是主权问题;再一个问题,是 1997 年后中国采取什么方式来管理香港,继续保持香港繁荣;第三个问题,是中国和英国两国政府要妥善商谈如何使香港从现在到 1997 年 15 年中不出现大的波动。

关于主权问题,中国在这个问题上没有回旋的余地。坦率地讲,主权问题不是一个可以讨论的问题。现在时机已经成熟了,应该明确地肯定:1997 年中国将收回香港。就是说,中国要收回的不仅是新界,而且包括香港岛、九龙。中国和英国就是在这个前提下来进行谈判,商讨解决香港问题的方式和办法。如果中国在 1997 年,也就是中华人民共和国成立 48 年后还不把香港收回,任何一个中国领导人和政府都不能向中国人民交代,甚至也不能向世界人民交代。如果不收回,就意味着中国政府是晚清政府,中国领导人是李鸿章!我们等了 33 年,再加上 15 年,就是 48 年,我们是在人民充分信赖的基础上才能如此长期等待的。如果 15 年后还不收回,人民就没有理由再信任我们了,任何中国政府都应该下野,自动退出政治舞台,没有别的选择。所以,现在,当然不是今天,但也不迟于一两年的时间,中国就要正式宣布收回香港这个决策,我们可以再等一年宣布,但肯定不能拖延更长的时间了……

思考题:

(1) 请阅读这篇演讲稿,然后谈谈你的想法。

(2) 观看邓小平相关演讲视频,体会其演讲的风格。

"救救我们吧"——胡志明的演讲

《救救我们吧》是越南民主共和国主席胡志明,于 1920 年 12 月在法国社会党第 18 次代表大会上的演讲。

各位同志们,我今天来到这里本来是为了和同志们一起为世界的革命事业献出一份力量,但是,我以社会党党员的资格,带着深刻的痛苦来到这里,反对帝国主义者在我的家乡所犯下的滔天罪行。(很好!)同志们都知道,法国帝国主义入侵印度支那已经半个世纪,为了它的利益,它以刺刀征服我们的国家。从那时起,我们不仅遭受耻辱的压迫和剥削,而且还遭受凄惨的虐待和毒害。更明白地说,我们遭受了鸦片、酒精等的毒害。但在几分钟内,我不可能把这伙资本主义强盗在印度支那的暴行全都揭露出来。监狱比学校还多,任何时候都挤满了囚犯。任何本地人员只要有社会主义思想就都被捕,而且有时候不需要经过审判就被杀害。所谓印度支那的公理就是如此,在那个地方,越南人被歧视,他们没有得到像欧洲人或者欧洲国籍的人所得到的那些保障。我们没有新闻自由和言论自由,连集会和结社的自由也没有。我们没有在外国居住或到外国旅行的权利,我们要生活在黑暗蒙昧中,因为我们没有学习的自由。在印度支那,殖民主义者为毒害我们,使我们愚昧无知,千方百计地强迫我们抽鸦片和喝酒。他们已经害死和屠杀了成千越南人来维护原来并非属于自己的利益。

同志们,2000多万越南人民,等于法国人口的半数以上,就是遭受这样的待遇。奇怪的是,他们还是得到法国保护的人呢!(掌声)社会党必须为支持被压迫的殖民地人民而进行切实的活动。(欢呼声)

思考题:

(1) 这篇演讲的主题是什么?

(2) 胡志明演讲的全文是怎样表达主题的?

命题演讲开场白

(1) 2012年诺贝尔文学奖获得者莫言在瑞典学院以《讲故事的人》为题发表演讲。

尊敬的瑞典学院各位院士,女士们、先生们:

通过电视或者网络,我想在座的各位,对遥远的高密东北乡,已经有了或多或少的了解,你们也许看到了我90岁的老父亲,看到了我的哥哥、姐姐、我的妻子、女儿和我的一岁零四个月的外孙女。但有一个我此刻最想念的人——我的母亲,你们永远无法看到。我获奖后,很多人分享了我的光荣,但我的母亲却无法分享了。

我母亲生于1922年,辛于1994年,她的骨灰,埋葬在村庄东边的桃园里。去年,一条铁路要从那儿穿过,我们不得不将她的坟墓迁移到距离村子更远的地方。掘开坟墓后,我们看到,棺木已经腐朽,母亲的骨骸已经与泥土混为一体。我们只好象征性地挖起一些泥土,移到新的墓穴里。也就是从那一时刻起,我感到,我的母亲是大地的一部分,我站在大地上的诉说,就是对母亲的诉说。

(2) 张泉灵在北京大学的演讲开场白:

各位尊敬的领导、老师、家长们,还有我的师弟、师妹们,大家下午好!

先说一说今天我站在这里的一个感受吧。一开始所有的人都在看一个关于北大、关于你们这四年生活的一个短片,然后我听到同学们欢呼和起哄,我内心一喜,我心想,这真是我熟悉的北大。因为同学们在扩招的大背景下,并没有忘了北大人的个性化表达。

>>>>>>>>

然后再介绍台上的诸位老师，介绍到副校长的时候，每一位副校长站起来，居然可以赢得比校长更大的掌声。然后我突然想，这真是我喜欢的北大呀。因为这说明，即便当到了副校长，他们还是上课的，所以他们拥有各自的拥趸。我后来发现在整个台上，许院士获得了最长的、经久不息、发自内心的掌声，我想这真的是我热爱的北大。也许再过十年，大家会有和我类似的感受。当许院士赢得那样的掌声的时候，我自认是一个感情控制力非常非常强的人，但是那一刻，我热泪盈眶。因为再过十年，各位一定能够体会到你们跟北大之间的感情。从今天开始，也许从四年前你们拿到通知书的那一刻开始，是一种血缘的关系。所以在今天，我想对大家说，真的要恭喜你们，因为今天绝对是你们值得自豪的一天。

思考题：

（1）以上演讲开场白各有何特点？

（2）请试着就以上精彩开场白进行模仿练习。

易中天华中师范大学演讲片段

我们今天要讲的题目是《中国文化与中国人》。我们为什么要讲这样一个题目，是因为文化和我们的建设发展是有密切关系的。这是一位校长给我出的题目，他说，你能不能到我们大学来讲一讲文化与发展。我就想文化与发展有关系吗？20年前我认为是没有关系的。20世纪70年代末我还是在武汉大学，那时我们流行一种服装叫"喇叭裤"，喇叭裤就是臀部很紧，然后在膝盖的地方开始扩张，当时这个着装是问题青年的标准着装。20世纪70年代末80年代初青年穿什么衣服呢？戴蛤蟆镜，穿T恤衫、喇叭裤，手拿收录机在街上招摇过市。逐渐的这个风就吹到校园来了，然后当时的武汉大学学生也开始穿喇叭裤，开始效仿，校方就说："我们新时代的大学生怎么能穿得一点也不得体！"当时的团委和党委确实也真的以人为本，人性地来做这个思想工作，它没有开批斗会，没有把学生叫来训话，而是贴出一条标语："喇叭裤能吹响向四个现代化进军的号角吗？"我们学生就在这条标语下也贴了一条小标语："请问，什么裤能吹响？"当然结论是什么裤也吹不响。我们知道服饰它是一种文化，那么意味着服饰它与发展有关系没有呢？但十年以后我的观念就变了，因为我发现改革开放头十年最先富起来的那个地方最先穿喇叭裤，那个地方叫广东。

思考题：

（1）易中天教授在演讲中采用了什么方式表达其观念？

（2）请在网上观看易中天的演讲视频，体会其演讲风格。

白岩松在耶鲁大学的演讲

演讲开头："我要讲5个年份，第一个要讲的年份是1968年，那一年我出生了。但是那一年世界非常乱，在法国有巨大的街头骚乱，在美国也有，然后美国的总统肯尼迪遇刺了，但是，这一切的原因都与我无关。那一年，我们更应该记住的是马丁·路德·金先生遇刺，虽然那一年他倒下了，但'我有一个梦想'这句话却真正地站了起来，不仅在美国站了起来，在全世界也站了起来。"

演讲结尾："40年前，当马丁·路德·金先生倒下的时候，他的那句话'我有一个梦想'传遍了全世界。但是，一定要知道，不仅有一个英文版的'我有一个梦想'。在遥远的东方，在一个几千年延续下来的中国，也有一个梦想。它不是宏大的口号，并不仅仅在政府那里存在，它是属于每一个非常普通的中国人，而它用中文写成：我有一个梦想！谢谢各位！"

思考题：

（1）白岩松在耶鲁大学的演讲结尾有何特点？

（2）请观看网上白岩松的演讲视频，体会其演讲风格。

林肯演讲以巧取胜

侯兴锋曾讲过这样的故事：1863年7月，美国南北战争期间，在华盛顿附近的葛底斯堡发生了一次历时三天的战斗，打得异常惨烈。虽然最终北方军队获得了胜利，但是也牺牲了无数的将士。几个北部州联合起来，在葛底斯堡建立了国家烈士公墓，用来安葬那些阵亡的将士。

公墓落成的那天，举行了一个盛大的典礼，他们邀请了前国务卿埃弗雷特到会演讲。埃弗雷特是一位非常擅长长时间演讲的口才专家，他的最长演讲曾达到210分钟，而且还能保证大家都爱听。恰巧那天，林肯总统就在附近的城市从事政治活动，于是埃弗雷特提示典礼的主办者把林肯请来"随便讲几句"。

谁都知道，埃弗雷特和林肯是政敌，在林肯竞选的时候，埃弗雷特曾大力阻挠过，所以这一次埃弗雷特打定主意，要让林肯在毫无准备的情况下当众出丑。于是他从多角度多方面下手，进行了一次长达两个小时的演讲，那场演讲简直是声情并茂，让在场的所有观众都鼓起掌来。对于埃弗雷特的用意，林肯心中自然有数。听了埃弗雷特的演讲之后，林肯心中立刻反应过来，这次只能以巧取胜了，因为无论是说阵亡将士的精神还是讲烈士公墓的意义，那些埃弗雷特都已经做了非常出色和成功的演讲，接着再讲只能是拾人牙慧，惹人生厌。该怎么样讲才能和听众建立良好的交融关系，并最终赢得他们的喝彩呢？

林肯决定以简洁取胜。他不慌不忙地走上演讲台，说："我今天要告诉大家的是，通往烈士公墓的马路将在下个月铺成沥青马路，并开通专线班车。"

埃弗雷特滔滔不绝地讲了许多，但却丝毫没有提及现实生活中的事情，而林肯在之前就已经注意到通往公墓的马路还是颠簸不堪的石子路，林肯意识到这一定让所有参加典礼的人都觉得不方便，于是他把解决这个实际问题的方法和期限作为演讲的内容。

林肯的演讲前前后后只有一句话，较之埃弗雷特的长达两个小时的空谈要实用、中肯。这一句话的演讲不仅把埃弗雷特给否定了，而且还为自己的超短演讲做了巧妙的定位，力挽狂澜，一下子就把自己的劣势反变为优势了。

结果，不仅得到了在场近万人持续10分钟的掌声，甚至还轰动了全国。

>>>>>>>>>

当时的报纸这样评价说："这是一次史无前例的超级简洁的演讲，他的演讲是有生命的，因为他站在了听众的立场上考虑最现实的事情！"就连埃弗雷特本人也忍不住在几天后给林肯写了一封表示敬佩的信："你的智慧决定着你是一位无比优秀的总统！"

可见，在人际交往中，智慧的语言往往能取得意想不到的效果，一句可以顶一万句。

思考题：

（1）林肯的演讲以巧取胜，他"巧"在何处？

（2）你如何理解演讲以"简洁"取胜？

第四章 即兴演讲

所有伟大的演说家在开始的时候都不擅长演讲。

—— [美] 拉尔夫·沃尔多·爱默生

演说就是讲故事,就是通过吸引人的故事来说明观点。

—— [美] 戴尔·卡耐基

课程思政要求

- 进行社会主义核心价值观教育;
- 进行爱国主义教育;
- 开展诚信教育、法律意识教育和道德意识教育;
- 塑造职业形象、提高职业素养;
- 促进学生全面发展。

学习目标

- 了解即兴演讲的特点和要求;
- 明确即兴演讲的语言特色;
- 把握即兴演讲的成功要素;
- 掌握即兴演讲出错补救技巧。

案例导入

俞敏洪的一次即兴演讲

人的生活方式有两种,第一种是像草一样活着。你尽管活着,每年还在成长,但是你毕竟是一棵草;你吸收雨露阳光,但是长不大。人们可以踩过你,人们不会因为你的痛苦而产生痛苦。

人们不会因为你被踩了,而来怜悯你,因为人们本身就没看到你。所以,我们每一个人都应该像树一样成长。即使我们现在什么都不是,但是只要你有树的种子,即使被人踩到泥土中间,你依然能够吸收泥土的养分,自己成长起来。也许两年、三年你长不大,但是八年、十年、二十年,你一定能长成参天大树。当你长成参天大树以后,遥远的地方,人们就能看到你;走近你,你能给人一片绿色、一片阴凉,你能帮助别人。即使人们离开你以后,回头一看,你依然是地平线上一道美丽的风景线。树,活着是美丽的风景,死了依然是栋梁之材。活着死了都有用,这就是我们每一个同学做人的标准和成长的标准。

……

当你是地平线上的一棵小草的时候,你有什么理由要求别人在遥远的地方就看见你？即使走近你了，别人也可能会不看你，甚至会无意中一脚把你这棵草踩在脚底下。当你想要别人注意的时候，你就必须变成地平线上的一棵大树。人是可以由草变成树的，因为人的心灵就是种子。你的心灵如果是草的种子，你就永远是一棵被人践踏的小草。如果你的心灵是一棵树的种子，就算被人踩到了泥土里，你也早晚有一天会长成参天大树。不管你是白杨树还是松树，人们在遥远的地方都能看见在地平线上成长的你。当人们从你身边经过的时候，你能送他们一片绿色、一片阴凉，他们能在树下休息。因此做人的要求是你自己首先要成为地平线上的一棵大树。当你是草的时候，你没有理由让别人注意到你。而如果你变成了一棵树，即使在很远的地方，别人也会看到你，并且欣赏你，远处看来你是一道风景，死后又是个栋梁。

问题：

（1）这是新东方创始人及总裁俞敏洪在中央电视台《赢在中国》节目中做的即兴演讲，这篇演讲成为无数青年人的励志文章。请谈谈你的感受。

（2）如何成功地进行打动听众的即兴演讲？

随着人们交际范围的日益扩大和人们演讲水平的提高，即兴演讲已经更广泛地被应用于答记者问、观后感、来宾介绍、欢迎致辞、婚事贺词、丧事悼念、宴会祝酒、赛场辩论、自由发言等场合。本章就与读者探讨一下即兴演讲的有关问题。

第一节　即兴演讲概述

即兴演讲是一种广义的演讲，是演讲者在无准备的情况下临场构思起来"讲几句话"，故被人称为"脱口而出的艺术"。在纷繁复杂的日常交际活动中，凡集会、讨论、访问、会谈、参观甚至致贺、凭吊等，都要用到它。考察各种即兴演讲的发生，不外乎两种情况：一种是演讲者身临其境、有所见、有所感、有所想，产生强烈兴致而做的演讲，这是主动的即兴演讲；另一种是演讲者受邀请，遭"袭击"而被迫发表的演讲，这是被动的即兴演讲。

一、即兴演讲的特点

较一般的演讲，即兴演讲有其特殊性，这主要表现在以下四个方面。

1．话题明确，针对性强

由于即兴讲话一般是对近期或眼前情况的"有感而发"，这就使话题的内容要在一定的范围内，显示出其鲜明的针对性。所以选题宜小，内容比较集中，议论求准、求精。

2．态度明朗，直抒己见

即兴演讲是在有限的时间内对现实话题所做的迅速的反应，所以一般是直截了当地表明自己的看法，褒贬分明，毫不含糊，很少山高水远地绕弯子。

3．有感染力，有说服力

即兴演讲注重临场发挥，但临场发挥并不是信口开河，要力求说在点子上，以内容的深刻精辟及其无懈可击的逻辑力量令听众信服，同时力求贴近生活实际，以饱满的热情感染听众。

4．短小精悍，生动活泼

即兴演讲常以简明扼要显示其力度，并以亲切生动的表述给听众留下深刻的印象。但短小并不是空洞无物，恰恰相反，它要言之有物，信息密度大，应当实现思想性、知识性和趣味性的统一，显示出一种"磁性"。

【小故事 4-1】

不喜欢鼓掌的老教授终于鼓掌了

有一次，著名演讲家黄一鸣在山西大同大学演讲，现场有学生处处长、保卫科科长等领导在。而学生处处长是一位 50 多岁的女性老教授。演讲结束，坐在学生处处长旁边的一名学生干部向黄一鸣提问："黄老师，今天你的演讲，大家都听得热血澎湃，可是我发现我们李处长却一次也没有鼓掌，你能再演讲 3 分钟，让李处长鼓一下掌吗？"

据黄一鸣讲，当时听到这个问题后，头一下子就大了！老实说，这是个相当麻烦的问题，要知道，当时黄一鸣只有 26 岁，而李处长是一个 50 多岁的女性老教授。如果挑战权威，将会引火烧身。不过，黄一鸣很快就冷静下来他略一思忖，慨然答道：

"今天，能受到大同大学学生处的邀请，来到大同大学演讲，我很高兴！各位同学给我如此热烈的回应，我很感谢！在此要向你们深深地鞠上一躬，谢谢你们！

"今天，李处长没有给我掌声，我想说三点：

第一，李处长是一位 50 多岁的老教授，年龄比我大一倍，她知识渊博、阅历丰富，今天能够来到我的演讲现场，已经是我最大的荣誉，我还有什么资格要她的掌声呢。而李教授不仅来听一个 20 多岁刚刚大学毕业的我的演讲，还坚持听到现在，这已经是对我最大的支持，所以，我要再次感谢李教授，我们把最热烈的掌声送给李教授好吗？

第二，今天，李教授没有给我掌声，说明我一定还有很多不足，还需要很大的提升，李教授不给我掌声，一定是希望我能够走得更远、更加的成功。所以接下来，我一定会虚心向李教授请教我的不足。我也相信，李教授一定会帮助我、指点我，指出我的不足让我获得更大的进步，李教授，您说是吗？（李教授伸出了大拇指，全场掌声）

第三，我相信，有了李教授的指点与帮助，我未来一定会更加的优秀。今天，李教授没有给我掌声，我相信，未来 5 年、10 年以后，等我再次回到大同大学演讲的时候，李教授一定会给我掌声。"

一席话说完，全场响起经久不息的掌声。李教授当然也热烈鼓掌了。

（资料来源：佚名．演讲课程第 26 天：回答问题的技巧 [EB/OL]．[2011-03-06]．http://blog.sina.com.cn/s/blog_5f6bda540100p45z.html.）

点评：这段妙答就是一个精彩的即兴演讲。黄一鸣首先"扬人抑己"，指出李教授"知

>>>>>>>>>

识渊博、阅历丰富,今天能够来到我的演讲现场,已经是我最大的荣誉,我还有什么资格要她的掌声呢?"成功地将球踢给了李教授。第二步,黄一鸣坦诚指出李教授没有给自己鼓掌,说明自己还有很多不足,还需要很大提升,更绝的是他还提出把掌声送给李教授。这是"扬人抑己"策略的进一步升级,这时,现场听众已经被他的坦诚所打动,"看热闹"的心渐渐退去,转为欣赏和鼓励,这样的氛围也感染了李教授。最后,黄一鸣展望未来,称"有了李教授的指点和帮助",自己将来一定会更优秀,等下次再到大同大学演讲时,"李教授一定会给我掌声!"这样水到渠成,赢得李教授和现场观众的掌声也就自然了。

二、即兴演讲的要求

即兴演讲要取得成功关键在于运用言语思考能力,在头脑中进行快速构思,其基本要求体现在以下几个方面。

1. 要有明确的目的

由于场合、气氛、主题各不相同,当站起来说话时,要紧扣主题,并尽可能与场上的气氛和谐一致。在喜庆的场合,不要说丧气话;在庄严的场合,少说玩笑话。最好围绕主题,有一说一,有二说二,切忌东拉西扯。

具体情境中,有许许多多可以供我们发挥的素材,如地点、时间、事件、景物等,只要我们善于捕捉,善于生发,做一次成功的即兴演讲就不是一件太难的事了。

【小故事 4-2】

鲁迅成功的即兴演讲

鲁迅很善于随机应变、即兴演讲。他在厦门大学研究院任教时,校长林文庆常克扣办学经费,刁难师生。

一次,林文庆把研究院负责人和教授找来开会,提出要将经费再减掉一半。大家听后纷纷反对,可是又说服不了林。林怪声怪调地说:"关于这件事,不能听你们的,学校的经费是有钱人拿出来的,只有有钱人,才有发言权!"说完后,林洋洋得意地双手一摊。

在场的人都怔住了,面面相觑,无话反驳。突然,鲁迅"唰"地站起来,从口袋里摸出两个银币,"啪"的一声放在桌上,铿锵有力地说:"我有钱,我也有发言权!"

鲁迅借林的话随机应变,冷不防地反驳使林措手不及。接着鲁迅慷慨陈词,大谈经费只能增不能减的道理,一款一项,有理有据,林文庆被驳得哑口无言。

鲁迅先生"拍钱而起",紧扣主题,做了一次有的放矢的即兴演讲。

（资料来源:佚名.沟通技巧——演讲沟通技巧 [EB/OL].[2018-07-01].https://wenku.baidu.com /view/
64d51a5ea5e9856a57126066.html.)

2. 要有敏捷的思维

即兴演讲离不开敏捷的思维,能够帮助演讲者锻炼快速组织语言和快速思考的能力。演讲者对自己要讲的内容应迅速筛选,挑选与之有关的内容来讲,其他的要"忍痛割爱"。对在场听众的反应也不可等闲视之,即便在演讲的过程中也要通过"察言观色"体察听众的反应和场上的气氛,并对要演讲的内容、语气、节奏等做出相应的调整。

【小贴士 4-1】

续范亭巧言"三大熔炉"

著名爱国人士续范亭先生在晋绥边区抗战学院向学生做开学演讲时,开场就说:"我作为你们的校长,不是要你们服从我个人,不是的! 而是要你们服从革命。今天礼堂门口挂着'熔炉'两个字,很好。现在中国有三个熔炉:一是延安和各个边区,八路军和新四军所在地——这是革命的熔炉;二是大后方的熔炉,有革命的,也有施行顽固教育的;三是汪精卫——日本奴才的熔炉……"

他即景生情,随手拈来,把性质不同的三种环境比作影响人、改造人的三种不同"熔炉",加深了学员对革命熔炉的理解,反映出演讲者才思敏捷,也使听众油然而生敬意。

3．要快速组合材料

在中心和材料确定以后,先讲什么,后讲什么,要做到心中有数。一边讲,一边也要用语言去充实,使之条理清楚、内容充实。一般来说,是先有思维,后有语言,二者之间有那么一点点间隙,反应迅速就能心到口到,使演讲一气呵成。

4．要讲出有见地的内容

即兴演讲要求讲话人反应迅速,不论是主动演讲,还是被动应对,都能就地随时产生出思想,找到话题、资料和语言,并有机地组合起来,在口头上自如地表达出来。所以即兴发言者注意力要高度集中,其睿智常在此时迸发,深邃敏捷的思考能给听众以极大的启迪。即兴讲话虽然没有过多时间做充分准备,但不等于说可以草率处之。其实,就是一两分钟的讲话,也应有新的见解,争取引人入胜。因此,在别人说话时要留心听,对别人的意见或观点要认真思考。到自己发言时,或补充发挥人家的观点,或另辟蹊径,提出新的观点。千万不要重复别人的讲话内容,若真那样,听者反应冷淡,自己也自讨没趣。

【小故事 4-3】

名嘴的即兴演讲能力

中央电视台《越战越勇》节目的主持人给两名评委李文静和方琼分别出了一个图片作为演讲的题目,让她俩即兴发挥,各自展开一段内容丰富的诠释。

《越战越勇》的大屏幕上展示出一张环卫工人打扫卫生的照片,只见评委李文静面对屏幕从容不迫地演讲道:

"今天我们的新闻人物,此刻就在我身后的大屏上。其实这个身影每个人见到都不会陌生,对于我来讲尤其熟悉。我曾经做过9年的早间节目,每天凌晨四点钟,我奔跑在从家到单位的路上赶去上班,而那时恰好也是环卫工人开始工作的时间,所以这样的身影,对于我来讲再熟悉不过了。虽然他们只出现了一下子,却可以温暖我们一辈子,因为他们叫马路天使,又叫城市美容师。当这样的身影出现在我们身边的时候,请大家给他们一个

>>>>>>>>>

温暖的微笑；如果没有出现在我们的身边，请爱护我们身边的环境，这是我们对他们最温暖也是最友好的尊重！谢谢。"

当大屏幕上展示出一个小伙子在浅海跳跃的照片时，评委方琼即兴演讲，只听方琼侃侃而谈道：

"观众朋友们《新闻杂志》继续播报。我们先来看一张照片，这张照片中有个玩儿得非常高兴的小伙子。没错，长假期间全国出行的人数一直在不断攀升，这两年随着人们出行意识的提高，文明之行的宣传已经让很多游客在不同的景区能够做到爱护环境、保护文物。当然还有一些游客，依然管不好自己，以至于屡禁不止的事情时有发生。就像我们图上看到的这位小伙子，他这个自诩的名字叫作'神猴出世'，拍摄当天，这位小伙子不顾海边工作人员的阻拦，私自闯入一片禁入海域，和他的同伴分别拍下了自认为非常有个性的搞怪照片，对海边景区的安全及他本人的安全造成了很大的影响，当然他已经被列入不受旅游景区欢迎的游客名单，从此以后，在各个旅游景点，大家将不会看到他的身影。综上所述，文明出游，不要让'神猴出世'，一不留神就变成了'神猴出事'。"

（资料来源：武渊. 即兴演讲两要素 [J]. 公务员文萃，2019（9）.）

点评：李文静学识丰富，在短暂的准备时间内从脑海中找到环卫工人的时间和工作情景，并用富有感情的词汇讲述环卫工人的生活，呼唤大家尊重他们，使她的即兴演讲增添了无穷的魅力。李文静的即兴演讲，有悲悯意识和尊重情怀，让人深受触动。方琼有对照片的分析认识能力，她对照片能从宏观方面进行把握，通过浅海跳跃的这个表层现象，迅速深入到环保本质上去认识，批判他们所谓的神猴出世实际上是私自闯入禁区，这就突出了文明出游的主题，显得思想深刻。从中可以看出李文静和方琼两位名嘴都达到了即兴演讲成功的基本要求。

三、即兴演讲的语言特色

即兴演讲独特的时境状态和交际氛围，决定了它必然具有区别于备稿演讲的语言特色。这种语言特色主要表现在以下四个方面。

1. 符合情境

众所周知，即兴演讲是演讲者在特定场合、有感而发的演讲。因此，激起兴致的情境，就成了产生即兴演讲一个不可缺少的重要因素。这种客观情境，不仅能对演讲者的心理予以刺激，促使其说话欲望的发生和思维的进展，而且会对演讲者的语言产生影响，致使其口头表达呈现出鲜明的情境特色。例如：

同学们，我们每天看到的都是白墙黑板灰泥地，我们应该去饱览一下那透着生命活力的绿色，去欣赏一下那蓝天下的红花绿柳、赭石褐土、青山白水，去领略一下大自然的风采，去谛听一下泠泠作响的激石泉水和嘤嘤成韵的百鸟争鸣！不然，高考的硝烟快要把我们烤焦了，单调的"作息时间表"快要把我们驯化成"机器人"了。明天，就是清明，山明水秀、地清天明，让我们到水光潋滟的姥山（巢湖中的一个岛）去度过令人心醉的两天——出发!

这是一个教师在参加春游的学生整队待发时即兴演讲的一段话。演讲者置身校园这个让人感到枯燥单调的现实环境,面对充满期待的年轻人,心中不禁涌出了一股激情。这激情拓开了广阔的精神世界,在想象的情境中,他生动地描述了春天的大自然那美丽迷人的风采。应当说,正是这一段极富情境色彩的形象化语言,一下子激发了同学们对大自然的热切向往和美好憧憬,产生了强烈的心灵感召力。

2．口语表达

演讲是一种口语表达活动。在备稿演讲中,演讲者就不能不注重它的口语色彩。同备稿演讲比,即兴演讲更具有鲜明的口语特色。实践经验表明,演讲者只有运用通俗明快、朴实自然的口语表情达意,才能在即兴演讲中创造一种观众喜闻乐见的现场气氛。例如:

对一个人,不同的人有不同的感觉。我的下属看见我就觉得可怕。他们想到的就不是魅力,而可能是恐惧。南方有句话,叫空谈误国,实干兴邦。我每天工作到午夜,不是我勤快,是事情逼到这份儿上了。我对下属说,我一天工作十几个小时,你们干8小时就能把工作干好? 现在讲潇洒,讲休息,我就不信这话。干工作没有苦干加巧干的精神是不行的!

这是一位市长听了记者称赞他给人"感觉非常好""很有魅力"之后的一段即兴讲话。由此可见,这位政府官员讲话既不带官腔,也不事雕琢。他善于运用浅显的词语、灵活的句式和变化的语气坦诚直言,给人以朴实亲切的感觉。正是这通俗易懂、切实感人的口语,体现了一个勤政为民的领导干部平易近人的作风和求真务实的精神。

3．简洁鲜明

即兴演讲是在特定的场景中进行的。一个明智的演讲者,不会毫无顾忌地喋喋不休。因为这种饶舌,不仅会给人以啰唆之感,令人讨厌,而且由于准备不充分,说多了也难免出现口误。倒不如讲得少而精,多些见解,表达效果反倒会好些。例如一名医学研究生的演讲如下:

此时,面对大家,我真的有些紧张。我在想,你们能接受我吗?

我是一名医学硕士研究生。传统观念里,人们常常把研究生和书呆子联系在一起。在这里,我要用自己的实际行动告诉大家:研究生同样有美的理想、美的追求,同样热爱美的生活。

作为一名未来的医生,我从未后悔过对救死扶伤这一崇高职业的选择;作为一名现代女性,我更珍视拥有充实多彩的人生。

在此,我要勇敢地参与,以实际行动来证明:春城的小姐都不是花瓶,而我们女硕士研究生也都不是书呆子。

这是一位女研究生在礼仪小姐决赛场上的即兴演讲。演讲者走上台来,并不奢谈本次竞赛活动的重要意义,也不畅叙本人求学成功的曲折经历。短短几句话,中心明确,层次清晰,不仅陈述了自己现场的真实心境、参赛的独特动机,而且表达了自己崇高的职业

>>>>>>>>>

理想、远大的人生追求,给听众以强烈的感染和深刻的启发。如此精粹的即兴演讲,突出体现了语言简洁的鲜明特色。

4. 幽默风趣

幽默感作为一种特定的审美态度,是演讲者人格魅力的生动体现。演讲心理学研究表明,在即兴演讲中,激发演讲者产生说欲的"兴",不仅可以成为幽默语言的心理触媒,而且能够增强语言幽默的现场效应。因此,演讲者应当根据现场实际需要,善于运用多种艺术手段,表现出语言的幽默特色,使即兴演讲充满情趣性和感染力。例如:

唱爱情流行歌曲?这我倒是没有精神准备。不过,假如我唱上一段"这就是爱,稀里糊涂……"岂不是对我一辈子严肃认真执着专一爱情的亵渎吗?老伴听了,岂不要抗议吗?(掌声,笑声)假如我喊上一嗓子"悄悄蒙上我的眼睛,让我猜猜你是谁",不得把在座的少男少女们吓趴下吗?(掌声,笑声)假如我唱上一段"让我一次爱个够,给你我所有……",诸君岂不要将我送进疯人院吗……(掌声,笑声)对于这些爱情流行歌曲,我既无相适应的年轻与潇洒,也缺少那软绵绵、甜丝丝的嗓音儿,是不能也,亦是不为也。为此,美好的爱情歌曲,还是留给风华正茂的年轻朋友们唱吧。

这是一位老同志在某市新闻界举办的新春联欢会上即兴演讲的一段话。面对观众"欢迎老汉唱段现代'爱情'流行歌曲"的热情呼喊,他不是用生硬粗俗的语调严词拒绝,而是以幽默风趣的话语婉言谢绝,既含蓄地表达了对某些"爱情"流行歌曲的批评意向,又巧妙地避免了自己顺应要求而勉为其难的尴尬。如此富有幽默的讲话,显然强化了联欢会的喜悦气氛,突出了即兴演讲语言幽默的特色。

【小贴士 4-2】

凌峰的自我介绍

在下凌峰,我和文章(中国台湾地区歌手)不一样,虽然我们都得过金钟奖和最佳男影星称号,但是,我是以长得难看出名的(掌声)。两年多来,我们大江南北走了一趟——拍摄《八千里路云和月》,所到之处观众都给予我们很大的支持,尤其是男观众对我印象特别好,因为他们觉得我的长相像中国(掌声笑声),中国五千年的沧桑和苦难全都写在我的脸上(掌声笑声)。一般说来女观众对我印象不太良好:有的女观众对我的长相已经到了忍无可忍的地步(笑声),他们认为我是人比黄花瘦,脸比煤球黑。但是我要特别声明:这不是本人的过错,实在是家父母的错误,当初并没有征得我的同意把我生成这个样子。但是,时代在变,潮流在变,审美的观念在变。如果你仔细归纳一下,你会发现,现在的男人基本分为三种:第一种——你看上去很漂亮,看久了也就那么回事,这一种就像我的好朋友刘文正这种;第二种——你看上去很难看,看久了以后越看越难看,这种就像我的好朋友陈佩斯这种;第三种——你看上去很难看,看久了以后你会发现,他另有一种男人的味道,这种就是在下我这种(掌声笑声)。鼓掌的都表示同意了!鼓掌的都是一些长得和我差不多的(笑),这是物以类聚啊!接下来按规矩迎接挑战,带来一首歌曲《小丑》。在我的人生观看来,我认为每个人都扮演过许多次的小丑:有的时候在爱人面前;

有的时候在领导面前；有的时候在孩子面前；有的时候在父母面前。我是在鼓掌面前，给大家带来一首《小丑》——掌声有没有就无所谓啦（笑声掌声）。

点评：这是中国台湾地区著名主持人凌峰在 1990 年春节联欢晚会上的独白。有些人在交往中，因为自身条件的缺陷，总是怕别人的轻视和拒绝，有自卑感的人往往过分自尊，为了维护自尊而表现得非常强硬，让人难以接近，在人际交往中格格不入。而凌峰敢于拿自己的缺陷开玩笑，在自嘲中自我抬举，大大增加了人格魅力。

5．形象生动

形象化的语言就是把事物描述得绘声绘色。即兴演讲中形象生动的语言，能够准确形象地阐释真理，栩栩如生地描述事物；能够激发听众投身实践的热情；能够使听众如临其境、如闻其声、如见其人，有效地对听众产生影响，让听众爱听，使演讲产生强大的说服力。例如：

1927 年秋收起义失败后，毛泽东在文家市对打散后又重新集结的队伍做了一次生动的演讲，他说："我们工农武装现在的力量还很小，就好比一块小石头；蒋介石反动派现在力量很强大，好比一口大水缸。只要我们咬紧牙挺过这一关，我们这块小石头总有一天会打烂蒋介石那口大水缸！"毛泽东的演讲赢得了长久而热烈的掌声。

毛泽东把革命力量比作"小石头"，把反动派力量比作"大水缸"，"小石头"虽小，却很有可能将庞然大物的"大水缸"砸烂。毛泽东用形象化的语言为听众营造出一个逼真的视像，从而让听众产生联想，感同身受。

又如，1997 年 6 月 29 日，李瑞环在政协第八届全国委员会常务委员会第二十一次会议闭幕会上发表讲话，在论述"质的多样性"时，他是这样讲的：

"一块木头是什么？就是一块木头，这个回答并没有错，但它还是什么？这就要看具体情况。拿它来做家具就是原料，拿它来烧火就是燃料，拿它来挑水就是工具，拿它来和坏人斗争就是武器，拿它来行凶打劫就是凶器，拿到法庭就是证据，但还是那块木头。这就是质的多样性。"

什么叫"质的多样性"？它的内涵是什么？相信对于一些理论功底不深的听众来说，要想搞清楚、弄明白这一概念，是要费很大劲的。然而演讲者用形象化的语言把它具体化为"木头"，并阐述了木头在不同的情形下可以为原料、燃料、工具、武器、凶器、证据等，这种形象化的语言一经讲出就具体、生动，三言两语便让听众明白了一个深奥、抽象的哲学概念。

【小训练 4-1】

面对一把"尺子"（情境物品），触景生情，表达"怀念学生时代"的主体，进行一分钟即兴演讲。

要求：条理清晰，立意高远，情感丰富，耐人寻味。

>>>>>>>>>

第二节　即兴演讲的准备

俗话说"养兵千日，用兵一时"，没有日积月累的学习和锻炼，就不可能有妙语连珠、语惊四座的即兴演讲。这里着重介绍即兴演讲的能力准备、心态准备、材料准备和临场准备。

一、能力准备

精彩的即兴演讲，绝非一日之功。"台上一分钟，台下十年功。"要能娴熟地应对即兴演讲，需长期积累，不懈努力，不断提高自己的能力。即兴演讲者应具备以下四种能力。

1．具备敏锐的认识能力和分析能力

即兴演讲者能辩证地看待问题，分析问题。面对即兴演讲的命题，能宏观地把握住它，迅速作出准确的判断，由表及里，由浅入深，由近而远，得出深刻的认识，作出正确的判断。

2．较强的材料综合能力

即兴演讲者要在很短的时间里，把符合主题的材料粗略地组合在一起，形成一条主线，边讲边修改。增添符合主题需要的资料，摈弃游离主题需要的内容。

3．丰富的想象力和联想力

即兴演讲，临场发挥特别重要，应注意观察现场和听众，摄取那些与演讲主题有关的人物、事件和情景，因地设喻，即景生情，做到借题发挥，驰骋想象。尽量做到新颖、独到，别具一格。

【小故事 4-4】

陈毅妙解"将军"

1938 年，陈毅率新四军在浙江开华县华埠镇休整，当地抗日组织召开欢迎大会。主持人大声说："我们首先请陈毅将军讲话，大家欢迎！"陈毅登上台，顺势接过了主持人的话头："我叫陈毅，耳东'陈'，毅力的'毅'。刚才主持人称我为'将军'，实在不敢当。我现在还不是将军，当然叫我将军也可以，我是受全国老百姓的委托，去'将'日本鬼子的'军'。这一'将'，直到把他们'将'死为止……"

点评：陈毅信手拈过主持人称他为"将军"这个话头借题发挥，采用偷换概念的方法，巧妙地把军衔"将军"替换为下象棋的"将军"，显示了他丰富的想象力和联想力。陈毅结合当时的抗日形势，借用"将军"这个话题，把主持人恭维自己的话转变为向抗日军民作了一次精彩的抗日宣传和动员，充分展现了他敏锐的思维和高尚的爱国情怀，抓住了听众的心理，点燃了听众的爱国热情，鼓舞了军民的抗日斗志。

（资料来源：陈毅妙解"将军"[EB/OL].[2015-1107]. http://www.haijiangzx.com/2015/1107/265796.shtml.）

4．较强的应变能力

即兴演讲事前无充分准备，临场极易出现意外，如紧张、忘词、说错词等。遇到这种情况，只有沉着冷静，巧妙应变，才能扭转被动局面，反败为胜。

【小故事 4-5】

名人摔跤摔出了"名言"

摔跤，是十分正常的事，一个人从小到大没有人没摔过跤的。但有些名人摔跤却摔出了精彩、摔出了"名言"，因为他们具有很强的应变能力，善于因地制宜用幽默的话语来解嘲。

（1）石曼卿是北宋时期著名的诗人和书画家。有一次外出，因为马夫的疏忽，马受到惊吓，把石曼卿摔下马背。马夫吓得站在一旁直打哆嗦，手脚无措。石曼卿却不慌不忙地爬起来，掸掸身上的泥土说："幸亏我是石学士，要是瓦学士，一定摔得粉碎了。"

（2）诗人莫非应邀到北京师范大学演讲，走近讲台时，由于前脚抬得太低，滑了一下，差点摔倒。诗人稳住身子，从容地说："你们看，上升一个高度多么不容易，生活中是这样，写诗也是这样。"顿时，掌声雷动。诗人笑了笑接着说："一下子不成功没关系，再努力就是了！"说着装作用力的样子走上讲台进行他的演讲。

（3）英格兰国王威廉二世指挥军队攻打佩文西时，被地上障碍物绊了一下跌倒在地。手下人大惊失色，认为这是不祥之兆。可威廉二世很快就站了起来，高高举起沾满了泥土的双手大声喊道："感谢上帝，赐予我应有的王国英格兰的国土就在我的手中。"

（4）一次，著名戏剧家萧伯纳在街上行走，被一个冒失鬼骑车撞倒在地，骑车人急忙扶起他，连声道歉。可是萧伯纳却做出了十分惋惜的样子说："年轻人，你的运气真不好，如果把我撞死了，你就名扬四海了！"

（5）冯·卡门是20世纪伟大的航空科学家。1963年，白宫玫瑰园里举行了美国第一枚"国家科学勋章"授奖仪式。82岁的冯·卡门患有关节炎，当他领完奖走下领奖台时，不慎闪了一下，差点摔倒。年轻的肯尼迪总统赶紧上前搀扶他。冯·卡门报以感激地一笑，然后轻轻地推开总统的手，说道："尊敬的总统先生，大凡物体在跌落时是不需要助力的，只是上升的时候才需要支持和帮助。"

（6）一次，美国总统里根在白宫钢琴演奏会上讲话时，夫人南希不小心连人带椅跌落在台下的地板上。观众发出惊叫，南希却灵活地爬起来，在200多位宾客的热烈掌声中回到自己的座位上。正在讲话的里根见夫人没有受伤，于是看着南希插了一句俏皮话："亲爱的，我曾经告诉过你，只有在我没有获得掌声的时候，你才应该这样表演。"话毕，热烈掌声响彻大厅。

（7）演员萧芳芳当年曾凭着在电影《女人四十》中的出色表演摘得金马奖影后的桂冠。颁奖典礼的那天，就在她上台领奖的那一刻，没掌握好平衡，不小心滑了一跤，但她很镇定地站起来，走到舞台中央说："女人四十，身体确实不太利索了。"一句智慧而幽默的调侃赢得了满场喝彩。

（8）《正大综艺》节目主持人杨澜，曾被邀请到广州市天河体育中心当点燃演出的主

>>>>>>>>

持人。演出中,她在下台阶时摔了下去,但杨澜非常沉着地爬了起来,凭着主持人特有的口才对观众说:"真是人有失足马有失蹄呀,我刚才的狮子滚绣球节目滚得还不熟练吧?看来这次演出的台阶不是那么好下哩!但台上的节目很精彩的,不信,你们瞧他们。"杨澜的话音刚落,会场就立刻爆发出了热烈的掌声。

（资料来源:江山携手.名人摔跤摔出了"名言"[EB/OL].[2019-11-05]. http://www.360doc.com / content/19/1105/15/9570732_871252367.shtml.）

二、心理准备

即兴演讲中,演讲者的心理素质直接关系到即兴演讲的成败。即兴演讲要求演讲者在精神上"放松",这是即兴演讲成功的前提。"放松"的关键在于"自信"。

1. 放松心态

演讲者在即兴演讲时,应该表现得轻松、客观,坦然自若,这样才能较充分地发挥出自己的演讲才能。演讲者要使自己精神放松,首先应该养成"在乎而又不太在乎"的态度。因为演讲者如果"过分在乎",心中充满"杂念",就会觉得问题严重,从而产生紧张情绪,使自己的精神无法很好地集中到演讲上来,导致演讲时不能讲出应有的水平。

2. 充满自信

放松的关键在于"自信"。演讲者对自己的观点应该坚信不疑,对自己的即兴演讲能力应该充满信心。不要去想对自己不利的反面因素,不要去想自己这次演讲可能会失败。这样,你就能全身心地投入演讲,充分发挥自己的潜能,使演讲获得成功。因为你所得到的,往往不是你所需要的,而是你头脑中不断出现的。[①]

即兴演讲的"自信",关键在于充实与积累。其中就包括前面所提到的能力方面的准备,以及下面将要讲到的材料准备及平时的不断训练。

【小故事 4-6】

闻一多的即兴演讲

1945年5月4日,云南大学、中法大学等校的大学生,在云南大学的操场上举行纪念五四运动大会,会议开始不久,天便突降暴雨。一些学生离开会场避雨去了,会场秩序大乱。这时,闻一多迎着暴雨站在台上高呼:

"热血的青年们过来!继承五四精神的热血青年站起来!怕雨吗?我来讲个故事:今天是天洗兵!武王伐纣那天,陈师牧野的时候,军队正要出发,天下大雨,于是领头人说,'此天洗兵'。把蒙在甲胄上的灰尘洗干净,好上战场攻打敌人。今天,我们集合起来纪念五四运动,天下雨了,这也是天洗兵,不怯懦的人上来,走近来!勇敢的人走拢来!"

---

① 李元授.演讲与口才[M].3版.武汉:华中科技大学出版社,2014.

<<<<<<<<<

闻一多这段即兴演讲,成功地借用了"景"和"情",以武王伐纣的故事,引发出"天洗兵"的壮志豪情,进而号召青年们继承五四运动的光荣传统,经受暴雨的洗礼,做一个坚强的民主革命战士。这样的讲话既切景、切情,又切合大会的宗旨,颇具鼓动力、号召力。而且颇有些趣味,可谓精彩至极。

（资料来源：金泉.好口才好人生[M].北京：中国华侨出版社,2009.）

三、材料准备

作为即兴演讲,临时构思必须有素材,现场表达必须有内容。倘若脑袋空洞无物,即使嘴皮子再灵,也免不了犯"无米之炊"之难,受"思路枯竭"之苦。可见,储备材料是关键所在。

材料不是天上掉下来的,而是从平时的学习（也包括向生活学习、向社会学习）中积累起来的。一个人的知识面越宽、阅历越广,他的素材就越丰富,思路也就越开阔。当然,"积累"必须以"观察""多思"为基础。如果看书走马观花、听广播看电视过而不留、生活现象熟视无睹、社会新闻充耳不闻,讲话构思还是免不了"搜索枯肠"。

积累,就是把所察、所思储存起来。积累的东西包括方方面面,但归结起来不外乎两大类:一是典型事例,二是理性思辨。前者使我们说话有"凭据";后者使我们分析有"道理"。需要时,可顺手拈来,使其为某一论题服务。当你用一根思想的红线把材料的珍珠穿起来时,一篇有理有据的"腹稿"就形成了。

四、临场准备

有时,演讲者也可能在毫无思想准备和心理准备的情况下被突然"点将",这时就要尽量争取临场准备时间。临场准备的时间虽短暂,却能为演讲者提供宝贵的思考空闲。

1．酝酿腹稿

如果时间和情况都允许的话,演讲者还可以酝酿一下腹稿,形成一个大体框架,如迅速概括演讲的主题,组织安排演讲的结构等,明白自己要讲一个什么问题,如何讲清楚,先讲什么,后讲什么,如何结尾,把要讲的内容提要有条理、有层次地组织起来。值得注意的是,这个腹稿并不是一成不变的,随着演讲内容的逐步深入,可能在讲话过程中会随时改变或打乱原先的设计。

2．拖延时间

临场准备是以拖延时间为目的的,主要有以下两种。

（1）动作拖延。利用某种动作来拖延时间,在施展动作的同时,让大脑快速地进行工作,然后再开始讲话。比如,端起茶杯喝口茶水,拉拉椅子,向听众点头或招手致意,等等。这些动作延宕的时间虽然很短,却给了演讲者一个喘息的机会,让大脑进行紧张快速的思考,同时调整了自己的心理状态。

>>>>>>>>

（2）语言拖延。语言延宕就是先说些与主题关系不大的、无须深入思考且易于表达的题外话，以便大脑迅速组织材料，确立讲话的主旨、中心等，然后再慢慢切入主题。这样，就可避免演讲中冷场的尴尬。比如，在一次演讲当中，忽然有人向演讲者提问一个刁钻的问题，这位演讲者用语言延宕方法解围："这位听众问了一个很好的问题，我想大家也一定像他一样，很想知道我对这个问题的看法。那我就给大家做一下解答……"在说这段话的同时，演讲者就可以使自己的大脑迅速活动和思考，等这段话说完了，他的答案也就组织得差不多了。

【小训练 4-2】

讨论：为了提高即兴演讲能力，作为一名大学生平时应该怎么做？

第三节　即兴演讲的构架

在占有材料的基础上，怎样迅速构筑起演讲的框架呢？请熟练掌握以下一些构架方式。

一、开头部分

"好的开头往往是成功的一半。"即兴演讲一般时间都不会太长，精彩而有力的开头就显得更为重要。

下面介绍的即兴演讲开场艺术对演讲者的快速构思是大有裨益的。

1．自我介绍

自我介绍适合于演讲者与听众初次相交，后者对前者的身份、工作和生活经历不很熟悉的情况。演讲者介绍的情况应是听众想了解的或是与会议主题内容相关的。某乡党委书记一到任就深入某村搞调研，正值村里召开青年大会，进行形势教育，于是乡党委书记就作了即兴讲话，他是这样开头的：

大家可能不是很熟悉我，因为我到这里工作的时间不长。我姓余，当然我不希望我今天的讲话对大家是多余的。我参加工作五年，一直在农村度过，打交道的对象主要是像你们一样的农村青年。我的老家距这里只有几十公里，在座的大多数同志可能到过那里，因为驰名中外的屈子祠就坐落在我家门前。

接着，他便从屈子祠讲起，转入了爱国主义教育的正题。

2．综合归纳

综合归纳是指演讲者对其他人已经发言的内容进行综合，分析其特点，进而表明自己的观点或态度的一种演讲方法。一位领导应邀去参加一个"领导干部与市场经济"的研讨会，在听取大多数同志的发言之后，他是这样开始他的讲话的：

以上很多同志作了发言,有的从宏观的角度谈了领导干部怎样去适应市场经济,有的结合工作实际从微观的角度论证了领导干部在市场经济中如何去搞好服务。前者具有较强的理论性;后者具有较强的针对性和操作性。我认为都讲得很好,至少可以说明,在"领导干部与市场经济"这个新的课题中,确实有很多新问题值得我们去思考、去探讨。今天我要讲的是……

3. 提出问题

演讲者根据活动的主题思想有针对性地提出一些问题,进而进行解答。使用这种方法关键在于所提出的问题是否与主题思想相关,是否带有倾向性或争议性,解答问题时有明确的立场观点和充分的理由。在一次对大学生进行就业观教育的会议上,一位演讲者是这样发言的:

为什么一些年轻人总想着进大城市、进大机关而不愿去企业工作?为什么一些年轻人不发挥自己的一技之长去创业而甘愿闲居家中眼睁睁地盯着父母那几个血汗钱?我认为,这主要是我们的年轻人,包括一些年轻人的父母们还没有破除旧的就业观念。

4. 故事启发

演讲者首先讲了一个故事,然后从中启发性地提出问题,进而亮出自己的观点。使用这种方法应注意两个问题:一是讲的故事要短小精悍,并且具有趣味性或新闻性;二是这个故事的内容与会议主题相吻合,提出的问题应与会议的目的相吻合。在一次反腐倡廉的座谈会上,某与会者的发言是从一个古代故事讲起的。

春秋时代,孙子带着兵书去晋国见吴王,吴王看后要孙子演习他的带兵方法。于是孙子挑选若干宫女分为两队,并挑选两名吴王的宠妃为队长。演习中尽管孙子三令五申,宫女们仍不听指挥,结果孙子置吴王命令于不顾,认为"臣既已受命为将,将在外,君命有所不受",硬是将吴王的两名宠妃杀了。之后,宫女个个乖乖听话,无人抗命……

从这个故事,便引出了其发言的主题:要取得反腐的阶段性成果,关键在于不畏权势,敢于碰硬。

5. 借物寓意

借物寓意,即在事物寓于象征的意义上借"兴"而发。有的演讲者在开场白中采用以物证事的方法,借用某种具体事物,达到暗示事理的目的。在上海市"钻石表杯"业余书评授奖会上,在众人的即兴演讲中,《书讯报》主编贾伟同志的演讲独具一格,他的开场白尤为精彩。

今天,我参加"钻石表杯"业余书评授奖会,我想说的是一句话"钻石代表坚忍,手表意味着时间,时间显示效率。坚忍与效率的结合,这是一个人读书的成功所在,一个人的希望所在。"

贾伟的开场白超脱了恭维话的俗套,以"钻石"象征"坚忍"、"手表"象征"时间"的修辞手法,给人的是力量、启迪与深思。语义深刻、言简意赅地提示了读书求知、读书成才的道理,令人回味无穷。

>>>>>>>>>

6. 借题发挥

群众性演讲有特定的地点、特定的内容及各不相同的气氛。演讲者即兴演讲的开头可以当场捕捉住这种特殊的气氛，借题发挥，烘托气氛。上海市新闻工作者协会主席，原《解放日报》总编辑王维同志，一次出席上海市企业报新闻工作者协会成立大会，这次会议是在上海第三钢铁厂新建的俱乐部会议厅召开的。他即兴演讲的开头说：

我来参加会议，没有想到有这么好的会场，这个会场不要说是市企业报记者协会成立大会，就是市记协成立大会也可以在这里召开；没想到有这么多的企业报的记者、编辑参加这个大会，它说明企业报的同仁是热爱自己的组织、支持这个组织的；没有想到今天摆在主席台上的杜鹃花这么美丽，鲜花盛开，这标志着企业报记者协会也会像杜鹃花一样兴旺、发达……

王维的演讲激起阵阵掌声。他的开场白在会场、工作人员和鲜花上做文章，把三者巧妙地联系起来，提示了企业报齐心协力即可创造雄厚的经济实力，表达了对齐心协力的美好祝愿。

7. 直入论题

演讲开头直接进入论题，亮出观点。这样的开头干净利落，醒人耳目，而且无须费时费心去寻找其他的"引子"。使用这种方法，切忌含含糊糊，要求观点明确、态度明朗。例如，列宁同志于 1918 年 8 月 23 日在阿列克谢也夫民众文化馆群众大会上的讲话是这样开头的：

今天我们党召开群众大会来谈谈这样一个题目：我们共产党人为什么而奋斗。对于这个问题，可以作一个最简短的回答，为了停止帝国主义战争，为了社会主义。

二、主体部分

主体部分是用来展开演讲内容，充分阐释自己观点、见解的部分。它的构架方式多种多样，最基本的有以下几种。

1. 并列式

把讲话的主体分为几个部分分别阐述，这几部分的关系是并列的。例如，指导教师在"儿童口才培训班"结业汇报会上的讲话就采用了这种方式。

领导的支持坚定了我们搞儿童口才培训事业的决心——向领导致意；

家长的信赖与配合给予我们无穷的精神力量——向家长致谢；

小朋友们在培训班这个集体中刻苦练习、切磋琢磨，充分展示了自己——向小朋友们祝贺；

希望大家随时随地练口才，将来做一个口才棒棒的栋梁之材——静候小朋友们进步的佳音。

＜＜＜＜＜＜＜＜＜

2．连贯式

按事情的发展经过和时空顺序来安排讲话的层次，各层次间的关系是连贯的。例如，以"家乡变奏曲"为题作即兴演讲就可采用这种构架方式。

昨天，这里是一片荒凉；

今天，一片新绿在眼前；

明天，从这里走向辉煌。

3．递进式

把讲话主体分为几个层次，层次与层次之间是层层深入的关系。例如，对"商业贿赂"问题发表意见就可以这样构架。

"商业贿赂"的现状；

"商业贿赂"的实质与危害；

"商业贿赂"问题的根本治理。

4．正反式

主体部分是由正、反两方面的内容构成的，即一方面围绕着正面阐说，另一方面围绕着反面论述。例如，论证必须给企业"放权"的问题。

企业没有自主权时，举步维艰；

企业有了自主权时，效益可观。

以上介绍的是几种最基本的组合方式，实际运用时，可综合交错使用。

三、结尾部分

好的结尾犹如撞钟，响亮而有余音。以下几种方式可根据需要选择。

1．祈愿式

表达（可用借境、作比等方法）良好的祝愿。如"祝中、尼（尼泊尔）两国人民的友谊像联结我们两国的喜马拉雅山那样巍峨永存。"

2．感召式

或抒发真挚、激越的情感，或展望光明美好的前景，或发出鼓动性的号召。如"让我们用创造性的劳动去迎接新世纪的到来吧！"

3．理喻式

用寓意深刻的道理（可引用哲言警句等）启发听众去深思、探索。如"'世有伯乐，然后有千里马'。人才辈出的时代首先应该是'伯乐'辈出的时代。"

4．总结式

用简洁的语句总结全篇、点明题意。如"说一千道一万，归根结底还是这句话：扭转社会风气，要人人从我做起。"

切忌"泄劲"式的结尾。如"我讲得不好，耽误大家时间了，请原谅。"

>>>>>>>>

【小故事 4-7】

哥哥威尔伯的即兴演讲结束语

美国的莱特兄弟在成功地驾驶动力飞机飞上蓝天后,人们在法国的一次欢迎酒会上再三邀请哥哥威尔伯讲话。他简短讲了几句后,最后说道:

"……据我们所知,鸟类中会说话的只有鹦鹉,而鹦鹉是飞不高的。"

威尔伯的结束语可谓要言不烦,含义深远。他拿鸟类来说事,且扣合其壮举——飞行。又说鹦鹉会说话但飞不高,暗示人不要多说废话,而要去付诸实践,才能获得成功,诚如他们兄弟一样。这一句言简意赅而又富含哲理的结束语,博得了与会者长时间的热烈鼓掌,至今还一直为世人所称道。

（资料来源：佚名.教师口语表达分类实践 [EB/OL].[2011-12-01].https://www.docin.com / p-298525941.html.）

【小训练 4-3】

以"我爱（喜欢、赞美）我的……（亲人、老师、同学、同事、朋友）"进行即兴演讲,介绍他们。注意即兴演讲的结构完整。

第四节　即兴演讲成功要诀

一、实例引导

即兴演讲的开始便先举例,有三个好处：第一,你可以从苦苦思索下一句需要讲什么中解脱出来。第二,可使初始的紧张飞逝无踪,有机会使自己的题材逐渐温热起来,渐渐进入演讲的情境。第三,可以立即获得听众的注意,因为事件—实例是立刻摄取听众注意力万无一失的方法。有一位演讲者作了一次主题为"不要害怕失败"的即兴演讲,在演讲的开头,他娓娓道来讲了一个故事：

"有个人 7 年才完成中学学习,当时其他人只用 5 年,他考重点初中、重点高中全都失败,考大学落榜 3 次,申请工作差不多失败 30 次。高中毕业时他想在 KFC 找一份工作,24 个人参加面试,23 个人被聘用,他是唯一没有被聘用的。然后,这个人又试着去考警校,5 个同学去,4 个被录取,他又是那个没被录取的。开始创业时,试着去融资,去了硅谷和投资人对话,见了超过 30 个投资人,没有一个愿意投给他。这个人是谁? 他是马云。"

无论哪种内容的演讲,如果能在开头讲一个生动有趣、感人肺腑的故事,都会让整个演讲事半功倍。每个人都喜欢听故事,把观点融入故事中,避免了枯燥的说理。任何一场演讲都不能全是枯燥的说理。在演讲开头不妨给听众讲一个与主题有关的短小精悍的故事。[1]

---

① 周毓.演讲开场的三个妙法 [J].演讲与口才,2019（20）.

<<<<<<<<<<

二、充满生机

演讲者若拿出力量和劲头来,外在的蓬勃生气便会对其内在的心理过程产生极有益的效果。身体的活动与心理的活动,关系极为密切,身心交流,即可使演讲产生最佳效果,慷慨激昂、侃侃而谈,很快便使演讲说得头头是道了,从而也开始引起听众的注意。一旦使身体充起"电"来,就会充起蓬勃的生气来,正如威廉·詹姆士所说:我们就能很快地使心灵快速展开活动。

三、联系现场

即兴演讲时,首先,向主持人致意,说上两句,可以有个喘息的机会,然后最好发表与听众有密切关系的言论,因为听众只有对自己和自己正在做的事情感兴趣。有以下来源可供演讲者摘取意念,作为即席演讲之用。

1.联系听众

为使演讲轻松易行,演讲者即兴演讲的开头,可联系听众,从与听众沟通感情入手,选择与听众息息相关或最能被听众接受的话题,引发听众与自己在心理上的共鸣。1914年,英国首相丘吉尔在美国圣诞节的即兴演讲就是这样开头的:

"我的朋友,伟大而卓越的罗斯福总统,刚才已经发表过圣诞前夕的演说,已经向全美国的家庭致友爱的献词。我现在能追随骥尾讲几句话,内心感到无限的荣幸。我今天虽然远离家庭和祖国,在这里过节,但我一点也没有异乡的感觉。我不知道,这是由于本人的母亲血统和你们相同,抑或是由于本人多年来在此所得的友谊,抑或是由于这两个文字相同、信仰相同、理想相同的国家在共同奋斗中所产生出来的同志感情,抑或是由于上述三种关系的综合。总之,我在美国的政治中心——华盛顿过节,完全不感到自己是一个异乡之客……"

丘吉尔在这里动用了感情沟通法,把美国总统罗斯福说成是自己的朋友,在心理上缩短了演讲者与听众之间的心理距离,开场白取得了良好效果。

2.联系场合

即兴演讲可以联系这次聚会的情况缘由,搜索会议现场的环境、氛围寓意借"兴"而发。例如,鲁迅先生曾在厦门中山中学作过一次演讲,他敏锐地把握演讲的会址命名的由来,寓于深刻的含义,以作开场白的导语。他开头说:

"今天我能够到你们这所学校来,实在很荣幸。你们的学校名叫中山中学,顾名思义,是为纪念孙中山。中山先生致力于国民革命40年,结果创造了'中华民国'。但是现在军阀跋扈、民生凋敝,只有'民国'的名目,没民国的实际。"

鲁迅从演讲的会址中山中学入题,在"中山"上寓于深刻的含义,一针见血地指出名与实之间的强烈反差,从而激发了中山中学师生们的革命热情,为完成中山先生未竟事业

>>>>>>>>>

而奋斗。

3. 联系前面人的演讲

善于演讲者往往也善于倾听,在听的过程中受到提示和启发,以此激发自己的演讲灵感。对前面的演讲话题,后面的演讲者或者可以拾遗补漏,或者可以转换角度,甚至可以因某个词、某句话的启发,构思一篇精彩的演讲。例如,某大学中文系一次毕业生茶话会上,首先是系总支书记讲话,3 分钟的即兴讲话主要是向毕业生们表示祝贺。然后是彭教授讲话,他讲话的主题是希望同学们继续努力学习,还引用了列宁的名言。第三个是潘教授讲话,他朗诵了高尔基的《海燕》片断,以此勉励同学们学习海燕的精神。第四个是系主任讲话,他希望同学们永远记住母校和老师们。紧接着,毕业生们欢迎王教授讲话。王教授一字一顿地说:"我最喜欢说被人说过的话。(笑声)第一,我要祝同学们顺利毕业!(笑声)第二,我希望同学们'学习、学习、再学习'!(笑声)第三,我希望同学们像海燕一样勇敢地搏击生活的风浪!(笑声)第四,我希望同学们不要忘记母校,不要忘记辛勤培育你们的老师们!(大笑、热烈掌声)"王教授通过对前面四人演讲的主题的简练概括,完成了一次机智、风趣且具有个性特点的演讲。

【小贴士 4-3】

里根总统现场借景

美国总统里根是现场借景的高手。他来中国访问时,在复旦大学发表演讲。在复旦大学校长谢希德介绍完他之后,他说道:"我这次来华访问之前,碰到一个你们复旦大学的留学生,她是一个上海姑娘,从复旦大学毕业后去美国攻读博士学位。她的父亲是一个商店营业员,母亲是一家工厂的临时工。她要我代她向谢希德校长问声好。现在这个口信带到了,请谢校长打个电话告诉这个女同学一声,就说里根已把话带到了!"说着,里根还报出了那位女生的电话号码,现场的同学们对他报以热烈的掌声。一个简单的现场借景,就拉近了里根和听众的关系,给演讲开了个好头。

4. 联系主持人介绍

孙绍振《慧眼看文学经典:真善美的"错位"》演讲的即兴开场白就运用了这一方法:

刚才主持人把我鼓吹了一下,实际上对我没有什么好处。因为期望值越高,给我的压力就越大。不过我也感到一点鼓舞,说到我的散文的时候,提到我写过一本《美女危险论》,你们都笑了,笑的人大多是男孩子,看来男孩子体会很深。(笑声)"美女危险论"为什么能引起大家的兴趣呢?你们大多数是理工科的,即便是学文科的,也都是学理论的,理论本身也就是一种理性。不管多么理性的人物,他碰到美女的时候,理性就比较少了。爱是没有道理的,也是讲不清楚的。如果讲爱有道理的话,这个道理就是很危险的。(大声笑)

孙绍振的开场白是从主持人说起的,因为主持人在介绍他的时候,提到了他的《美女危险论》,并引发了大家的笑声。他别出心裁地对此进行了一番富有理趣的解释,结论是碰到美女,人的理性就比较少了,因为"爱是没有道理的",如果有,"这个道理就是很危险的"。演讲者"化腐朽为神奇"的语言功力令人佩服。

<<<<<<<<<

四、完美展说

对即兴演讲来说,选材料、立框架,这一切都是在瞬间完成的,因而只是以一些片断的、轮廓式的、提纲大意的内部语言形式储存在头脑里。要把这样的内部语言转化为连贯的、具体的、有血有肉的外部语言,演讲者还必须具备一种"展说"能力,即把提纲大意"展说"成一篇内容具体、前后连贯的演讲词的能力。那么,怎样来"展说"呢?

首先,要把"框架"中的每一个层次都看作是一个"意核"或一个"中心句",心中把握住几个"意核"的顺序及内在联系。然后不慌不忙地先从第一个"意核"开始,围绕着它,或举例、引用,或回忆、联想,或比兴、引申,或补充、发挥……把"意核"这个"中心句"扩展为"句群"。待这个"意核"充分发挥后,再进入第二个"意核",也把它扩展为句群。这样仿效"扩展"下去,一篇内容具体、逻辑严密的即兴演讲就顺理成章地完成了。如果某个"意核"的含量太大,还可以把它分解为几个"小意核",按顺序把它们逐个展开。这种"扩句成群"的"展说"能力是即兴演讲的必备能力。很多人在心中已打好了"腹稿"的前提下,说出来却吭吭哧哧,前言不搭后语,就是因为缺乏这种"展说"能力。没有或缺乏这种能力,内部语言就很难顺利、迅速地转化为外部语言。因而,我们平时就应有意培养这种"展说"能力。

其次,要善于选用例子阐明自己的观点。郎小洁在其《即兴演讲不妨以"例"服人》(《应用写作》2006年第10期)一文中进行了总结:一是可以选用名人之例,让你的演讲更有可信力;二是用亲身之例,让你的演讲更有亲和力;三是用感人之例,让你的演讲更有感染力;四是用典型之例,让你的演讲更有震撼力;五是用哲理之例,让你的演讲更有启发力。

就拿演讲者用典型之例,让演讲更有震撼力来说,演讲者引用典型之例,都是用来证明自己观点的,所以运用的事例,都要有代表性、说服性,要能确实击中问题的要害才好。这样一个好例子,往往会给听众带来震撼,令听众信服。例如,某单位组织大家讨论树立正确荣辱观的重要性和迫切性。为了能"抛砖引玉",一位负责人作了这样的即兴演讲:

不久前,曾看到一条新华社的消息,标题是"有多少人拥有腐败的'领地'"。这条消息报道的是江门市新会区人民医院,在这个不足200人的医院里,竟然有140多人陷入了"回扣陷阱"。正副院长带头搞腐败,各科室主任组织搞腐败,医生护士积极搞腐败,药房更是专心搞腐败。而其他人呢,也是"各显其能",司机在增耗上搞腐败,厨师在减量上搞腐败,就连只是操作计算机的打字员,靠"卖单子"给药商,一年也会受贿10多万元。这简直就是耸人听闻,可更令人不可接受的是这些人畸形的荣辱观:谁搞腐败谁光荣,谁不腐败谁可耻。他们竟认为受贿不是贪,而是"多劳多得"。这是多么可怕的荣辱观啊!可以说,正是由于荣辱观的缺失和错位才导致了上述现象的发生。所以,树立正确的荣辱观真的是迫在眉睫啊!

听到这样一个让人触目惊心的事例,大家会感到不可思议和震惊,但它却真实地存在于我们的生活中。应该说,这样典型的事例对听众无疑是极有震撼力的。

＞＞＞＞＞＞＞＞

【小训练 4-4】

你的父母等亲人或你同学、朋友过生日时，请以主持人的身份为其即兴演讲祝福。

五、出错补救

即兴演讲中语言出错是一种常见现象。要解决这一个问题有两个途径：一是通过长期的实践锻炼，不断提高自己即兴演讲的心理素质和表达水平，尽可能减少这种失误；二是要掌握和运用一些必要的应变方法，以及时避免或消除因语言出错而可能造成的消极影响。

1．将错就错

即兴演讲是在某种特定的现实场景中进行的，它的现场效果要受演讲者和听众两个方面的制约。无论是主观因素还是客观条件，一旦发生干扰，就可能造成演讲者无法预料的语言差错，而使自己陷入尴尬的境地。倘若出现这种情况，不妨将错就错，来一番即兴发挥，就会消除窘困，获得意想不到的现场效果。例如：

一位节目主持人参加海南省狮子楼京剧团建团庆典，当她用充满激情的语言介绍京剧、介绍剧团、介绍来宾的时候，由于事先不了解情况，错把原本是花白头发的老汉——海南师范学院党委书记南新燕介绍成"小姐"。面对"全场哗然"的意外，她先向被介绍人真诚地道歉，然后侃侃而谈，"您的名字实在是太有诗意了。我一见这三个字，立即想起了两句古诗：'旧时王谢堂前燕，飞入寻常百姓家。'这是一幅多么美丽的图画。今天，这里出现了类似的情景，京剧一度是流行在北方的戏曲，而现在，京剧从南到北，跨过琼州海峡，飞到了海南，而且在这里安家落户，这又是一幅多么美好的图画啊！"

这位主持人的应变能力实在让人叹服。她在表示"对不起，我是望文生义了"的歉意之后，语意一转，就即兴发挥起来，由自己的语言失误引出活动的话题，并进行了富有诗意的生动描述。这一将错就错的补救方式显得十分自然，赢得了全场观众异乎寻常的热烈喝彩。

2．巧妙辨析

实践表明，在即兴演讲中，演讲者有时会因为过于紧张或过于激动而造成一时的口误，在这种情况下，演讲者既不可能为了面子而置之不理，也不可能因为自尊而掩饰错误。"最好的办法是按正确的讲法再讲一遍"（邵守义语），也就是把错误改正过来。倘若能够根据现场的实际情况，有针对性地将正误对照起来巧做辨析，给听众的印象反而会更加深刻。例如：

一位师范学校的班主任在新生入学后的第一次班会上即兴演讲，他说："同学们，大家好！你们从四面八方来到这所师范学校，开始了新的学习生活，我相信同学们一定会刻苦学习，不断进步。将来希望每一位同学都能成为合格的小学教师。不，应当这样说——希望将来每一位同学都能成为合格的小学教师。因为这希望是现实的，它表达的是我此

<<<<<<<<<<

刻的真实心情;而你们将来才会真正走上讲台,开始从事太阳底下最光辉的职业……"

这位老师在即兴演讲中凭敏锐的语感发觉了一句话的语序错误,并在迅速改正过来之后,进行了巧妙的辨析。这样,既表明了语言的毛病,又解释了改正的原因,不仅没有造成语言失误的尴尬,反而强化了表达的效果,实在是一种高明的补救方法。

3．自圆其说

在即兴讲话中,演讲者一旦察觉到自己的语言错误,往往会因为心理紧张而产生思维障碍,以致无法讲下去。倘若出现这种情况,演讲者应立即针对自己的失误,进行一番合乎情理的阐释,只要能够自圆其说,也不失为一种化错为正的补救方法。例如:

在一次婚礼上,主持人热情地邀请来宾讲话,一位职业中学的教师上台即兴致辞,他说:"今天,是职业中学的夏明先生和经贸公司的叶红小姐喜结良缘的好日子……也许有人以为我说错了,夏先生和叶小姐不是同在一个公司上班吗?是的,夏明从商了,但一个月前,他还是职中的一名优秀青年教师。在我们心目中,他永远是我们的好同事。我愿借此机会,代表职中全体教职工,向一对新人表示最真挚的祝福!"

显然,这位来宾由于一时激动,把新郎现在供职的单位介绍错了。也许他从听众异样的表情上察觉了自己的口误,于是,稍稍停顿之后,巧妙地进行了阐释。听了此番入情入理的言辞,谁还会责备他语言上的差错?演讲者这一化错为正的表白,不仅可以自圆其说,而且增强了抒情的真切感,产生了独特的现场表达效果。

4．随机应变

进行即兴演讲,有时会出现这样的情况:演讲者自己不知为什么,竟说出一句错话,而且马上意识到了。倘若遇上这种失误,演讲者不妨采用调整语意、改换语气等接续方式予以补救。只要反应敏捷,应变及时,就可以收到不露痕迹的纠错效果。例如:

一位公司经理在开业庆典上发表即兴演讲,他这样强调纪律的重要性:"公司是统一的整体,它有严格的规章制度,这是铁的纪律,每一个员工都必须自觉遵守。上班迟到、早退、闲聊、乱逛、办事推诿、拖沓、消极、懈怠,都是违反纪律的行为。我们允许这种现象的存在——就等于允许有人拆公司的台,我们能够这样做吗?"

这位经理的反应力和应变力是很强的。当他意识到自己把本来想说的"我们绝不允许这些现象的存在"一句话中的"绝不"二字漏掉之后,马上循着语言表达的逻辑思路,续补了一句揭示其后果的话,同时用一个反问句结束,增强了演讲的启发性和警示力。这样的续接补救,真可谓顺理成章、天衣无缝。

【小训练 4-5】

如果你就要毕业了,将告别熟悉的校园、亲爱的老师和朝夕相处的同学,请运用本章所学内容,在告别会上作即兴演讲,表达对这一切的依依惜别之情。

课后练习

1. 夏夜的星空是那么美、那么遥远。触景生情，我们会产生种种思索。请你展开联想，以"遥远的星空"为题作即兴演讲。

2. 假如你的企业作为东道主组织以下活动，你作为企业代表作即兴讲话，你想讲些什么？

- 洽谈会　　　　　·记者招待会　　　　　·客户联欢会
- 开业典礼　　　　·宴会

3. 学校准备采取竞选的方式产生新一届学生会，你希望得到这个机会，那么请你做简短的竞选演说。假如你当选为校学生会主席，那么请你再向同学和老师们发表即兴就职演说。

4. 请以以下题目进行即兴演讲练习：

"授人以渔而非鱼"之我见	人生处处是考场
感悟失去	从饭后打包说起
财与才	拒绝平庸
处处留心皆学问	风中那一缕白发
时尚之我见	师恩难忘
悠悠那一缕父子情	我崇拜的战"疫"英雄

5. 案例分析。

林语堂的即兴演讲

林语堂是我国现代著名的语言学家，也是著名的幽默大师。有一次，他到一所大学去参观。参观后校长请他到餐厅和学生们共进午餐。校长认为这是一次难得的机会，就临时请他和学生讲几句话。林语堂很为难，无奈之下，就讲了一个笑话。

林语堂说，罗马时代，皇帝残害人民，时常把人投到斗兽场中，让猛兽吃掉。这实在是一件惨不忍睹的事！可是，有一次皇帝又把一个人丢进斗兽场里，让狮子去吃。这个人胆子很大，看到狮子并不怎么害怕，径直走到狮子身旁，在狮子耳边讲了几句话，那狮子掉头就走，不吃他了。皇帝觉得很奇怪，狮子为什么不吃他呢？于是又让一个人放了一只老虎进去，那人还是毫无惧色，又走到老虎身旁，也和它耳语一番。说来也奇怪，老虎也悄悄地走了，同样没有吃他。皇帝诧异极了！怎么回事？便把那个人叫出来，盘问道："你究竟向狮子和老虎说了些什么，竟使它们不吃你呢？"那人答道："陛下，很简单，我只是提醒它们，吃我很容易，可吃了以后，你们得演讲一番！"林语堂说罢就坐下了，"哗"，顿时全场雷动，林语堂的故事得了一个满堂彩，校长啼笑皆非。

（资料来源：刘志敏．演讲与口才实用教程 [M]．北京：人民邮电出版社，2017.）

思考题：

(1) 林语堂的演讲为什么能使全场雷动？

(2) 本事例对你有何启示？

小洛克菲勒的即兴演讲

1915 年,科罗拉多州煤铁公司的矿工为了要求改善待遇,进行了罢工,因为公司方面处置不善,这次罢工又演变成了流血的惨剧,劳资双方都走向了极端。这次罢工持续了两年之久,成为美国工业史上一次有名的大罢工。那时管理矿务的人,就是美国石油大王洛克菲勒的儿子。这位小洛克菲勒,最初使用高压手段,请出军队来镇压,闹成了流血惨剧,不仅没有解决问题,反而使罢工的时间延长下去,使他的财产受到了更大的损失。

后来,小洛克菲勒改变方法,用了柔和的手段,把罢工的事情暂时放之不谈,特地去和工人为友,到各个工人的家中去慰问,对罢工运动代表们作了一次十分中肯的现场即兴演讲。他说:"在我的有生之年,今天恐怕要算是一个最值得纪念的日子。我十分荣幸,因为我能够和诸位认识,如果我们今天的聚会是在两个星期之前,那么,我站在这里就会是一个陌生人了;因为我对于诸位面孔的认识还只是极少数。我有机会到南煤家庭,会见了诸位的妻儿老幼,大家对我都十分客气,完全把我看作自己人一般。所以,今天我们在这里相见,我们已经不是陌生人而是朋友了。现在,我们不妨本着相互的友谊,共同来讨论一下我们大家的利益,这是使人感到十分高兴的。参加这个会的,是厂方的职员和工人的代表,现在蒙诸位的厚爱,我才能在这里和诸位相见并努力化除一切矛盾,彼此成为好友,这种伟大的友谊我是终生不会忘掉的。我们大家的事业和前途从此更是展开了无限的光明。我个人今天虽然是代表着公司方面的董事会,可是,我和诸位并不站在对立的地位,我觉得我们大家都是有着密切的关系和友谊的。和我们彼此有关的生活问题,现在我很愿意提出来和大家讨论一下,让我们一起从长计议,获得一个双方都能兼顾到的圆满的解决办法,因为这是对大家有利的事……"

小洛克菲勒的讲话虽然没有华丽的辞藻,但话语中肯,引起了矿工广泛的共鸣,很快摆脱了困境。

(资料来源:佚名.如何才能有效谈话,不再不说无用 [EB/OL].[2019-04-19]. http://www.dream211.com/jingpinwenzhang/2019/04-19/552.html.)

思考题:

(1) 小洛克菲勒的演讲经历说明了什么?

(2) 本事例对你有何启示?

第五章 社交口才

交谈比生活中任何其他举动更为美妙。

—— [法] 蒙田《随笔集》

你能面对多少人，未来就能有多大成就。

—— [英] 丘吉尔

课程思政要求

- 进行社会主义核心价值观教育；
- 进行爱国主义教育；
- 开展诚信教育、法律意识教育和道德意识教育；
- 塑造职业形象、提高职业素养；
- 促进学生全面发展。

学习目标

- 掌握交谈的语言艺术；
- 掌握提问的语言艺术；
- 掌握回答的语言艺术；
- 掌握说服的语言艺术。

案例导入

经理室的对话

小王是一家科教设备公司的推销员，他希望通过勤奋的工作来创造良好的业绩。一天他急匆匆地走进一家公司，找到经理室，于是就有了如下的一段对话。

小王："您好，李先生。我叫王乾，是科教设备公司的推销员。"

经理："哦，对不起，这里没有李先生。"

小王："您是这家公司的经理吧？我找的就是您。"

经理："我姓于，不姓李。"

小王："对不起，我没听清您的秘书说您是姓李还是姓于，我想向您介绍一下我们公司的彩色复印机……"

经理："我们现在还用不着彩色复印机。"

小王："噢，是这样。不过，我们还有别的型号的复印机，这是产品目录，请过目。（接着，掏出香烟和打火机）您来一支。"

经理："我不吸烟，我讨厌烟味，而且，我们公司是无烟区。"

小王：……①

问题：

(1) 小王与经理的对话存在什么问题？

(2) 交际口才为什么重要？请举例说明。

第一节 交　　谈

【小训练 5-1】

学生小张去拜访一位老教授，发现其家中养着一只狗，请两位同学进行角色扮演，演示一段不少于 3 分钟的情景对话。

美国前哈佛大学校长伊立特曾说："在造就一个有修养的人的教育中，有一种训练必不可少，那就是优美、高雅的谈吐。"交谈是交流思想和表达感情最直接、快捷的途径。在人际交往中，因为不注意交谈的语言艺术，或用错了一个词，或多说了一句话，或不注意词语的色彩，或选错话题等而导致交往失败或影响人际关系的事时有发生，因此，在交谈中必须遵从一定的规范，才能达到双方交流信息、沟通思想的目的。语言作为人类的主要交际工具，是沟通不同个体心理的桥梁。交谈的语言艺术包括以下几个方面。

一、准确流畅

在交谈时如果词不达意、前言不搭后语，很容易被人误解，达不到交际的目的。因此在表达思想感情时，应做到口音标准、吐字清晰，说出的语句应符合规范，避免使用似是而非的语言。应去掉过多的口头语，以免语句割断；语句停顿要准确，思路要清晰，谈话要缓急有度，从而使交流活动畅通无阻。语言准确流畅还表现在能让人听懂。言谈时尽量不用书面语或专业术语，因为这样的谈吐让人感到太正规、受拘束或是理解困难。

【小故事 5-1】

自 作 自 受

古时有一笑话，说的是有一书生突然被蝎子蜇了，便对其妻子喊道："贤妻，速燃银烛，你夫为虫所袭！"他的妻子没有听明白，书生更着急了："身如琵琶，尾似钢锥，叫声贤妻，打个亮来，看看是什么东西！"其妻仍然没有领会他的意思。书生疼痛难熬，不得不大声吼道："快点灯，我被蝎子蜇了！"真乃自作自受。

（资料来源：佚名．与人沟通说话的技巧 [EB/OL].[2016-08-18].https://www.qinxue365.com/kczx/122539.html.）

---

① 杨捷，陈瑛．推销与谈判技巧 [M]．北京：科学出版社，2011.

>>>>>>>>>

二、清晰明了

口头传播的一大特点是传播速度快,稍纵即逝。据有关专家考证,口头语言留在人们记忆里的时间一般不超过八秒钟,十秒钟以后,人们的记忆就会逐渐模糊,直至残缺不全。这就要求人们在讲话时尽量使用明确精练、通俗易懂的语言,避免使用那些模棱两可、似是而非、晦涩难懂的语言。

说话要力求简单明了。生活中常有这样的情形,有的人不顾场合地点,说起话来口若悬河,滔滔不绝;有的人车轱辘话来回说,生怕别人不解其意;有的人在说话中插入一些不必要的交代,节外生枝,不着边际,这些都会导致主干被枝蔓掩盖、主要的信息被大量的次要信息淹没了,使听者如堕入五里雾中,不知所云。

说话中应当特别注意同音异义词的使用,以免发生误会。在汉语中,容易引起歧义的词语并不少见。例如"全部(不)及格""治(致)癌物质"等。遇到这类容易引起误解的词语,说话人可以换一种表达方式,交代清楚,如"全都及格""治疗癌症的物质"。这样对方就不会有疑问了。

此外,我们平常说话有很多潜台词,有时会产生歧义,导致相互不理解,甚至产生误解。所以要想把话说清楚,必须明确前提,把握潜在的语义和逻辑。下面这个小故事就是一个极好的说明。

【小故事 5-2】

该来的不来

有一天,一个业务员宴请客户。开宴时间快到了,客人只来了一半,业务员有些着急,忍不住自言自语道:"怎么该来的还没来呢?"

有的客人一听,心里凉了一大半:"他这么说,想必我们是不该来的。"于是有一半人拍拍屁股走了。

业务员一看许多客人离开了,着急地说:"怎么不该走的走了?"剩下的人听了,心里特别有气:"这不是当着和尚骂秃驴吗?看来我们是该走的。"于是剩下的客人又走了一半。

业务员急得直拍大腿:"嗨!我说的不是他们啊!"余下的人听了,心想:"这是什么话?不是说他们,那是说我们啦!"于是在座的客人纷纷离去,客房里只剩下一位平时和业务员关系较密切的客人。最后这位客人奉劝业务员:"说话前要先用脑子想想,不然说出去的话就收不回来了,覆水难收啊!"业务员一听,急忙辩解:"我并不是叫他们走啊!"

这位客人一听也火了:"不是叫他们走,那就是叫我走了!"说完,头也不回,扬长而去。

(资料来源:刘志敏.演讲与口才实用教程[M].北京:人民邮电出版社,2017.)

<<<<<<<<<

三、幽默风趣

交谈本身是一个寻求一致的过程,在这个过程中常常会出现不和谐的地方而产生争论或分歧。这就需要交谈者随机应变,凭借机智抛开或消除障碍。幽默可以化解尴尬局面或增强语言的感染力。它建立在说话者高尚的情趣、较深的涵养、丰富的想象、乐观的心境、对自我智慧和能力自信的基础上。它不是要小聪明或"卖嘴皮子",它应使语言表达既诙谐又入情入理,体现一定的修养和素质。

【小故事 5-3】

还没插秧呢!

有一次,梁实秋的幼女文蔷自美返台探望父亲,他们便邀请了几位亲友,又到"鱼家庄"饭店欢宴。酒菜齐全,唯独白米饭久等不来。经再三催促之后,仍不见白米饭踪影。梁实秋无奈,待服务小姐入室上菜之际,戏问道:"怎么饭还不来,是不是稻子还没收割?"服务小姐眼都没眨一下,答称:"还没插秧呢!"本是一个不愉快的场面,经服务小姐这一妙答,举座俱欢。

(资料来源:佚名.话说天下 [EB/OL].[2011-06-11].https://wenku.baidu.com/view/0905d213cc7931b765ce157b.html.)

四、注重礼貌

在交谈中使用礼貌用语,这是人类文明的标志,也是全世界共同的心声。使用礼貌用语不仅会得到人们的尊重,提高自身的信誉和形象,而且还会对自己的事业起到良好的辅助作用。在我国,政府有关部门向市民普及文明礼貌用语,基本内容为十个字:"请""谢谢""你好""对不起""再见"。在社交中,日常礼貌用语远不止这十个字。归结起来,主要可划分为如下几个大类,如表 5-1 所示。

表 5-1 礼貌用语一览表[①]

序号	礼貌用语类型	举　　例
1	问候用语	您好! 各位好! 小姐好! ×× 先生好! ×× 主任好! 早上好! 中午好! 下午好! 晚安! 各位下午好! ×× 经理早上好
2	欢迎用语	欢迎! 欢迎光临! 见到您很高兴! 恭候光临! ×× 先生,欢迎光临! 欢迎再次光临! 欢迎您又一次光临本店
3	送别用语	再见! 回头见! 慢走! 走好! 欢迎再来! 保重! 一路平安! 旅途顺利

---

① 杜明汉.营销礼仪 [M].北京:电子工业出版社,2011.

>>>>>>>>>

续表

序号	礼貌用语类型	举　例
4	请托用语	请稍候！请让一下！劳驾！拜托！打扰！请关照！请您帮我一个忙！劳驾您替我看一下这件东西！拜托您为这位女士让一个座位
5	致谢用语	谢谢！××先生，谢谢！谢谢，××小姐！谢谢您！十分感谢！万分感谢！多谢！有劳您了！让您替我们费心了！上次给您添了不少麻烦
6	征询用语	您需要帮助吗？我能为您做点什么？您需要点什么？您需要哪一种？您觉得这件工艺品怎么样？您不来一杯咖啡吗？您是不是很喜欢这种方式啊？您是不是先来试一试？您不介意我来帮助您吧？您打算预订雅座，还是散座？这三种颜色您更倾向哪种
7	应答用语	是的。好。很高兴能为您服务。好的，我明白您的意思。请不必客气。这是我们应该做的。请多多指教。过奖了。不要紧。没关系。不必，不必。我不会介意
8	赞赏用语	太好了！真不错！对极了！相当棒！非常出色！您真有眼光！还是您懂行！您的观点非常正确，看来您一定是一位内行。哪里，哪里，我做得还很不够。承蒙夸奖，真是不敢当。得到您的肯定，的确让我们很开心
9	祝贺用语	祝您成功！一帆风顺！心想事成！身体健康！生意兴隆！全家平安！节日快乐！活动顺利！新年好！春节快乐！生日快乐！旗开得胜，马到成功
10	推脱用语	您可以到对面的商场去看一看。我可以为您向其他专卖店询问一下。下班后我还有其他安排，很抱歉不能接受您的邀请
11	道歉用语	抱歉。对不起。请原谅。失礼了。失言了。失陪了。失敬了。有失远迎。不好意思，多多包涵。很惭愧。真的很过意不去

五、慎选话题

所谓话题，是指人们在交谈中所涉及的题目范围和谈资内容。换言之，话题是一些由相对集中的同类知识、信息构成的谈话资料及其相应的语体方式、表述词汇和语气风格的总和。在人际交往中，学会选择话题，能使谈话有个良好的开端。

1. 宜选的话题

在交际中宜选的话题包括以下方面。第一，应选既定的话题，即交谈双方业已约定，或者一方先期准备好的话题，如征求意见、传递信息、研究工作等。第二，选择内容文明、格调高雅的话题，如文学、艺术、哲学、历史、地理、建筑等。这类话题适合各类人群交谈，但忌不懂装懂。再次，选择轻松的话题，这类话题令人轻松愉快、身心放松，适用于非正式交谈，允许各抒己见，任意发挥。主要包括文艺演出、流行、时装、美容美发、体育比赛、电影电视、休闲娱乐、旅游观光、名胜古迹、风土人情、名人轶事、烹饪小吃、天气状况等。第三，选择时尚的话题，即以此时此刻正在流行的事物作为谈论的中心，这类话题变化较快，应注意把握。第四,选择话题时还要注意选择自己擅长的话题,尤其是交谈对象有研究、有兴趣的话题。比如,青年人对于足球、流行歌曲、电影电视的话题关注较多,而老年人对于健身运动、饮食文化之类的话题较为熟悉;公职人员关注的多是时事政治、国家大事,而普通市民则更关注家庭生活、个人收入等;男人多关心事业、个人的专业,而妇女对家庭、物价、孩子、化妆、衣料、编织等更容易津津乐道。

在交谈时要注意话题的选择有禁忌。若双方是初交,则有关对方年龄、收入、婚恋、家庭、健康、经历这一类涉及个人隐私的话题切勿加以谈论。

2. 扩大话题储备

由于人们的经历、职业、兴趣、学习状况不同,每个人所掌握的知识各不相同,都有一定的局限性,因此必须尽量扩大话题储备。对于掌握话题广度影响最大的是自身的学习状况和进取精神。一个人如果有理想、有追求,思想境界高,而且肯下功夫学习,爱读书看报,并关注社会现实生活,有较多的朋友,把看到、听到的东西有意识地加以记忆和积累,就会变得学识渊博,对时事政策、天文地理、政治外交、文艺体育、花鸟鱼虫、音乐美术都有所了解。由于视野开阔,谈资和知识面自然会比别人宽得多。

六、避免冷场

与人交谈,一个话题谈完了,如果两个人不善言谈,而另一个话题又没接上,就有可能出现"冷场"的尴尬局面,别人会显出局促不安的神态,你也会无所适从。那么,应该怎么办呢? 一般来说,冷场分为两种情况:一种是单向交流,听的人毫无兴趣,注意力分散;另一种是双向交流,听者毫无反应,或仅以"嗯""噢"之类应付。不管是哪种情况出现的冷场,根本原因都在于听者不愿听说话人所说的话,听者仅仅出于纪律的约束或处世的礼貌而扮演一个"接受"的角色。发言者既然要发言,必须实施控制,避免冷场的发生。避免和控制的办法如下。

1. 发言简短

单向交流中那种应景式讲话越短越好。如某商场举行开业仪式,邀请了市内各方面的人士参加。总经理只说了两句话:"女士们,先生们! 热忱欢迎各位光临! 现在我宣布: ××商场正式开业!"

双向交流中,任何一方都不要滔滔不绝地"包场",要有意识地给对方留出发言的时间和机会。自己一轮讲不完,应待对方有所反应后再讲,不要一轮就讲得很长。

2. 交换话题

单向交流的话题变换是暂时的,所变换的话题是为了吸引听者的注意力,调动他们的兴趣。这一目的达到后,仍要回到原有话题的轨道。比如,教师在讲课过程中发现学生精力分散、东张西望、打瞌睡、窃窃私语、在桌上乱画时可以暂停讲授,穿插几句应景、时髦、诙谐的话;或者简短地讲个与教学多少相关的典故、趣闻,学生的精力便会一下集中起来,之后,再继续教学。双向交流的话题变换是不定的,根据现场情况随时进行。比

>>>>>>>>>

如,你与别人谈今日凌晨看的一场世界杯足球赛电视直播,可别人并不喜欢足球,也没有在半夜爬起来观看,对你的话题显得毫无兴趣,出现冷场,这时,你就应及时将话题转到其他方面去。

3. 中止交谈

任何人在交谈时都不希望听者不愿接受。但若这种情况出现后,自己又采取了诸如简短发言、变换话题等控制手段,仍然不能扭转冷场的局面,那就应中止交谈。没有人接受的交谈是无意义的,既白白消耗自己的精力,又无端浪费别人的时间。

【小贴士 5-1】

家长和老师的交谈

家长:"老师,我可以进来和您谈谈吗?"

老师:"欢迎!请坐到这儿吧。"(微笑着用手势示意家长坐下)

家长:"你们老师真是辛苦,每天要带那么多孩子,真是不简单啊!"

老师:(一边给家长倒茶)"是呀。孩子小,自控能力差,而家长的期望值又那么高,我们的压力真是不小!"

家长:(接过茶杯)"谢谢!是啊,现在的孩子都是独生子女,每个家庭都对孩子宠爱有加。"

老师:"是的。独生子女存在的问题确实比较多,孩子不仅生活自理能力差,各种习惯也差。家长一边宠爱孩子,一边又对孩子寄予高期望。哎,可怜天下父母心哪!(摇头,很无奈的样子)哦,我忘了,你是不是有什么话要对我讲?"(笑)

家长:(微笑着)"是的。我家馨馨最近对跳舞的兴趣特别浓厚,每天嚷着要跳舞给我和她爸爸看,她爸爸看她这么感兴趣就特地给她买了一面大镜子,她对着镜子跳舞可开心了。"

老师:"哦?可是,在幼儿园我问她是不是不想跳舞,她告诉我说'是'"。

家长:"会不会馨馨在幼儿园跳舞跟不上同伴?她是否不够自信?"

老师:"说实在的,馨馨对舞蹈的感受力和表现力确实一般。考虑到她最近腿脚不方便,我就让她坐在旁边看。"

家长:"谢谢您为馨馨想得那么多。我和她爸爸看她在家里那么喜欢跳舞,实在不忍心让她只看着小朋友跳舞了。我们猜想她内心还是喜欢跳舞的,您说是不是?"

老师:"看来是的。"

家长:"我想,馨馨可能因为腿不好,怕在老师和同伴面前丢脸才说不想跳舞的,她说的可能并不是心里话。"

老师:"可能是吧。馨馨在幼儿园表现欲得不到满足,就想在家里得到满足,有这种'补偿'心理是很正常的。是我太大意了,我应该考虑到这一点的。对不起,馨馨妈妈,从明天起我就让馨馨'归队'。"

家长:(起身)"谢谢了!再见!"

【小训练 5-2】

模仿影视作品中的精彩对白，体会交谈的语言艺术。

第二节　提　　问

在社交活动中，提问往往是交谈的起点，是把话题引向深入的方式之一。因此，会不会问，该怎么问，问什么，都直接影响着交际的效果。

一、提问的作用

中医讲究的望、闻、问、切四种疗法，在人际交流过程中，同样适用。提问者必须掌握察言观色的技巧，学会根据具体的环境特点和谈话者的不同特点进行有效的提问。提问有以下三个作用。

1．有利于把握回答者的需求

通过恰当的提问，提问者可以从回答者那里了解更充分的信息，从而对回答者的实际需求进行更准确的把握。

2．有利于保持沟通过程中双方的良好关系

当提问者针对回答者的需求进行提问时，回答者会感到自己是对方注意的中心，他（她）会在感到受关注、被尊重的同时，更积极地参与到谈话中来。

3．有利于掌控沟通进程

主动发出提问可以使提问者更好地控制对话沟通的进度，以及今后与回答者进行沟通的总体方向。一些经验丰富的提问者总是能够利用有针对性的提问来逐步实现自己的询问目的和沟通目标，并且还可以通过巧妙的提问来保持友好的关系。

【小贴士 5-2】

提问的方式

人际沟通的最终目标是达成一个共同的协议。要想充分了解并确认对方的需求、目的，通常要通过提问得知。常见的提问方法有两种，如表5-2[①]所示。

表5-2　常见的提问方法

提问的方法	开放式问题提问	封闭式问题提问
特点	回答没有框架，可以让对方自由发挥；答案是多样的，是没有限制的	提问时给对方一个框架，让对方只能在框架里选择回答；答案是唯一的，是有限制的

① 秦保红．职场礼仪教程 [M]．北京：中国人民大学出版社，2016．

续表

提问的方法	开放式问题提问	封闭式问题提问
举例	你午餐吃的什么？ 您什么时候有时间？ 你的订购计划是怎样的？ 你为什么喜欢这样的工作？	你吃午餐了吗？ 您是上午有时间还是下午有时间？ 你订购一套还是两套？ 你喜欢你的工作吗？
优势	收集信息全面，得到更多的反馈信息，谈话的气氛轻松	可以引导对方直接给到自己想要的结论，容易控制谈话的时间
劣势	占用一定的沟通时间，谈话内容容易跑偏，不便于控制沟通节奏	收集信息不全面，不利于了解对方的真实意思，只能是确认信息。另外，封闭式问题有时会让对方产生一些紧张或戒备的感觉
应用	时间充裕，需要收集信息，想让对方充分参与、充分主导时用开放式问题	时间有限，需要尽快得出结论，想自己控制局面时用封闭式问题

二、提问的原则

1．提问对象的差异性

提问应因人而异，即从对方的年龄、身份、职业、性格及不同的民族文化背景出发，选择不同的提问方式和技巧。

【小故事 5-4】

不会提问的实习记者

临近教师节了，一位实习记者被派往一所省级示范中学，采访在教改中做出突出贡献的张老师。这位实习记者见面就问："您是哪所大学毕业的呀？"张老师回答道："我没上过大学。如果你是来找大学学历的教师，那你找错门了。上过大学的教师，我们学校有的是！"结果这位实习记者讨了个没趣。

为了缓和气氛，他转移话题，准备从生活入手，随口问道："您孩子多大了？该上初中了吧？"张老师脸一红，很不高兴地说："我还没结婚呢……"随后说声"失陪"便抽身离去。这位实习记者十分尴尬。

（资料来源：刘志敏．演讲与口才实用教程 [M]．北京：人民邮电出版社，2017．）

2．提问场合的敏感性

提问要注意场合，比如在厕所里不适合高谈阔论；在办公室里，当对方很忙或正在处理一些急事时，不宜提琐碎无聊的问题；当对方伤心或失意时，不宜提太复杂、太生硬或者是可能引起对方不愉快的问题。提问还要注意场合，考虑对方的回答，比如一位中学生很想去游泳，但他父母不让去，如果当着他父母的面，你问他："去游泳吗？"这位中学生可能因为怕他父母而给你一个虚假的回答："不去。"如果换个场合提问，其回答可能会是"去游泳"。

3．提问目的的鲜明性

在提出疑问的时候，要带着鲜明的目的性而提出问题。或者为了寻找答案，或者为了引导对方进一步说明问题，或者作为问题的假设和可能……这些都是提问的目的。鲜明的目的，能够让提问变得有效。然而，鲜明并不等于完全的直接，在某些情况下，通过旁敲侧击或者"曲线救国"反倒会比直接询问更有效。此外，还应注意在旁敲侧击、"曲线救国"的时候，一定要紧扣提问的目的，不能迷失于连环的询问中，而失去根本。

4．提问方式的多样性

在提问过程中不要拘泥于一种提问方式，单一的提问与回答的形式会使沟通变得不自然、不活跃，会影响到回答者的思考模式。提问的方式要多样，要根据不同的沟通内容、不同的沟通目的、不同的环境，使用不同的提问方式。如提前给出问题，让回答者进行准备，有利于获得相对完整和系统的回答；在现场沟通中进行提问，则可以得到直接而相对真实的回答。连环式的提问具有引导作用；跳跃式的提问则可以开拓思维；设问式的提问可以以问为答；反问式的提问则显得具有权威性。

5．提问语言的简明性

提问的语言不宜过长，要通俗、干净、利索，不要拖泥带水、含糊其辞，但应具有启发性和诱导性。提问中的语言必须能为对方所能理解，同时要注意提问中不要提一些"是不是""对不对"等不需要动脑也能脱口而出的问题，因为得不到正确的或者提问者想要的答案。

6．提问难度的适度性

提出的问题要与沟通的内容相关，不要出现风马牛不相及的"提问"，也不要出现重复的"错问"，同时，提出问题的难度要具有适度性，必须考虑到沟通对象的年龄特征、知识水平和接受能力。一般来说，低难度的问题是针对较为具体的特殊的事例，中难度的问题则可以是一些抽象的带有一般规律性的问题，高难度的问题则是以开放式为特征，考量回答者的综合素质。在对群体提问时，难度应控制在中等水平，以大多数回答者经过思考能够回答为前提，既不要过于简单，也不要过于繁难。

7．提问留余地的艺术

提问一定要留有余地，以免伤害别人。美国明尼苏达大学拉尔夫·尼科斯基博士对此作了四点概括：一是忌提明知对方不能或不愿作答的问题；二是用对方较适应的"交际传媒"提问，切不可故作高深，卖弄学识；三是不要随意搅扰对方的思路；四是尽量避免你的发问或问题引起对方"对抗性选择"，即要么避而不答，要么拂袖而去。

三、提问的方式和技巧

【小训练 5-3】

一位传教士在做祷告时烟瘾犯了，问上司："我祷告时可以吸烟吗？"结果上司狠狠瞪了他一眼。另一个传教士祷告时也犯了烟瘾，问了上司同样的问题，结果上司给予了肯定的答复。请分析第二个传教士是怎么问的。

>>>>>>>>

1．直接提问法

提问者从正面直接提问，开诚布公、干脆利落、直截了当地讲明询问目的，开门见山地提出问题。

在运用正面提问法时要注意情感的铺垫，使对方心理得到舒缓，也会促进合作。同时，防止过于直白的提问，以免显得生硬，造成询问对象的心理排斥，难以获得有价值的信息和材料，而且还会给人一种笨嘴拙舌的感觉。

【小故事 5-5】

你是否对别人的批评很敏感？

有人问美国华尔街 40 号国际公司前总裁马修•布拉："你是否对别人的批评很敏感？"他说："早年，我对这种事情非常敏感。我急于要使公司里的每一个人都认为我非常完美。要是他们不这样想，就会使我忧虑。只要一个人对我有一些怨言，我就会想法子取悦他，可是，我做了讨好他的事，总会让另外一个人生气。等我想要补偿这个人的时候，又会惹恼其他的人。最后我发现，我越想讨好别人，就越会使我的敌人增加。所以，我对自己说：只要超群出众，你就一定会受到批评，还是趁早习惯。这一点对我大有帮助。以后，我决定尽自己的最大能力去做，而把我那把破伞收起来，让批评我的雨水从我身上流下去，而不是滴在我的脖子里。"

（资料来源：驿璐．批评就像洗个澡 [EB/OL]．[2009-07-15].http://dz.d0088.cn /archives/7212.html.）

2．限定提问法

人们有一种共同的心理——认为说"不"比说"是"更容易和更安全。所以，在沟通过程中，提问者向回答者提问时，应尽量设法不让对方说出"不"字来。提问者在问题中给出两个或多个可供选择的答案，此时可采用限定提问法，即两个或多个的答案都是肯定的。如与别人商订约见时间，有经验的提问者从来不会问对方"我可以在今天下午来见您吗？"因为这是只能在"是"或"不"中选择答案的问题。如果将提问方式改为限定型，即改问："您看我是今天下午 2 点来见您还是 3 点来？""3 点来比较好。"当他说这句话时，提问的目的就已经达到了。

【小故事 5-6】

提 问 技 巧

北京远郊有个山村的村民吃水很困难。后来，在当地政府的关怀下，村民都用上了自来水。记者采访一位老大娘时问道："大娘，您吃上自来水了，高兴吧？"大娘回答说："高兴！高兴！"这次采访，记者就提了这一个问题，大娘也就连着说了两个"高兴"，心里有话却因记者的直白而没能说出来。如果问："大娘，原先您想到过能吃上自来水吗？"或者"大娘，听说你们过去吃水很困难？"大娘心里的话应该就能痛快地说出来了。

（资料来源：佚名．记者采访的十二种提问方法 [EB/OL]．[2017-06-28]．https://www.sohu.com/a / 152695326_268628.）

3．迂回提问法

这是指从侧面入手，采用聊天攀谈的形式，然后逐步将问答引上正题。这种提问方式一般时间性不太强，谈话也不受特定场合与报道方式的限制。当沟通对象感到紧张拘束，或者思想有所顾虑不大愿意交谈，或者虽然愿意谈，却又一时不知该怎么谈的情况下，提问者可以采取侧面迂回的提问方式，逐渐将谈话引上正题。应当明确的是，旁敲侧击只是一种手段而不是目的。因此，聊天的内容应当是有目的、有选择的，表面上似乎和采访无关，实质上应该是有关联的。

【小故事 5-7】

采访郭凤莲

原山西电视台记者高丽萍，1987 年在采制专题片《重访大寨录》时，她就是先和郭凤莲聊天。当时郭凤莲一听说要采访当年大寨的模范人物，就急切地说："采访别人我没意见，我是不愿意接受采访，我再也不想上电视和报纸了。"记者问她为什么，她说："前几次有的记者找我，我正好有急事要办不在家，记者就说我拒绝采访，躲着不见，还有人说我对'三中全会'的政策不满。其实我根本没意见，大寨人现在不就是靠'三中全会'的富民政策富起来的吗？一听他们那样说我，我就生气。"

高丽萍看到对方说到这里，还是一副气鼓鼓的样子，就对她说："我理解你的心情。可我觉得要让人们真正了解你和大寨人今天的情况，就得你们自己出面说话，大家才信。现在你又不接受我的电视采访，观众怎么能知道你是如何看待'三中全会'的政策呢，更不知道你的近况如何了，你说呢？"果然，这入情入理的一激很有效，郭凤莲马上就说："那好，你就采访我吧。可我从哪儿说起呢？"接着记者就给她出了主意，对方也爽快地接受了采访。

（资料来源：佚名．记者如何有效设计采访问题 [EB/OL].[2017-05-03].https://www.sohu.com /a/137976534_770746.）

4．诱导提问法

当遇到询问对象了解许多信息，却因谦虚不愿意说，或者由于性格内向不会说，或者要谈的事情需要一番回忆，或者不便自己主动去说等情况时，都可以采取诱导提问方法。采用启发诱导的方式可以引导对方的思路，又可以诱发对方的情感，进一步引导对方明确沟通的范围和内容，渐渐打开对方的"话匣子"，也可以激活对方的思路，引起对方的联想，从而有针对性地把沟通对象掌握的信息引导出来。

【小故事 5-8】

孟子的诱导提问

孟子在劝谏魏惠王时，曾经提出一个问题："假定有一个人向大王报告：我的臂力能举起三千斤的重物，却拿不起一根羽毛；我的目力能把秋天鸟的细毛看得分明，但一车柴火摆在眼前却瞧不见。您相信吗？"魏惠王说："不，我不相信。"孟子马上接着说："这

>>>>>>>>>>

样看来,那个力士连一根羽毛都拿不起,是不肯用力地缘故;那位明察秋毫的人,连一车柴火都瞧不见,是不肯用眼睛的缘故。如果老百姓得不到安定的生活,是不肯干,不是不能干。"孟子开始的问话就是诱导提问法。

（资料来源:水碧风轻云淡.孟子全文翻译（一）[EB/OL].[2018-08-29].http://www.360doc.com/content /18/0829/04/20898461_782011811.shtml.）

5．追踪提问法

这是指提问者把握事物的矛盾法则,抓住重点,循着某种思路、某种逻辑,进行连珠炮式的提问。这种提问既要按照事物的内在联系,把基本情况和事实真相了解清楚;又要抓住重点,深入挖掘,达到应有的深度。一般来说,提问者对于触及事物本质的关键性材料,以及对方谈话中的疑点,或者有价值的新情况、新线索,都会抓住不放,打破砂锅问到底,直至水落石出。但是追问,既要问得对方开动脑筋,又要让对方越谈越有兴趣,态度、语气都要与谈话的气氛协调一致,不要把追问搞成逼问,更不要变成变相"审问"。

6．假设提问法

这是指提问者通过假设的方式提出一些假设性的问题,是一种"试探而进"的提问方法。这种提问方法采用"如果""假如"一类的设问方式,不但可以了解采访对象的观点、看法和见解,而且还能深入了解对方的内心世界。

假设提问法往往用来启发沟通对象的思路,引导对方谈出对某个问题、某种事情的真实想法;或者设身处地地为对方着想,积极帮助对方回忆某种情景;或者用来调节对方的情绪,促使对方谈出一些不太想说、不太好说的事情或想法;或者由提问者对人物或事物进行合乎规律的推断、预测,促使对方产生联想和想象;或者提问者已经有了一定的认识,再提出一些假设性问题,同沟通对象开展讨论,促使自己深化认识。

7．激将提问法

这是指以比较尖锐的问题,适当地刺激对方一下,促使对方的心态由"要我说"变为"我要说",从而不能不说,甚至欲罢不能。运用激将提问法时,提问者要考虑自己的身份是否得当,刺激的强度是否适中,还要考虑谈话的气氛怎样。有些时候,尖锐、刁钻、奇特甚至古怪的提问是"兵行险招",成则大成,败则大败。例如,某些西方政治家也爱接待善于用"激将提问法"的记者,他们通过巧妙地回答记者的刁钻刻薄的提问在公众面前显示自己的才能。

【小故事 5-9】

采　访

《新华日报》有一记者,根据国务院关于搞好安全生产的指示,有一次去南京某厂采访。这是一家数千人的大厂,因安全措施落实得好,连续七年未发生过安全事故。由于记者事先得知该厂领导有思想顾虑,不愿在报上张扬,并曾婉言谢绝过其他记者对这一题材的采访,故记者一坐下来就问:"记不清在哪里听说过了,你们厂今年2月因安全措施没落实,曾经触电死过一人,是不是?"接待采访的一位副厂长顿感震惊和委屈:"我们厂?

2月死过人？不可能！"记者紧追不舍："为什么不可能？"副厂长激动起来，一边示意厂办主任打开文件柜，出示安全生产记录；一边大嗓门站着讲述该厂抓安全生产的措施与经验，采访大获成功。

（资料来源：佚名．电视采访与拍摄 [EB/OL]．[2012-09-22].http://www.docin.com/p-486524509.html.）

8. 转借提问法

转借提问法就是提问者假借他人之口向提问对象提出自己想提的问题，既可以借助第三方提出一些不宜于面对面提出或不太好直说的问题，也可以说明所提问题的客观性，增加提问的力度。例如：

一个青年教师向一位老教授这样提问："刘教授，我听张主任说，您刚刚发表了一篇关于××问题的学术论文是吗？据说这篇论文很有影响力，方便借我拜读一下吗？"借他人来说事，问中有赞，会让对方欣慰。

9. 限定提问法

限定提问法就是提问者在向提问对象提出问题时，为了避免对方在"是"与"否"的简单回答中，可能给出提问者不想出现的否定性的回答，进而在提问时先给出两个或多个可供对方选择的肯定性答案，让对方回答时不自觉地选择其中的一个答案，进而实现提问的目的。例如：

你想约一个人见面。你如果这样问："您看什么时候您有时间？"或"您看周六上午可以吗？"那么对方很可能会这样回答："不好意思，我最近没时间。"或"周六上午不行。"

而你如果这样问："您看是周六上午还是周六下午我来见您？"对方可能这样回答："周六下午吧，上午我还有点别的事情要办。"

提问的方法丰富多样，提问者都可以根据沟通中的具体情况，灵活地加以运用。同时，这些方法既是相对独立，又是互相联系的。它们可以单独使用，也可以交替或交叉使用。掌握了每种方法的要领，就可以在沟通的过程中运用自如，获取最佳的沟通效果。

第三节　回　　答

有问必有答，人们的语言交流就是这样进行的。"问"有艺术！"答"也有技巧。问得不当，不利于沟通；答得不好，同样也会使己方陷入被动。通常，同样的问题会有不同的回答，不同的回答又会产生不同的沟通效果。

一、回答的作用

回答问题是沟通过程中的重要环节之一，有效的回答建立在对提问者观察、了解的基础之上,具有以下三个作用。

1. 使提问者的疑问得到解答

当提问者提出问题时,或许期待关于沟通话题的更多内容,或许希望与回答者就某些问题展开辩论。回答者的任务就是要解答提问者的疑问,通过成功解答问题,可以增强回答者讲话的说服力,使对方不但获得信息,而且心悦诚服。

2. 使回答者获得进一步的展示

回答者在回答问题时,要使自己立于讲话者的角度,他(她)拥有提问者所不具备的优势,通过回答的系统性与连贯性,使回答者自身的能力与学识获得进一步的展示,获得沟通对象的认可。

3. 有利于减少沟通双方间的误会

在与提问者沟通的过程中,很多回答者都经常遇到误解提问者意图的境况,不管造成这种问题的原因是什么,最终都会对整个沟通进程造成非常不利的影响。因此,回答者应该根据实际情况进一步了解,弄清提问者的真正意图,然后根据具体情况采取合适的方式进行解答,以减少沟通中的误会。

【小贴士 5-3】

刘吉答青年学生问

刘吉教授是我国著名的演讲家,擅长与青年对话,下面是他任中国科技大学党委书记时与青年学生的对话。

问:"您是怎样一下子成为党委书记的?"

答:"我是先成为共产党员,然后才成为党委书记的。不是一下子,而是两下子。"

问:"因为我看透了别人,所以我现在只考虑自己。您说我这样做对吗?"

答:"不对。就因为您只考虑自己,所以才看透了别人。"

问:"有人说跳迪斯科,扭屁股是颓废,您同意吗?"

答:"我不同意。中国新疆舞可以扭脖子,中国蒙古族舞可以扭肩膀,为什么迪斯科不可以扭屁股呢?不都是扭身上的一部分吗?"

问:"您怎样看待那些以'短平快'手法赚大钱的人?"

答:"可以'高点强攻',也可以'短平快',我看只要不犯规就行。"

问:"现代化大生产运用的是高等知识,为什么还要我们补习初中课程呢?"

答:"有一个笑话说,一个人在吃第五个烧饼时饱了。他说,早知如此,何必吃前四个呢?"

问:"实行厂长责任制以后,在你们厂是厂长大还是书记大?"

答:"您最好回家问问,在你们家是您的爸爸大,还是您的妈妈大。"

问:"您怎样对待老大难问题?"

答:"老大难,老大难,老大去抓就不难。"

问:"您喜欢青年留什么样的发型?"

>>>>>>>>>>

答："发型要因各人的头的大小,脸形的方圆、长短及男女性别而异,不可以'千头一律'。"

问："您对您的直接顶头上司是什么态度?"

答："不阿谀奉承,不溜须拍马,也不背后说他的坏话,我是'三不主义'。"

问："有的青年穿着非常入时,可却总说脏话,怎么解释?"

答："这叫形式与内容不统一。"

【点评】刘吉的回答,运用了多种回答问题的方式和策略,有巧妙回避,有坦诚相对,有溯因解释等,针对不同的问题用了不同的表达方式,或严肃,或轻松,或精确,或模糊,或抽象,或具体,或坦率,或委婉,大部分恰到好处,这是一次较为成功的答问。

二、回答的原则

正如在讲话过程中要把握住要点一样,在问答过程中把握要点同样重要。如果无法做到,说话者就会失去说服听众、主导话题的重要机会。因此,在问答过程中,尤其是回答问题的过程中,要始终坚持以下三条原则,以此把握住话语的主动权。

1. 始终保持回答者的信用

确保自己在回答每个问题时都能保持严肃认真、谦虚礼貌的态度,正确的态度会带来鲜明的回答内容,体现出性格,从而使回答者保持自信。如果回答者在提问者的心目中失去了信用,那么在整个沟通的过程中都将处于被动的局面。如果在解答问题的过程中情绪失控或者对听众心存戒备,都将导致回答者的主导地位受到质疑。

2. 用回答来满足听众

面对众多的提问者,回答者不必回答所有问题,也不要在一个人身上花费太多时间。有些回答问题的人希望能从提问者那里看到满意和赞许的眼神,于是将时间花在一个问题或一个提问者身上,从而失去了对其他人、其他问题的解答机会。回答者在面临很多个问题的时候,要学会用一种可以平衡所有对象的方式来解决问题,眼神不要在一处停留太长时间,要保持对整个会场的关注。对问题太多的人可以说:"你问了许多非常有深度的问题。可是因为我们许多听众都有需要解答的问题,我回答问题的时间又非常有限,所以可不可以把机会让给别人?"这样,既不失礼貌,又能使正常的进程得以继续。

3. 力求获得其他听众的支持

尊重提问者,让提问者获得尊重而给予回答者一定的时间和耐心。如果一次被问了过多的问题,比如,"我怎样才能解决人员不足、空间不足、老板也没有给予我足够的信任的问题?"回答者可以这样回答,"你问了3个非常好的问题,可是因为还有其他的听众要提问,就让我先回答一个吧,如果我们还有时间再来解决剩下的问题好吗?"以这种方式,即使你只回答了其中部分问题,仍然能够使听众满意;并且听众将会对回答者产生敬意,因为没有让一个人独占了大家有限的时间。

如果回答者被问到一个偏离主题的问题,那么回答者可以停顿一下,然后问,"在座

> > > > > > > > >

的其他人还有类似的问题吗？"如果没有，就简要地回答一下这个问题，并且告诉提问者自己很愿意在讲话结束后留下来同他进一步探讨这个话题。这个办法在回答那些不怀好意的提问者时也很有效。

三、回答的三种方式

回答的方式技巧有很多，我们主要介绍以下几种。

1．针对性回答

有时问题的字面意思和问话人的本意不是一回事，我们回答时，就不仅要注意问话的表面意义是什么，更要认清提问人的动机、态度、前提是什么，使回答具有针对性。

【小故事 5-10】

对　答

　　无独有偶。一次，英国大戏剧家萧伯纳结识了一个肥头大耳的神父。神父仔细打量着瘦骨嶙峋的剧作家，揶揄地说道："看着你的模样，真让人以为英国人都在挨饿。"萧伯纳马上接过话说道："但是，看看你的模样，人们一下子就清楚了，这苦难的根源就在你们这种人身上！"

（资料来源：佚名.趣味语文——萧伯纳的机智回答 [EB/OL].[2014-09-05].http://blog.sina.com.cn/s/blog_6a59d6830102uzus.html.）

2．艺术性回答

这里所说的艺术性包括避答、错答、断答和迂回。

（1）避答。这种方式用于对付那些冒昧的提问者所提的问题。有时，某些问题自己不宜回答，但对方已经把问题提到面前了，正面回答显然被动，这时就可以避而不答。

【小故事 5-11】

避 答 两 例

　　（1）日本影星中野良子来到上海，有人问她："你准备什么时候结婚？"中野良子笑着说："如果我结婚，就到中国度蜜月。"中野良子的婚期是个人隐私，中野良子自然不愿吐露。她虽然没有明确告诉婚期，却说结婚到中国度蜜月，既遮掩过去了问题，又表现出了她对中国人民的友谊。

（资料来源：佚名.答话的技巧 [EB/OL].[2014-09-29].http://www.docin.com/p-924645843.html.）

　　（2）王光英当初赴我国香港地区创办光大实业公司时，一下飞机，记者们就蜂拥而至。一位女记者挤到面前，问道："先生，请问您这次到香港带了多少钱来？"王光英见对方是个女记者，急中生智，便回答道："对女士不能问岁数，对男士不能问钱数，女士，您说对吗？"既达到了目的，又很有幽默感。

<<<<<<<<<

（资料来源：佚名．商用口才——谈判老手 [EB/OL].[2014-03-13].https://wenku.baidu.com/view/3acb7f50f18583d048645938.html.）

（2）错答。这是一种机警的口语表达技巧，既可用于严肃的口语交际场合，也可以用于风趣的日常口语交际场合。它的主要特点是不正面回答问话，也不反唇相讥，而是用话岔开问话人所问的问题，做出与问话意见错位的回答。

【小故事 5-12】

美丽姑娘的错答

一个美丽的姑娘独自坐在酒吧里，从她的装扮来看，她一定出身豪门。一位青年男子走过来献殷勤，"这儿有人坐吗？"他低声问。"到阿芙达旅馆去？"她大声地说。"不，不，你弄错了。我只是问这儿有其他人坐吗？""你说今夜就去？"她尖声叫，表现得比刚才更激动。许多顾客愤慨而轻蔑地看着这位青年男子。这位青年男子被她弄得狼狈极了，红着脸到另一张桌子那儿去了。

（资料来源：刘志敏．演讲与口才实用教程 [M]．北京：人民邮电出版社，2017.）

上面的例子是很典型的错答，是用来排斥对方和躲闪真实意思的交际手段，用得很成功。运用错答的语言技巧为：一是要注意对象和场合；二是使对方明白，既是回答又不是回答，潜台词是不欢迎对方的问话；三是有时要利用问话的含混意思，答话虽模棱两可，似是而非，但对方也无法理解。

（3）断答。这是截断对方的问话，在他还没有说出或者还没有说完某个意思时，即做出错答的口语交际技巧。它与错答相同的点是答与问都存在人为的错位，即答非所问；它们的不同点是，错答是在听完话之后做的回答，断答是没有听完问话就抢着进行回答。为什么不等对方问清楚，就要抢先回答？有以下两种原因：一是等对方把问话全说出，就会泄露出某种秘密，难以收拾；二是待听全问话再回答，就会比较被动，不好应付。因此，考虑对方要问什么，在他的问话未说完时，就迅速按另外的思路回答，既可以转移其他听众注意力，也可以使提问者领悟，改换话题，免于因说破造成尴尬局面和其他不良后果。

【小故事 5-13】

女青年三次断答

一对青年男女在一起工作，男方对女方产生了爱慕之情，男方急于要向女方表白心意，女方却不愿将友情向爱情方面发展，女方认为还是不要说破，保持一种纯真的朋友情谊为好。于是，出现了下面的断答。

男青年："我想问问你，你是不是喜欢……"

女青年："我喜欢你给我借的那本公关书，我都看了两遍了。"

男青年："你看不出来我喜欢……"

女青年："我知道你也喜欢公共关系学，以后咱们可以一起交换学习心得。"

男青年："你有没有……"

>>>>>>>>

女青年："有哇！互相切磋，向你学习，我早就有这个想法了。"

男青年：……

这位女青年的三次断答，使得男青年明白了她的想法，于是，不再问了，这比让男青年直接问出来，女青年当面予以拒绝，效果要好得多。

（资料来源：李维.委婉说话的艺术：不得罪人的语言技巧 [M]. 北京：北京时代华文书局，2015.）

（4）迂回。娱乐圈里传扬着这样一件事，有一次，张卫健去横店拍戏，拍摄结束后，他问剧照老师："我们剧组总共有多少人？"剧照老师说："有六十多人吧！"张卫健说，"送剧组每人一张我的剧照，家人也要送，你告诉我需要多少钱，这钱我自己掏。"然后，在从横店去机场的路上，张卫健强忍着疲劳，愣是将 300 多张照片一一签了名，最后还叮嘱剧组工作人员一定要将这些照片送到每个人的手中。最近，作为"我是演说家"的导师，有选手提起了这件事，问他是不是真的，张卫健反问道："你还知道这位老师的电话吗？"当这位选手说不知道时，张卫健笑着说："太遗憾了，如果有，我要告诉他以后多讲我这样的事。"说完，掌声雷动。这里，面对选手的提问，张卫健没有去做正面回答，而是巧妙地"迂回"——"我要告诉他以后多讲我这样的事"。既然是"我这样的事"，那这件事肯定就是真的了。这种语言上的迂回应答，于含蓄幽默中透露着一股睿智，堪称一绝。

3. 智慧性回答

它包括否定预设回答和认清语义诱导回答两种。

（1）否定预设回答。预设是语句中隐含着使语句可理解、有意义的先决条件。在正常情况下，这种先决条件的存在是不言而喻的，如"鲁迅先生是哪一年去世的？"这个问话包含有预设：鲁迅先生已经去世。预设有真假之别，符合实际的预设是真预设，反之就是假预设。就问话而言，其预设的真假关系到对问话的不同回答。黑格尔在《哲学史讲演录》中谈到古希腊诡辩学派时曾讲过这么一个例子：有一位诡辩学派的哲学家问梅内德谟："你是否已经停止打你的父亲了？"这位哲学家提此问题的目的是要迫使从未打过自己父亲的哲学家陷入困境，因为无论梅内德谟做出"停止了"或"没有停止"的回答，其结果都是承认自己打过父亲的虚假的预设。可见，利用虚假预设可以设置语言陷阱。有些智力测试题提问陷阱的设置也是如此。

【小故事 5-14】

秦始皇为什么不爱吃胡萝卜？

在中央电视台"天地之间"节目"乐百氏智慧迷宫"里曾有道智力测试题为："秦始皇为什么不爱吃胡萝卜？"选手们都答不上来。

此问预设了"秦朝时有胡萝卜""秦始皇吃过胡萝卜"这两点，将思考点定在"为什么不爱"。

其实秦朝时还没有胡萝卜。

应这样回答：秦朝还没有胡萝卜，秦始皇当然说不上爱吃胡萝卜了。

（2）认清语义诱导回答。人们理解语言会受到已有经验的影响，自然而然地产生某

＜＜＜＜＜＜＜＜

种语义联想。如由"春天"会想到桃红柳绿,万紫千红;从"冬天"又会想到寒风凛冽,白雪皑皑;见"晚霞"能想到色彩的绚丽;看"群山"就能想到山势的起伏……既然普遍存在着语义联想,那么就可以利用语义联想来设置陷阱,诱导目标进入思维定势的困境。例如,在一个没有星星、看不见月亮的时候,有一个盲人身着黑衣,步行在公路上。在他的后方,一辆坏了车前灯的汽车奔驰而来,奇怪的是,司机在未按喇叭的情况下,竟安全地将车停在了盲人的身后。这是怎么回事呢? 见到"星星"或"月亮"这些词语,我们一般都会联想到晚上。现在出现了"星星""月亮""黑""灯"等字眼,我们就很容易与"黑夜"联系起来了,而这正是本题的陷阱。它通过这些词语诱导你的思维走向"黑夜",那样你就会水尽山穷,百思亦难得其解了。答案应是:这是白天,毫不奇怪。

　　语言诱导这种陷阱在智力测试提问中可以说随处可见,知道这种陷阱的特征,有些问题就很容易解答了。

【小故事 5-15】

顾维钧巧答美国小姐

　　顾维钧是中国外交界的领袖,25 岁就获美国哥伦比亚大学法学博士学位。他在担任驻美公使时,有一次参加国际舞会,与他共舞的美国小姐突然发问:"请问,你喜欢美国小姐,还是中国小姐呢? "这个问题看似简单,其实不易回答。如果说喜欢中国小姐,就得罪了美国小姐;若说喜欢美国小姐,不仅有违心意,且会导致麻烦。顾略加思索后笑道:"无论是中国小姐还是美国小姐,只要喜欢我的,我都喜欢。"

　　(资料来源:佚名.问答与拒绝 [EB/OL].[2015-11-03].https://wenku.baidu.com/view /206a64cef01dc 281e43af056.html.)

【思考】顾维钧的回答妙在何处?

4．形象性回答

　　形象性应答是指当提问者提出一个带有一定"理论"色彩的问题时,如果回答者泛泛而谈地讲一些空洞的大道理往往得不到听者的认同,这时不妨用形象化的方法如讲故事、打比方等,将枯燥的道理具象化,让听者品味并深刻理解。

【小故事 5-16】

韩寒巧妙回答

　　在我国香港地区书展读者见面会上,有读者问韩寒:"你是如何看待你成长之路上遇到的种种困难挫折的?"韩寒沉思片刻后回答说:"一个农夫的驴子不小心掉进了枯井里,农夫绞尽脑汁都没法救出驴子,为免除驴子等死的痛苦,他决定将泥土铲进枯井中把驴子埋了。刚开始驴子叫得很凄惨,后来却渐渐安静了下来。农夫好奇地探头往井底一看:原来,当泥土落在驴子的背部时,驴子便将泥土抖落在一旁,然后站到铲进的泥土堆上面! 就这样,驴子很快便上升到了井口! 我们在成长之路上难免会陷入'泥土',换个角度看,它们也是一块块的垫脚石,而想要从'枯井'脱困的秘诀就是将'泥土'抖落掉,

> > > > > > > > >

然后站到上面去！只要我们锲而不舍地将它们抖落掉，然后站上去，那么即使是掉落到最深的井，我们也能安然地脱困。"韩寒通过即兴讲述一个"驴子落枯井"的小故事，生动有趣地谈及了成长路上的"枯井"和"泥土"的现实意义，深刻地道出了自己独特的人生观——把困难化作动力，给人以智慧的启迪。

5. 借用性回答

借用性回答就是在回答提问者提出的问题时，巧妙地借用对方问话中的语气和词句等，以一种出人意料又在情理之中的借题发挥式的方法来回应对方，实现一种在特定情境下的理想应答效果。

【小故事 5-17】

基辛格的回答

1972 年，基辛格随同尼克松访问莫斯科，途中在维也纳就美苏首脑会谈问题举行了一次记者招待会。这时《纽约时报》记者提问一个所谓"程序问题"："到时你是打算点点滴滴地宣布呢，还是来个倾盆大雨，成批地发表协定呢？"从不放过任何机会讥讽《纽约时报》的基辛格，一板一眼地说："我明白了，这位记者先生要我们在倾盆大雨和点点滴滴之间任选一种，这很困难，无论怎样，都是很糟糕的，这样吧，我们点点滴滴地发表成批声明。"

（资料来源：佚名.基辛格"三戏"记者 [EB/OL].[2019-08-16].http://www.101505.com /diaoyanbaogao/2019/0816/316413.html.）

6. 无效性回答

无效性回答是指当提问者提出的问题很难回答时，如果不予理睬或一律说"无可奉告"，既显得对对方不礼貌，又可能使自己当场受窘，所以这时可以做出绝对正确而毫无实质意义的无效回答。

【小故事 5-18】

王蒙的"大实话"

有一次，一位美国人问作家王蒙："20 世纪 50 年代和 70 年代的王蒙，哪些地方相同，哪些地方不同？"王蒙答道："50 年代我叫王蒙，70 年代我还叫王蒙，这是相同的地方；50 年代我 20 多岁，70 年代我 40 多岁，这是不同的地方。"

中国从 20 世纪 50 年代到 70 年代经历了诸多政治风云，王蒙身处其中，也有许多一言难尽的遭遇和变化，这些内容很敏感和微妙，不容易说清楚，或者王蒙也根本不想再去触及这些往事，而且也不宜或不必贸然向一个陌生的美国人谈这些。所以，王蒙机敏幽默地说了这些绝对正确的看似"切题"却什么也没说的大实话。

（资料来源：佚名.作家的幽默 [EB/OL].[2013-05-05]. http://dzb.jmrb.com:8080/jmrb/html/2013-05/05/content_322912.html.）

【小训练 5-4】

请分析以下情境中的"回答"好在何处。

情境 1：一次，某记者问杨澜："你想拥有什么样的后半生？"杨澜说："我连前半生还没过完呢，怎么就后半生了啊？"

情境 2：我国香港作家陈浩泉的长篇小说《选美前后》中描写"香港小姐"准决赛时，为了测试参赛选手谈吐应对的技巧，司仪问参赛的杨小姐："杨小姐，请听着，假如要你在下面的两个人中选择一个作为你的终身伴侣，你会选谁呢？这两个人一个是肖邦，一个是希特勒！"回答肖邦，会落入俗套；回答希特勒，人家会说她神经有毛病。怎么可以选择一个与人民为敌的魔鬼做终身伴侣呢？可是，在这两个人中必须选一个。这样就把杨小姐逼入了困境。只见杨小姐说："我会选择希特勒的。"台下观众顿时骚动起来，追问她："你为什么选择希特勒？"她回答可谓绝妙："我希望自己能感化希特勒。如果我能嫁给希特勒，肯定第二次世界大战不会发生，也不会死那么多的人了。"

第四节　说　　服

说服就是改变或者强化态度、信念或行为的过程。说服是以求得对方的理解和行为为目的的谈话活动，是使自己的想法变成他人的行动的过程。说服的过程是思想、观点的交锋，也是沟通的重要方面。说服是以人为对象，进而达到共同的认识。人们常说："人生，就是从不间断地说服。"尤其是在商务领域，那里聚集着各种性格的人，为了达到共同的目标，大家必须同心协力，因此说服的场面更是俯拾皆是。只有善于说服的人才能够获得他人的尊重和信赖。

一、说服的基本条件

要想取得良好的说服效果，必须具备以下条件。

1．说服者具有较高的信誉

说服进行的基础是取得对方的信任。而信任来自说服者的信誉。信誉包括两大因素：可信度与吸引力。可信度高、吸引力强的人，说服效果明显超过可信度低、吸引力弱的人。可信度由说服者的权威性、可靠性及动机的纯正性组成，是说服者内在品格的体现。吸引力主要指说服者外在形象的塑造。说服者的年龄、职业、文化程度、专业技能、社会资历、社会背景等构成的权力、地位、声望就是权威性。俗话说："人微言轻，人贵言重。"一般来说，一个人的权威越大，对别人的影响力也就越大。如果说服者在被说服者心目中形成了某种权威性形象，那么他说服别人转变态度的可能性也就越大。

要提高说服者的信誉，首先要提高说服者自身各方面的素质，使其具有合理的智能结构，具有高尚的道德修养，具备权威性和可靠性，说服才有分量、有威信，才能赢得听者的尊重和信赖。此外，还需重视外在形象的整饰，一个外貌、气质、穿着、打扮能给人好感的人，才具有吸引力，一个言谈、举止、口音等方面能与对方体现出共性的人，才具有吸引

>>>>>>>>>

力。一个恰当的印象，会产生首因效应，帮助说服者成功说服他人。

2．对说服对象有相当的了解

"知己知彼，百战不殆。"在说服他人之前，必须了解说服对象，捕捉对方思想、态度方面流露出的点滴信息，摸清对方思想问题症结所在，了解对方的心理需求，根据不同情况区别对待，因人而异，有针对性地开启对方的心扉，才能真正实现感情和心灵的共鸣，避免或减少盲目说服造成的错位反应。

（1）了解对方的性格。苏洵在《谏论》中举了一个有趣的例子：有三个人，一个勇敢，一个胆量中等，一个胆小。将这三个人带到深沟边，对他们说："跳过去便称得上勇敢，否则就是胆小鬼。"那个勇敢的必定毫不犹豫地一跃而过，另外两个则不会跳。如果你对他们说，跳过去就奖给两千两黄金，这时那个胆量中等的就敢跳了，而那个胆小的人却仍然不能跳。突然来了一头猛虎，咆哮着猛扑过来，这时不待你做出任何许诺，胆小的人就会一步腾身而起，就像跨过平地一样跃过深沟。从这个例子我们可以看出，不同性格的人，接受他人意见的方式和敏感程度是不一样的，有针对性地采取不同的方法去说服对方，更容易达到我们的目的。

（2）了解对方的优点或爱好。有经验的推销员，一进入顾客家中总会立刻找到客户感兴趣的话题进行交谈。例如，看到地毯，马上会说："好漂亮的地毯，我也很喜欢这种样式……"通过各种话题创造进入主题的契机。因为从对方的长处或最感兴趣的事物入手，一方面能让对方比较容易地接受你的观点，另一方面在对方所擅长的领域里更容易说服他。

（3）了解对方的看法和态度。有一位歌星特别爱摆架子，一次要参加一个大型义演的现场节目，时间是晚上九点。可是到了七点，这位歌星忽然打电话给唱片公司的总监，说她今天身体不舒服，喉咙很痛，要临时取消当天的演出。唱片公司的总监没有破口大骂，而用惋惜的口吻说："咳！真可惜，这次演出最大牌的歌星才有机会亮相，如果你现在取消，公司里还有很多小牌歌星挤破头在等哩！可是如果换了人，电视台一定会不满。有那么多后起之秀想取而代之，你这样做恐怕不妥吧？"歌星听后小声地说："那好吧！要不你八点来接我，我想那时我身体应该会好一点吧。"这位唱片公司的总监很清楚这位歌星，根本就没什么毛病，只是喜欢摆摆架子，找准了对方拒绝的真实原因，进而有针对性地进行说服。

3．能够把握住说服的最佳时机

说服还要能够抓住最佳时机。同样一番道理，彼时说可能不如此时说，现在说不如以后说。时机把握得好，对方才会愿意听，才会用心听，才能听得进。否则，说服过早，会被对方认为神经过敏或无中生有；说服过迟，已时过境迁，对方认为你是"事后诸葛亮"，你即便有再好的口才、再好的意见，都不可能收到预期的效果。掌握时机，要将说服对象与时、境、理联系起来考虑，配合起来运用。可利用特定场合，造成境、理相衬，进行深入说服；可利用景中道情、情中说理，进行委婉说服；还可借助眼前实物，进行暗示说服等。例如：

＜＜＜＜＜＜＜＜

童童有点儿害羞，爷爷却偏偏喜欢在别人面前"展示"孙子。可是一旦遇到孙子没有按自己的意愿和别人打招呼或者背唐诗，就会很生气地数落孙子。结果导致小童童更加害羞和怕见生人。童童妈妈几次看见这样的场景，一直想找个机会告诉公公：如果不勉强童童，让他在旁边看一会儿的话，孩子反而会主动地和别人打招呼。

一次爷爷多年未见的老战友来访，爷爷实在太兴奋了，只顾得和战友聊天，忘记"展示"孙子了。童童呢，则在熟悉了客人和现场气氛后，主动地拿起一个大苹果送到客人手里，还跟客人有问有答。客人一再夸童童有礼貌，童童很兴奋，爷爷也觉得格外有面子。等送走了客人，趁着爷爷还处在兴奋状态的时候，童童妈妈赶紧把早想说的话和公公沟通了一番，并且以刚才的情况做了实证。爷爷欣然接受了童童妈妈的提议。

4. 必须营造良好的说服氛围

说服，总是在一定的语言环境中进行的。环境制约语言，因此，说服效果的好坏一定程度上也取决于环境。一个宽松、温和、优雅的环境较之肃穆、压抑、逼人的环境，其说服的效果自然会好得多；在一个自己熟悉的地点环境中施行说服，较之于陌生的环境，自然也会有利得多。营造一个恰当的说服氛围，不仅是必要的，而且是必需的。例如：

某啤酒生产厂得罪了一家餐馆的经理，对方就改换销售另一品牌。在直接和负责人谈判无效的情况下，销售人员天天晚上去这家餐馆里帮忙搬运货物，甚至包括竞争对手生产的啤酒。他总是说："你是我的老顾客了，我要为你服务，即使你不销售我们公司生产的啤酒。"他的诚意终于打动了经理，最后争取到了独家销售权。可见充分体验对方的感受，能营造出融洽的感情，在此基础上再委婉地提出自己的观点，怎么可能不赢得对方的允许呢？

【小训练 5-5】

试着说服你的一位同学去做你认为对其有意的事情（如改变不良的饮食习惯、开始锻炼身体或者学习一些额外的课程等）。

二、说服的技巧

为了使说服取得效果，可运用如下技巧。

1. 影射法

当两种意见对立的时候，往往需要一种缓冲的说法来调和，影射就是一种很好的方式。通过一些小故事，或生活中一目了然的道理，先与对方取得相同的立场，这既为下一步提出自己的意见埋下伏笔，又维护了对方的自尊心，比较容易奏效。我国古代史籍记载中，有许多贤臣劝谏君主的著名故事，都是以影射的办法让君主相信某个道理。

战国时期，吴王夫差决心攻打齐国，朝中大臣多数反对，但他一意孤行，将直言进谏的伍子胥赐死，还下令"敢谏阻伐齐者死"。

这一天，夫差的儿子友来见他，夫差见友瘸着腿就问他是怎么弄的，友回答说："我早晨见一只大螳螂欲捕蝉，而一只黄雀正准备把这只螳螂作为美食，我用弹弓赶打黄雀，却不小心掉进了一个大坑中。"夫差听完，大笑友愚笨。友于是说道："我只顾眼前利益，没有想到身后的祸患，所以才弄成这个样子，可天下还有比儿臣更愚笨的人呢！"夫差问："那是谁？"

友说："那蝉、螳螂、黄雀都只图眼前之物，忘却身后之忧，是贪而愚的。儿臣只顾打黄雀而坠入深坑，也是贪而愚的，但我失去的仅是一只黄雀。父王攻打齐国，还是贪而愚的，但失去的却是国家！父王只想到称霸诸侯、扩大疆土；只想到征服齐国的利益而劳民伤财，疲师伐远。然而父王却完全忘了越王勾践会趁机来攻打我们，所以说父王比儿臣更愚笨！父王既不听大臣劝阻，还下了死令。现在儿臣说完了，请父王处置吧！"

夫差听了，觉得有些道理，就没有处罚友，并重新考虑伐齐之事。

友没有拼死直谏，只用了生活中的一件小事就使吴王重新考虑伐齐，充分说明采用影射的劝说方法更能让人动心。

2. 举例法

优秀的劝说者都清楚，个别的、具体的事例和经验比概括的论证和一般原则更有说服力。在劝说他人时，举出一些实例，把你亲眼看到的人和事说出来，对方会自然而然地得出结论。

有一天，太宗问魏徵："你看近来政治怎么样？"魏徵见如今天下太平，太宗思想上有些松懈，就回答说："贞观初年，陛下主动地引导人们进谏；过了三年，遇到有人进谏，还能愉快地接受。这一两年来，勉勉强强接受一些意见，可是心里总觉得不舒服了。"太宗闻言，吃了一惊，问："你有什么根据？"魏徵说："陛下刚即位的时候，判元律死罪，孙伏伽进谏，认为按法律不应该判死罪。陛下就把价值百万的兰陵公主的园子赏给他。有人觉得赏得太丰厚了，您说：'即位以来，他是第一个向我进谏的，所以要厚赏！'这是您主动地引导进谏。后来，柳雄把他在隋朝做官的资历做了手脚，被人揭发后要判他死罪。戴胄奏请只判徒刑，经过他再三申述，您终于赦免了柳雄的死罪，还对戴胄说：如果都像你这样坚持法律，就不愁有人滥用刑罚了。'这是您能够愉快地接受意见。最近皇甫德参上书，说修洛阳宫是劳民伤财，收地租是剥削老百姓等，您听了很不满意，后来虽然赏了他绸缎，心里却老大不愿意，这就是难以接受意见。"

太宗听了，觉得很有道理，对魏徵说："若不是你，谁能说出这样的话来？一个人苦于不知道自己的缺点啊！"自此以后，唐太宗更加虚心。

3. 善意威胁法

威胁似乎不是一个好的字眼，但是有时我们就应该学会用它。相信大家都能体会到用威胁的方法可以增强说服力，而且我们还不时地加以运用。这就是用善意的威胁使对方产生恐惧感，从而达到说服的目的。例如：

在一次集体活动中，当大家风尘仆仆地赶到事先预定的旅馆时，却被告知当晚因工作失误，原来订好的套房（有单独浴室）中竟没有热水。为了此事，领队约见了旅馆经理。

领队："对不起，这么晚还把您从家里请来。但大家满身是汗，不洗洗澡怎么行呢？

何况我们预定时说好供应热水的呀！这事儿只有请您来解决了。"

经理："这事我也没有办法。锅炉工回家去了,他忘了放水,我已叫他们开了集体浴室,你们可以去洗。"

领队："是的,我们大家可以到集体浴室去洗澡,不过话要讲清,套房一人50元一晚是有单独浴室的。现在到集体浴室洗澡,那就等于降低到统销水平,我们只能照统销标准,一人降到15元付费了。"

经理："那不行,那不行的！"

领队："那只有供应套房浴室热水。"

经理："我没有办法。"

领队："您有办法！"

经理："你说有什么办法？"

领队："您有两个办法:一是把失职的锅炉工召回来；二是您可以给每个房间拎两桶热水。当然我会配合您劝大家耐心等待。"

这次交涉的结果是经理派人找回了锅炉工,40分钟后每间套房的浴室都有了热水。

上例中的领队不是对对方不礼貌,而是有时我们必须这么做,才能维护自己的权益。但是,在具体运用时要注意:态度要友善；讲清后果,说明道理；威胁程度不能过分,否则会弄巧成拙。

4．换位思考法

要站在对方的立场考虑问题,理解并同情对方的思想感情,从对方的角度说明问题,体验你的思想感情,进而使他改变自己的看法,达到理想的说服效果。

【小故事 5-19】

最 后 通 牒

1977年8月,克罗地亚人劫持了美国环球公司从纽约拉瓜地机场到芝加哥奥黑尔的一架班机,在劫持者与机组人员僵持不下之时,飞机兜了一个大圈,越过蒙特利尔、纽芬兰、沙浓、伦敦,最终降落在巴黎市郊的戴高乐机场。在这里,法国警察打瘪了飞机轮胎。飞机停了3天,劫机者同警方僵持不下,法国警方向劫机者发出最后通牒:"喂,伙计们！你们能够做你们想做的任何事情,但美国警察已到了。如果你们放下武器同他们一块回美国去,你们将会判处不超过4年徒刑。这也可能意味着你们也许在10个月左右释放。"法国警察停顿片刻,目的是让劫机者将这些话听进去。接着又喊:"但是,如果我们不得不逮捕你们,按我们的法律,你们将被判死刑。那么你们愿意走哪条路呢？"劫机者被迫投降了。

(资料来源:佚名.怎样提升说话技巧 [EB/OL].[2018-09-04]. http://gz.pxto.com.cn/news/shgz/531107.html.)

点评:本例中法国警察在劝说中帮助劫机者冷静地分析客观形势,明确向对方指出了两条道路:投降或者顽抗,投降的结果是10个月左右的徒刑,而顽抗的结果只可能是死刑。

面对这两条迥异的道路,早已心慌意乱的劫机者识相地选择了弃械投降,符合自己的利益,从而做出正确的选择。

5．巧言点拨法

巧言点拨也是一种说服的手段。一次白宫在讨论削减预算经费的会议上,里根总统幽默地对大家说:"有人告诉我,紫色的软糖是有毒的。"说着,他随手拾起一粒紫色的软糖塞进嘴里,以此表明不管别人怎样反对,他都要大幅削减政府开支的态度和决心。经他这一警告式的点拨暗示之后,本来不同意压缩政府经费开支的官员便开始动摇了。

在日常生活中,人与人之间常常会因述不清、道不明的原因而产生误解,影响人们间的正常交往。然而,倘若你能巧言点拨、以理服人、以情动人、能言善辩面对被说服者,误解就会消除,感情便能融洽,则可达到"口服"而且"心服"的效果。

【小故事 5-20】

巧言点拨二则

一天,有位北方客人来到上海某绣品商店,他是为好友前来购买绣花被面的。一条有一对白头鸟的被面吸引了他,但他又有点犹豫:这鸟的姿态很美,就是嘴巴太尖了,以后夫妻要吵嘴的。营业员察觉了这一点后,笑眯眯地向他介绍道:"您看见了吗?这鸟的头上发白,表明夫妻以后白头偕老;它们的嘴巴伸得长,是在说悄悄话,是相亲相爱的表示。"这位北方顾客听了,忙不迭地说:"有道理,有道理。"便买了下来。在营销上,营业员抓住了顾客的心理,打消了顾客在消费时的戒备之心,并顺水推舟地以"白头偕老,相亲相爱"的吉利辞言巧妙点拨,从而使其更加产生购物的欲望,达到了销售的目的。

无独有偶。一位顾客来店挑选象征长寿的手绣被面,馈赠侨居国外的长辈。接待他的营业员拿出一条绣有松鹤图案的被面给他看。那人看了觉得意思甚好,想掏钱买,猛地看见松树旁边还有一朵梅花,感到有些不吉利,梅的谐音是"霉",长辈看了犯忌。营业员了解到这点后,连忙向他解释:"这朵梅花也是吉利的象征,您知不知道,有句老话叫'梅开五福'吗?"那人经这么一点一拨,豁然明白了,于是很高兴地买下了被面。

(资料来源:佚名．推销准备 [EB/OL].[2015-03-23].http://www.doc88.com/p_7876207645154.html.)

6．多说"是"法

让人多说"是"的方法,是劝说他人的一个重要技巧,其全部内容就是:开头先让对方连连说"是",如果有可能,务必不要使对方说"不"。据说这是两千多年前古希腊哲学家苏格拉底常用的方式,故称苏格拉底问答法。

心理学研究表明,多说"是",能使整个身心趋向于肯定方面,身体组织呈开放状态;而说"不"时,全身的组织——神经与肌肉都聚集在一起,呈拒绝状态。英国心理学家欧弗斯托指出:一个"不"字的反应是最难克服的障碍。"不"字出口之后,人格尊严就会驱使他坚持到底,即使他自知错了。因此和一个人谈话时,开头就不要让他反对,实在是要紧不过的事。生活中许多人忽略了这一点,一开口就使人发怒,做出蠢事。要劝说别人,就要运用理智,只有不惜作出忍耐和牺牲,才有可能将对方的否定意见改为肯定意见。有一位推销员说:"我费了很多年时间,才懂得争辩是最不合算的。从别人的观点看事物,设法让人多说'是'字,才最有利、最有趣。"这的确是经验之谈。例如:

某公司有做网站的服务项目,小孙帮客户设计的网页是红色的,客户看过后却说想要蓝色的,请看小孙是怎样劝说客户的。

客户:"怎么是红色的? 我想要蓝色的! "

小孙:"是吗? 为什么不要红色的? "

客户:"红色的不好看,太显眼。"

小孙:"您做网站的目的是宣传你们公司的产品是不是? "

客户:"是的。"

小孙:"那您是想让客户容易记住还是记不住呢? "

客户:"当然要容易记住啦。"

小孙:"请问人在看东西时是兴奋的时候容易记住,还是平淡的时候容易记住? "

客户:"当然是兴奋的时候容易记住。"

小孙:"请问红色是不是给人兴奋的感觉? "

客户:"是的。"

小孙:"所以用红色更能达到宣传的效果,是不是? "

客户:"好像是的。"

7. 引起关注法

在说服时,要选择能够引起对方关注和兴趣的方式表达意见,要运用富有吸引力的内容支撑你的观点,从而引导说服对象关注设定的话题,让对方充分了解说服的内容。例如:

第二次世界大战期间,美国总统顾问萨克斯想转达爱因斯坦等科学家的意见,使罗斯福政府批准研制原子弹。他第一次使用了罗斯福听不懂的专业术语来介绍研制原子弹的重要性,但罗斯福的反应并不积极,因此想推掉这件事。第二天,萨克斯改变了说话的方式,他对罗斯福说:"我想向您讲一段历史。早在拿破仑(Nappoeon Bonaparto)当权的时候,法国正准备对英国发动进攻,一个年轻的美国发明家富尔顿(Fulton)来到了这位法国皇帝面前,他建议建立一支由蒸汽机舰艇组成的舰队,拿破仑可以利用这支舰队无论在什么天气的情况下,都能在英国登陆。军舰没有帆能航行吗? 这对于那个伟大的科西嘉人来说简直是不可思议的。他把富尔顿赶了出去。根据英国历史学家阿克顿爵士的意见,这是由于敌人缺乏见识而英国得到幸免的一个例子。如果当时拿破仑稍稍多动一些脑筋,再慎重考虑一下,那么19世纪的历史进程也许会完全是另一个样子。"罗斯福听完萨克斯的话后,立即同意采取行动。

由此可见,选择了能引起说服对象关注的内容和方式,就会取得不同的效果。

8. 启发诱导法

当对方对某些问题比较敏感,有所忌讳,不便直言相劝时,说服者就需要采用迂回曲折,故意向对方发问的问话方式,启发诱导对方,来达到说服的效果。

>>>>>>>>

【小故事 5-21】

一问即成

在一家餐厅里,一位顾客坐下之后,就把餐巾系在了脖子上。在餐厅用餐的顾客看到他这种不文雅的举动后,都很反感。这时,餐厅经理叫来一位侍者,对她说:"你告诉那位顾客,在我们餐馆里,那样做是不允许的,但是要把话说得委婉动听一些,不要惹顾客生气。"

既要不得罪顾客,又要提醒他,那么到底怎么做才合适呢?侍者想了想,走过去很有礼貌地问:"先生,您是要刮胡子呢还是要理发?"话音刚落,那位顾客立即意识到自己的失礼,赶快取下了餐巾。

(资料来源:佚名.餐厅内服务员的幽默[EB/OL].[2010-10-27].http://www.73333.cn/duanxin/26099.html.)

【小训练 5-6】

小李参加工作半年多了,可还是认为父母花尽心思给自己找的工作很不适合自己的发展,实际上,多年来自己一直希望出去闯闯,开拓一片新天地。现在他终于下定决心辞去现有的工作,想出去闯荡一番。假如你是小李,你将如何与父母进行沟通交流,说服父母同意你的打算。

课 后 练 习

一、交谈练习

(1) 1986 年 10 月 25 日,邓小平同志会见英国女王伊丽莎白二世和她的丈夫菲利普亲王。邓小平同志说:"这几天北京的天气很好,这也是对贵宾的欢迎。当然北京的天气比较干燥,要是能借一点伦敦的雾那就更好了。我小时候就听说伦敦有雾,在巴黎时,听说登上巴黎铁塔就能看见伦敦的雾。"菲利普亲王说:"伦敦的雾是工业革命的产物,现在没有了。"邓小平风趣地说:"那借你们的雾就更困难了。"亲王说:"可以借点雨给你们,雨比雾好,你们可以借点阳光给我们。"

请问他们在表达怎样的意思?从交谈的角度分析这段谈话,看看有哪些值得借鉴的地方。

(2) 假如你有位同学平时努力,严于律己,成绩很好,可是最近一段时间表现异常,经常旷课,上课不专心。你作为他的朋友,很想帮助他,你打算怎样和他谈?

二、问答练习

(1) 在一家经营咖啡和牛奶的茶室,刚开始营业员总是问顾客:"先生,喝咖啡吗?"或者是:"先生,喝牛奶吗?"其回答往往是否定的。后来,营业员经过培训换一种问法:"先生,您是喝咖啡还是喝牛奶?"结果其销售额大增。无独有偶。两家卖粥的小店,产品、装修、服务没什么两样,但 A 店总是比 B 店多卖一倍的鸡蛋,原因在哪?B 店客人进门,服务员会问一句:"要不要鸡蛋?"有一半要一半不要。而 A 店客人进门,听到的问题是:"要一个鸡蛋还是两个?"客人有的要一个,有的要两个,不要的很少。这样,A 店的鸡蛋就总是卖得多一点。同样一句话,前后对调或者做一点不起眼的变化,就会出现不同的结局,其实只在于说话人掌握了对方思考的方向。请分析这其中的原因是什么?

(2) 美国前总统卡特有一次举行记者招待会。一位记者提出刁难的问题:"如果你女儿与人发生桃色事件,总统先生,你有什么感觉?"

这一问题突如其来,使卡特感到惊讶和棘手。如果拒绝回答,将有损他的公众形象,同时也会引起猜测;如果直接否认这种事情的发生,也未免过于自信和武断,同样是不利的。但是卡特总统到底是卡特总统,他镇定下来,略加思索,巧妙地说:"……"

你知道卡特总统对这位记者说了什么吗?

三、说服练习

(1) 与你的同桌(2 人一组),自拟情景进行说服训练。

(2) 请根据你对"说服"的理解分析以下材料。

杰克说服承包商

谋求双赢,是当今商务交往的最高境界,也是现代商务谈判所追求的最佳目标。而把握对手的心理特点,洞察对手的核心利益,不失时机地引导对方沿着双方互惠互利的方向发展,才是实现双赢的有效途径。杰克是一个俱乐部的经理,他想新建一个规模较大的舞场,于是,他找到了一个正想进入建筑行业的承包商,这个承包商承诺愿以低价为他提供一个优质的舞场,同时也提出,在舞场建成之后允许其他客户来参观,并为他宣传工程质量,以便为自己拉更多生意。杰克当即答应了对方提出的条件。但是,舞场建成以后,杰克又进一步要求承包商承担装饰工程,承包商很生气,当即拒绝了这一要求。

杰克既没有指责和怪罪对方,也没有放弃说服对方的努力,他友善而颇有远见地提出:"舞场的美观有助于宣传工程质量,相当于贵公司的'实体广告',我坚信一定会给你们带来更多的生意!"建筑承包商眼睛顿时一亮,毫不犹豫地答应了杰克的新要求,且当即表示要不惜工本地装饰好这个舞场。结果,杰克以优惠的价格得到了一个漂亮的舞场,承包商不仅借此扬了名,而且又获得了好几笔生意。[1]

---

[1] 陈文静. 国际商务谈判中说服技巧的应用 [J]. 对外经贸实务,2015 (1) .

第六章 面试口才

天生我才必有用。

——[唐]李白

莫愁前路无知己,天下谁人不识君。

——[唐]高适

课程思政要求

• 进行社会主义核心价值观教育;

• 进行爱国主义教育;

• 开展诚信教育、法律意识教育和道德意识教育;

• 塑造职业形象、提高职业素养;

• 促进学生全面发展。

学习目标

了解面试口才的原则和技巧;

面试中成功地进行自我介绍;

面试中得体地进行"问"与"答";

面试讲究语言艺术。

案例导入

小林成功应聘

应届毕业生小林到一家外资公司应聘,他顺利地通过了笔试和前两轮面试,这一天是最后一轮面试了。小林前面已经有 5 名面试者,他们先后沮丧地走出面试室,从他们的面部表情可以得知,面试情况不大理想。

小林进入面试室前敲了敲门,得到允许后进门坐在人事经理老邓对面。老邓不动声色地问了几个问题,突然,他将小林的简历递过来说:"你的专业与所申请的职位不对口啊。"

小林一愣,招聘启事上明明写了"专业不限",而且自己的简历也通过了筛选。他接过简历,认真地望着老邓的眼睛,回答说:"公司有很多专业人员,如果进入公司,我会学得很快。同时,21 世纪最抢手的就是复合型人才,而外行的灵感也许能超过内行,因为他们没有思维定势,没有条条框框。"

老邓的眉头拧紧了,紧接着他一连指出小林身上好几个不足,如工作经验不够丰富、性格内向、不善于与人沟通。老邓的说法相当准确,他几乎一眼看穿了小林。面对老邓表示面试就此结束的冷漠表情,小林不卑不亢地说:"您说得很对,我身上有很多缺点,但也有很多优点。我相信，即便不能得到这份工作，在以后的日子里，我也会在发扬自己优点的同时，努力去弥补自己的不足！当然，我还是非常期待能在贵公司谋得一个职位。"

说完，小林准备起身离开，不料老邓却热情地伸出了手："恭喜你，年轻人，你用你的自信通过了我们最关键的一次面试。"原来老邓的步步紧逼是他面试的一种方式。前面5名应聘者就是因为禁不住接二连三的否定，情绪陷入低落沮丧而被淘汰。[①]

问题：

(1) 老邓为什么要采用这样咄咄逼人的面试方式？他的目的是什么？

(2) 小林为什么能应聘成功？他成功的关键因素是什么？

(3) 本案例给你哪些启示？

第一节　面试口才的原则

一、尊重对方

求职面谈时，首先要尊重对方，不能因为招聘者的学历、职称、年龄或资历不如你优越，你就轻视对方。尊重对方、赏识对方，可以使招聘者增加对你的好感。其次要善解人意，无论对方提出什么问题，你都应该从积极的角度去理解，而不是一味地产生对立情绪，认为对方是故意刁难你。例如：

某科学院一名博士生毕业时向北京一所高校发出了求职信，并接到了面试的通知书。这位博士生读博士前就已被评为讲师，只是家属工作单位在外地。面谈前，高校的人事干部做了大量的工作，疏通了各种渠道，初步办好了接收工作。可是见面交谈时，这位博士发现坐在自己面前的是一位不足30岁的年轻小伙子，于是他不仅流露出了不尊重对方的神情，而且还刨根问底地询问对方，处处显示出优于对方、待价而沽的情绪，引起了对方的反感，结果毁了一桩好事。这位博士抱着"此处不养爷，自有留爷处"的自信转了十几个单位，可是，不是因为名额已满，就是因不能解决夫妻两地分居的问题而告吹。当他再次找到这所高校时，对方已录用了另外一名硕士毕业生，他只好打包行李回到老家。其实那位和他面谈的年轻人正是录用他的关键人物。虽然看上去年轻，却已是留美博士生，并且是某个国家重点项目的负责人。人事部门有意安排他来负责招聘，主要是从将来开展博士后研究的角度着想的。事后，这位年轻人说："这位求职者不仅是外语水平不符合要求，关键是妄自尊大，目空一切，好像不是他在求职，反倒是我在求职，这种人即使在国外也不会找到合适的工作。而我们现在录用的这个研究生，不但专业水平和外语水平较高，关键是人很谦虚，很有发展前途。"

---

① 刘志敏.演讲与口才实用教程[M].北京：人民邮电出版社，2017.

>>>>>>>>

二、充满自信

求职口才既要自知,更要自信。求职过程中的自信表现,是在自大与自卑之间选择合适的一个度,既不过分张扬,也不过分卑下。围绕着求职、面试的主题,进行自我介绍并回答面试考官的问题,也要在适当的时候,借题发挥,进一步展示自己本身的能力与才华。在自信的基础上加以训练,能够使求职者在真正的面试舞台上,超水平发挥。例如:

2016年宁波某房地产公司面试有这样一个问题:"请你给我10个进入本公司的理由。"多数应聘者都硬着头皮搜肠刮肚给理由,有的给不到10个,有的一个理由重复好几遍,有的支支吾吾下不来台。只有一个应聘者回答:"不好意思,我实在没有10个理由,我只有一个进入贵公司的理由。"面试官问:"说来听听。"应聘者答:"我的理由就是,我自信我能够胜任编辑一职。"然后,该应聘者从自己的专业及特长展开讲述,来支持他这个唯一的理由。

毫无疑问,这位面试者充满自信,争取主动,赢得了面试官的"青睐",获得了想要的职位。

三、双向交流

富兰克林在其自传中讲道:"说话和事业的发展有很大的关系,你出言不慎,将不可能获得别人的同情、别人的合作、别人的帮助。"在求职过程中,正确使用语言进行表达,无论是描述自己的情况、成绩或意向,还是回答面试考官的问题,都是非常重要的。同样,通过求职交流,也会使求职者获得招聘公司的相关信息,只会答、不会问的求职者正在慢慢被淘汰。因为无法发问就无法进行双向的交流,这就意味着一名求职者因为没有自我思考的能力而无法达到面试考官的要求。例如:

在一次面试过程中,总经理对已打算淘汰掉的求职者李小姐说:"李小姐,你的各方面素质都不错,只是你已成家有了孩子,这点公司还要考虑一下。"

李小姐:"我认为总经理的意见有一定的道理。如果我是总经理,可能也会这样想。"

总经理听了这句不卑不亢的回答,有点意外,也心生些许好感,微笑着点点头。

李小姐立即顺水推舟地说:"公司的任务重,工作忙,谁都希望职工能够轻松上阵,而不是拖儿带女,东牵西挂地来上班。"总经理听到这开始哈哈大笑,有一种被理解和被认同的好感,又有一种心底里的想法被识破的尴尬。他本来想照顾求职者的面子,找一个托词委婉地拒绝求职者,没想到对方不但没有半点怨言,反而是理解地认同,多了一份体谅之情。

李小姐看到考官的表情,赶紧乘胜追击话锋一转,说道:"但是,我想事情还有另外一面,也许我的想法不一定对,不过,我还是想说出来请总经理指正。因为对公司来说,最重要的是职工有责任心。都说不当家不知柴米贵,不养儿不知父母恩,在生活中没有经过责任心训练的人,工作能有很强的责任心吗?我想,一个母亲与一位未婚女子对生活、工作责任心的理解是不会相同的,况且,我家里有老人照料家务,我决不会因家庭琐事而影响

<<<<<<<<<

工作,这一点我想请总经理放心。"听到这里,总经理不禁为之动容,连连微笑领首。

这微笑中,既有被折服的愉悦,也有对求职者才思敏捷、口齿伶俐的赞赏。于是便当即拍板,决定录用。

在这次面试过程中,求职者就是通过她精彩的求职口才化被动为主动,由一个淘汰候选人一跃成为求职成功者,在这一案例中,良好的求职口才也就是这位李小姐应聘成功的重要法宝。

第二节　面试的语言艺术

大学生在求职面试的过程中,一定要讲究如下的语言艺术,以取得理想的求职面试效果。

一、仔细聆听

面试的实质就是与主试者进行信息交流从而获得全面评价的过程,形式上充分体现在"说"和"听"上,因此,倾听是面试中的重要环节。应试者注意听,不仅显示出对主试者的尊重,而且要回答主试者的问题首先必须注意听,只有通过专心致志地听,才能抓住问题的实质,否则就可能不得要领,答非所问。因此,在面试中应注意以下几点:一是目光要专注,要有礼貌地注视主试者,并且要不时地与主试者进行眼神交流,视线范围大致在鼻子以下胸口以上,千万不要东张西望;二是尽量微笑,适时发出爽朗的笑声可以使气氛活跃,但绝不可开怀大笑;三是用点头对主试者的谈话做出反应,并适时说些简短而肯定对方的话语;四是身体要稍稍向前倾斜,手脚不要有太多的动作。

【小贴士 6-1】

应聘者怎样观察主试者

首先,应密切注意主试者的面部表情。如对方听了你的介绍,双眉上扬,双目上张,则是惊奇、惊讶的表现。可能表明,你就是他们理想的人选,有种相识恨晚的感觉。这时你可能成功了一半,一定要锲而不舍。如果对方听了你的介绍后皱眉,则表示不高兴或遇到麻烦无能为力等;也可能表明你不是他们的意中人,你则可以采取其他途径进一步努力。

其次,要密切注意观察主试者的目光。对方听你自我介绍时,双目直视前方,旁若无人,则他的眼睛无声地告诉你:他是一个高傲的人,那么你说话时就要力争满足他的自尊心理。如果对方的眼睛不停地眨,则他的眼睛告诉你:他在表示怀疑,那么你就要力争把问题解释清楚。如果对方眯着眼看你,则表示他比较高兴,那么你的介绍可能打动了对方,再继续下去,就可能成功。如果对方白了你一眼,则表示他对你或你的某句话反感,这时你就要特别注意。总之,只要你认真观察,就会通过心灵的窗户——眼睛,把握对方的内心世界,力争主动权。

>>>>>>>>

最后，注意主试者的反应所传达出的信息。如果听者心不在焉，可能表示他对自己这段话没有兴趣，你得设法转移话题；侧耳倾听，可能说明由于自己音量过小，使对方难以听清；摆头可能表示自己言语有不当之处。根据对方的这些反应，就要适时地调整自己的语言、语调、语气、音量、修辞，包括陈述内容，这样才能取得很好的面试效果。

二、谦虚诚恳

在面视中，应聘者如果能谦虚诚恳，则可以立于不败之地，从而成功地叩响就业之门。因此，在求职过程中，求职者的真实与诚恳是成功应聘的首要条件，在真实诚恳的基础上，还要力求使自己的就业意向与应聘行业的职业要求相一致，在面谈中尽量回避对自己不利的话题。例如：

某设计院是国家甲级设计院，任务多，待遇高，不少应聘者竞相涉足，企求获得一职之位。其中，一名毕业于该市三流大学的毕业生前来应聘。他先自报所学的是机械制造专业，然后非常认真地询问对方有什么样的要求。设计院的一位老工程师告诉他主要是绘图工作。这位青年马上说："这是我最拿手的，我课余就帮人家绘图，三天一份，您可以当场试我。"老工程师露出了笑容。因为绘图虽然不难但也并非易事，这种工作单调、枯燥、乏味，年轻人如果肯干，看来不是个眼高手低者。老工程师又问："你搞过设计吗？""搞过4个设计，都获得了优秀，还有1个被实习工厂看中了。"他拿出了证书和获奖图纸。

老工程师饶有兴趣地边看边聊："搞设计要下现场，有时要'连轴转'，你行吗？"小伙子拍着厚实的胸脯说："没问题，让干什么就干什么，只是希望有机会再读个本科。"

"没问题！"这回是老工程师拍着胸脯了。

这位非名牌大学的毕业生之所以能顺利进入名牌设计院，关键在于他语言朴实但又不过分谦虚，表现出诚实稳重的品质。他当然知道自己应聘的职业要求是擅长绘图、吃苦耐劳，就将自己在绘图方面的经验、成果以及身体强壮、不怕辛苦等优势加以强调，至于自己是来自三流院校，甚至专业并不对口的事实就避而不谈了。

三、毛遂自荐

在求职过程中，如何在众多的竞争对手中脱颖而出很重要，哪怕只是引起招聘者的注意。当我们在运用求职语言艺术时，"单刀直入、毛遂自荐"也不失为一种方式。我们可以开门见山，对招聘者直截了当地表明自己的选择意向。如果对方针对你的能力或学历提出任何异议的时候，别担心，这恰恰是给了你一个说明和展示的机会。例如：

在某市的大学生供需见面会上，市公安局某研究所的招聘桌前，围满了前来求职的大学生，大部分是男生。一位年轻的女学生硬是挤到招聘桌前，向招聘人员表明自己渴望从事刑事检验分析研究的工作。

招聘人员面露难色，因为这个研究所从来没有女工作人员，只有清一色的男同志。可是，面对姑娘恳求的目光，招聘人员决定破例给这位姑娘一个机会。他说："工作人员需要下案件现场，遇到的都是血淋淋的场面，你一个姑娘家敢去吗?!"

"我就敢去!"这个姑娘快言直陈，毫不含糊："让我抬死人，我也不怕!"

"你可别说大话，干这行没黑夜没白天，得随叫随到。"

"嘿，我假期打工就是给人家开车，跑起路来没点胆儿行吗?"说着她掏出了驾驶证。人事干部与研究所的干部当场拍板，并与她签订了聘用合同。

这个例子中的女大学生就是借用对方的"发难"，适时地用行动和语言展示了自己的优点和长处，反败为胜。

无独有偶。还有这样一个例子：

文秘专业毕业的大学生聂品，去应聘某电器公司销售经理助理，专业不对口，用人单位不满意，但她的"自我推销"很有新意。

"我叫聂品，三只耳朵三张口，就是没有三个头。"主持招聘的副总一听，饶有兴致地点头，示意她继续讲下去。她接着说："从事营销工作，重要的是具备收集信息的能力和沟通能力。假如贵公司要我发挥智慧的话，我虽然做起工作来没有三头六臂，但我一定会有'三只耳朵'——倾听、收集八方市场信息；一定会有'三张嘴巴'——用伶牙俐齿说服客户，靠巧舌如簧与客户谈判……"

副总经理见她自报家门的方式独具创意，便断定她是一个思维敏捷、有良好口语表达能力的人，而这正是他们公司渴求的人才，便破格录用了她。

四、巧用反问

在面试过程中，有些招聘者会针对你的薄弱环节进行发问，其目的有两点：一是确实发现你有不足之处，想得到你的解释；二是想看看你的应变能力和回答技巧。这时，应聘者一定要沉着冷静，迎难而上，用反问的形式巧妙地回答问题。反问句是语言中的"盐"，它能比较强烈地表达自己的心声和感情，面试中恰当运用，也能使语言出彩。

小丁到一家轿车维修中心求职，论学历，该中心要求大学本科毕业，而小丁只是个职业中专毕业生；论技术，该中心要求会维修桑塔纳轿车，而小丁只修过摩托车，并且是业余的，可他却凭着自己出彩的语言，打动了经理，获得了成功。在面试中，经理最后对小丁还有些不放心，又提出了一个问题："那你学会修轿车以后，是不是又要'跳槽'呢?"小丁一听，灵机一动，答道："咱们这个企业效益这么好，我为什么要'跳槽'呢？我去哪里不是为了生活？我没有过高的奢望，只要出师后，能维持一个普通人的生活就行了。当然，如果有一天，咱们的企业也像我原先所在的单位，连每月300元的工资都发不下来了，经理，您到时候会让我永远在这儿待下去吗？我希望咱们的企业能一直兴旺发达，对这一点，您不是也在苦苦追求吗？"一席话，彻底把经理打动了。

在这里，小丁用第一个反问句，变被动为主动，非常巧妙地讲明了自己"跳槽"实属无奈之举，并非"朝秦暮楚"。接着又用第二个反问句，既充分地表达了对经理领导能力的信任,又表明了自己"心系企业"的心情,入情入理,亲切感人。

五、少用"我"字

由于面试的过程是一个对"我"进行考察的过程,因此,无论是在自我介绍还是在面试谈话过程中,求职者的语言和意识往往会以"我"为中心。例如,"我"的学历、"我"的理想、"我"的才华以及"我"的要求……殊不知,这样做对方会认为你"以自我为中心""自我标榜""自以为是""自我推销"……尽管事实并非如此。例如:

袁女士,35岁,应聘某公司的机械检验员。招聘者问她:"这个工作要经常出差,到湖南、湖北、四川等地,条件会比较艰苦,你行吗?"袁女士答道:"我是不是看上去比较娇气了一点?我从前在矿山当机械工的时候,可是常在管道里面爬上爬下的,而且我还在装配车间做过检查工作,我想工作再苦都没问题。别看我是女的,我在装配车间干过一年,在铆焊车间干过半年,我在试验场还做过现场施工。当时我在甘肃,现在我真的不想去回想,因为机械管道里的味儿很难闻,100米长的管道,我就在里面爬上爬下……"

要不是被招聘者及时打断,袁女士还不知要说出多少个"我"字来。在这个案例中,袁女士的回答本来就不够简洁,再加上"我"字不离口,有强迫性的自我推销之嫌,使得招聘者顿生反感,面试结果可想而知。

六、灵活应变

最后一条原则,就是"没规则",不要有那么多的条条框框。请记住:在任何情况下,招聘单位都会垂青那些有较强角色意识和应变能力的人。而这种能力多半是书上没有的,要在实践中不断地锻炼,这就是为何有些招聘单位很看重工作经验的原因。例如:

国外一家旅馆老板测试三名应聘侍者的男子。

问:"假如你无意中推开房门,看见女房客正在淋浴,而她也看见你了,这时你该怎么办?"

甲答:"说声'对不起',然后关门退出。"

乙答:"说声'对不起,小姐',然后关门退出。"

丙答:"说声'对不起,先生',然后关门退出。"

结果,丙被录用了。

为什么呢?因为他的这种故意误会的说法,维护了女房客的尊严,他用非常得体的语言表现出了一名侍者应该具备的职业素质。

【小故事 6-1】

冯玉祥的"面试题"

有一位大学生到冯玉祥那里应聘秘书。他满怀信心地走进冯玉祥的办公室,准备把自己的论文及证件交给冯玉祥，并回答冯玉祥各种有关秘书方面的提问。可他万万没有想到冯玉祥提出了一个他料所不及的问题。

"你刚才所上的楼梯共有多少台阶？"冯玉祥问。

大学生一时瞠目结舌。可他急中生智，果断地反问道："您能一准说出'冯玉祥'三个字的笔画吗？"

冯玉祥高兴地哈哈大笑，决定聘用这位大学生为他的秘书。

冯玉祥看中的正是这位大学生富于挑战性的勇气和随机应变的超常反应能力。

（资料来源：佚名.2016秘书资格考试综合练习题[EB/OL].[2017-05-21].http://www.oh100.com/peixun/mishuzige/57388.html.）

七、另辟蹊径

求职中遭到拒绝是常有的事，但如果找到新的突破口，也许柳暗花明又一村。当然这里最重要的条件是：你能在与对方的交谈中，得到潜在的人才需求信息。也就是把求职的过程同时作为收集信息的过程，看看对方还有哪些岗位有空缺，这样就可以此路不通，另辟蹊径。如果还有另外的岗位适合你，你就把自己再推销一次，如果理由充足，对方重新考虑，录用你是完全可能的。善于应变、有勇气、有胆量，就可能找到新的机会。例如：

师大政治系毕业的小叶，去一所重点中学求职。教务主任翻开他的简历：大学里担任学生会主席，成绩很不错，多次获得奖学金。教务主任告诉他："你的条件很优秀，但我们学校现在不缺政治老师，以后有机会一定重点考虑你。"虽然肯定了他的优秀，但因专业不对口被拒绝了。

小叶并不气馁，他灵机一动，便巧妙地向教务主任询问师资配置情况。交谈中得知现在学校正缺历史老师，于是提出自己在历史方面也有所专长，愿意改教历史。教务主任让他找主管人事的副校长谈谈。

小叶又找到人事副校长，副校长明确地告诉他专业不对口。小叶说："政史不分家，我自幼偏爱历史，虽然不是历史系毕业的，但自学和选修了许多历史专业的课程，而且还有一定的研究，在校报上还发表过历史专业的论文。我相信我能胜任贵校的历史老师，需要的话我还可以兼任政治课老师。您只聘一名老师，却能教两门课，不是很划算吗？"

于是副校长答应让他试讲，结果顺利通过。

八、将错就错

面试时难免出现差错、疏漏，造成尴尬、遗憾，这时要想方设法打圆场，引出相关的对自己有利的话题，使失误得到有效的补偿，化劣势为优势。

一位刚毕业的大学生去某合资公司求职，负责接待的先生递给他名片。大学生神情紧张，匆匆一瞥，赞扬道："滕野木石先生，您身为日本人，抛家别舍，来华创业，这份精神令人佩服。"那人微微一笑："我姓滕,名野柘,地道的中国人。"大学生面红耳赤,无地自容。

片刻后,他诚恳地说道："对不起,您的名字使我想起了鲁迅先生的日本老师——藤野先生。他教给鲁迅许多治学的道理,让鲁迅受益终生。今天我在这里也学到了难忘的一课,那就是'凡事认真',希望滕先生日后也能时常指教我。"滕先生面带惊讶,点头微笑,最终录用了他。

这位大学生将错就错,即兴发挥,不但扭转了一时大意给招聘者留下的不良印象,而且打造了虚心好学的形象。

【小故事 6-2】

善于反驳的求职者

有一个初出茅庐的女孩子去应聘,顺利地通过了初试和复试,在决定能否被聘用的面试中,招聘方总经理当面告知她未被聘用,理由是她的形象不适合她所应聘的公关业务。原来,该女孩那天穿了一身平常的衣服,素面朝天,相貌平平。听到这样的话,女孩只能转身离去,但又觉得很伤自尊、很憋气。本来那扇门已经在她身后关闭了,她却头脑一热,突然转身又推开了那扇门,对主持面试的总经理说："主动权掌握在您手里,我没有讨价还价的资格。本来,您不需要任何理由就可以决定淘汰我,但您给了,而且给我的理由恰恰是一个不能让我接受的理由。我可以用一分钟换一套衣服,用两分钟换一种发型,但我的学识和内涵才是真正可贵的,我头脑冷静、随机应变的特质,才是公关职位真正需要的东西,而这是我多年来磨炼的结果,是无法用服装、发型等外在因素改变的。"

本来这个女孩想,既然已被宣布落聘,何不放下一切顾虑去反驳一下,直抒胸臆,出出气呢? 结果第二天公司与女孩联系,告诉她被录用了。

(资料来源: 佚名. 面对求职主考官: 亮出自己最美丽的羽毛 [EB/OL].[2002-12-12].http://edu.sina.com.cn/l/2002-12-12/35478.html.)

点评: 在这个真实的故事中,女孩不同意公司总经理关于公关职位只注重外表形象而不注重内在素质的观点,但在不便反驳的情况下,她已经落聘。由于不服气,她可谓另辟蹊径,杀了一个回马枪,直抒胸臆地进行反驳,用精彩的语言打动了总经理。

这个女孩面试语言的出彩之处表现在两个方面:一是敢于反驳,勇气可嘉。在面试中,一般情况下求职者总是说话谨慎,尽量藏起锋芒,不敢反驳,而考官的理由和观点也非全部正确可行,那么在这种情况下,你敢不敢反驳呢? 尽管这个女孩是在无所顾忌的情况下进行了反驳,但这也是一种勇敢的表现,也非一般人所能做到的。二是她反驳的理由正确。确实一个人的外表可以在短时间内修饰、弥补和改变,但更主要的起关键作用的还是长期修炼提升的内在素质。这也是利用反驳使面试语言出彩的关键一点,否则她是不能通过反驳赢得面试成功的。此外,这个女孩的反驳产生的反常效应也有利于她脱颖而出。

【小训练 6-1】

日本的一些大公司在招聘人才进行面试时,专门就说话能力规定了若干不予录用的

<<<<<<<<

条文。其中有："应聘者声若蚊子者,不予录用;说话没有抑扬顿挫者,不予录用;交谈时,不得要领者,不予录用;交谈时,不能干脆利落回答问题者,不予录用;说话无生气者,不予录用;说话颠三倒四、不知所云者,不予录用。"

对于日本大公司招聘人才的这些规定你有何看法?

第三节　面试中的自我介绍

求职者自我介绍的根本目的是便于面试考官对自己有个初步的、大概的了解,并且尽可能给对方留下好的印象,以便使面试能够深入进行下去,最终赢得面试的成功。求职者面试的自我介绍必须讲究技巧。成功的自我介绍往往会给面试考官留下深刻的印象,使求职成功了一半。在人的思想意识中,往往存在这样的误区,认为最了解自己的人一定是自己,把介绍自己当成是一件很容易的事。其实不然,说人易,说己难。在求职面试中,介绍自己是最难的部分,要成功地进行自我介绍,要从以下四个方面着手。

一、礼貌问候

在进行自我介绍之前,求职者首先要跟主面试考官打个招呼,道声谢,这是最起码的礼貌。比如:"经理,您好,谢谢您给我这个机会。现在,我向您作个简单的自我介绍……"介绍完毕以后,要注意向主面试考官致谢,并且还要向在场的其他面试人员致谢。

二、主题鲜明

求职面试中的自我介绍一般包括这些基本要素:姓名、年龄、籍贯、学历、学业情况、性格、特长、爱好、工作能力和工作经验等。因此,不必面面俱全,而是一定要做到主题鲜明,直截了当,切入正题,不拖泥带水;对于材料的组织要合理,做到详略得当,重点突出。一般来说,应按招聘方的要求来组织介绍材料,围绕中心说话。假如招聘单位对应聘人的工作能力和工作经验很重视,那么,求职者就得从自己的工作能力及经验出发做详细的叙述,而且整个介绍都要以这个重点为中心。下面是某家工艺品总公司招聘业务员的一则对话。

面试考官:我公司主要是经营有地方特色或民族特色的工艺品,如北京的景泰蓝、景德镇的陶瓷和湖州的抽纱等。这次招聘的对象主要是能开拓海内外湖州抽纱业务的业务员。现在,请你介绍一下自己的情况。

求职者:我叫李伟,今年24岁,是湖州市人。今年毕业于湖州市商业学校,读市场营销专业。我一直生活在湖州,小时候就经常帮妈妈和奶奶做抽纱,对于传统的抽纱工艺可以说是比较了解的。在商校学习的两年中,我掌握了营销方面的专业知识,这是我将来搞好业务的资本。我的口才较好,曾参加省属中专学校的求职口才竞赛,得了二等奖,并且

>>>>>>>>

还具备一定的英语口语能力。我这个人的特点是头脑灵活、反应快，平时喜欢看报纸，对国内外的经济发展动态很感兴趣，喜欢从事具有挑战性的工作。

应聘的求职者一般应从最高学历讲起，只要面试考官不问，完全没有必要谈及小学、中学。谈所学的专业、课程，不必要说明成绩。谈求职的经历，不要漫无边际、东拉西扯，最好在3分钟之内，完成自我介绍，简洁、明快、干脆、有力。

三、让事实说话

在面试时，有的人为了能给面试考官留下深刻的印象，往往喜欢对自己进行过多的夸张，动辄就"我的业务水平是很高的""我的成绩是全年级最好的"，其实，这样反倒会给面试考官留下不好的印象。现在的用人单位往往更注重应聘者的真本事。"事实胜于雄辩"，虽然面试的时间很有限，不可能完全展示出求职者的才能，但是，求职者可以通过实际的事例来证明你的能力，把你的才华展示给面试考官。例如，某大学中文系学生小刘，毕业后到报社应聘记者，面对着上百个新闻专业出身的竞争者，可以说小刘并没有什么优势。但小刘对此早有准备。她对面试考官介绍自己时是这样说的：

"我叫刘晓明，山西人，毕业于××大学中文系。虽然我不是新闻专业的，但我对记者这个行业却十分感兴趣。在大学期间我是学校校报的记者。4年间，进行了许多次较为重大的校内、校外采访，积累了一定的采访经验，再加上我的中文功底还不错，我相信我可以胜任贵报的工作。这是我在大学期间发表过的报道稿，请各位编辑领导批评指正。"

面试考官们看过小刘的报道材料后，觉得他眼光独到、语言深刻，都很满意。结果小刘击败了众多的竞争者，不久就收到了录用通知。

四、给自己留条退路

面试中的自我介绍既要坦诚，又要有所保留；既要介绍自己的能力，也不要把自己搞成事事皆能，使自己进退维谷。在自我介绍时，求职者要尽可能客观地显示自己的实力，但同时应尽可能地避免使用保证式或绝对式的语言，如"我非常熟悉这项业务""我保证让部门改变面貌"，这些话往往没有具体内容，反倒会引起面试考官的反感。如果遇到较为平和、内敛的面试考官，也许不会为难你；但是如果遇到个性较强的面试考官进行追问时，求职者会因无法回答而张口结舌，尴尬万分。例如：

小赵去一家国际旅行社面试导游职业时，他自我介绍说："我这个人喜欢旅游，熟悉各处的名胜古迹，全国的风景名胜几乎都去过。"面试考官顿时很感兴趣，就问："那你去过云南大理吗？"因为面试考官就是大理人，对自己的家乡再熟悉不过了。可惜小赵根本就没去过大理，心想若说没去过这么有名的地方，刚才的话不就成了吹牛了吗？于是硬着头皮说："去过。"面试考官又问："你住的是哪家宾馆？"小张再也回答不上来，只好说："那时我是住在一个朋友家的。"面试考官又问："你的这位朋友家在大理的什么地方啊？"

>>>>>>>>>

小赵这下没词儿了,东拉西扯答非所问,结果自然可想而知。

【小贴士6-2】

成功的自我介绍范例

各位老师

早上好!

我叫×××,是×××大学新闻专业的应届毕业生,今天来应聘记者。

我十分喜爱记者这个职业。在我眼中,记者肩负着神圣的使命,它是联系普通百姓和各级政府的桥梁纽带,是宣传真理、引导舆论、激励群众的喉舌,是把五光十色的世界展现在世人面前的信使,所以,我怀着强烈的社会责任感希望当一名记者,参与社会舆论工作。

我认为自己可以胜任记者一职的理由有以下四点:

第一,我有较强的口语表达能力,曾在大学和中学的校级演讲比赛中两次荣获一等奖。

第二,我有很强的写作能力,在读书期间就曾三次在省级作文比赛中获奖;上大学后经常给一些报刊投稿,已有两篇稿件被省级报纸采用。

第三,我有做记者的实际工作经验,曾在我校学生会主办的《菁菁校园》报当了两年的记者。

第四,我性格外向,交际能力强,在与人交往中能够运用公共关系技巧,并持有中级公关员职业资格证书。

谢谢各位老师!

【小训练6-2】

请根据给出的招聘要求进行自我介绍,让面试官觉得你是一个适合的人选。

招聘公司:北京五湖四海实业公司。

招聘岗位:驻东北区销售业务主管。

岗位要求:大专以上学历,市场营销等相关专业毕业(有资源、丰富经验的不限制学历);3年以上销售工作经验,有光热行业、光电行业、暖通、电力、建材等销售经验或大客户销售经验的优先考虑。吃苦耐劳和乐观向上,具有团队精神。语言流畅,沟通能力强,具有一定的管理能力。适应能力强,能常驻东北地区。

第四节　面试中的问答

【小训练6-3】

请分析下面几句面试应答语中的错误。

(1)"我原来那个单位的人际环境太差了,小人太多,没法与他们相处。"

(2)"现在已有多家公司表示要我,所以请你们务必于这个月底之前答复我。"

(3)"我毕业于名牌大学,学的又是热门专业,我是一个杰出的人才,我想实现我远大

>>>>>>>>>

的理想和宏伟的抱负。"

(4)"我很想知道我如果到你们公司,每个月能挣多少钱?"

在求职面试的过程中如何与面试官进行良性的双向沟通,是求职者能否求职成功的重要保证,因此,在面试过程中,要注意掌握面试中的问答技巧。

一、面试问答的准备

尽管不同的公司面试的程序和模式有所不同,面试考官的风格各异,但是有些问题是面试考官们比较喜欢问的。常言说"有备无患"。作为应聘者,要想提高成功的概率,面试前做些准备是必要的,否则在回答问题时就有可能抓不住重点,切不中要害。

这些准备工作包括以下 3 个方面。

1.了解所聘企业的基本情况

首先要了解所聘企业的历史文化和组织结构。了解企业的历史文化,有助于了解企业的发展历程和企业的工作作风,以此判断企业的整体走向,当提问涉及企业的建设和发展问题时心里有数;了解企业的组织结构可从中分析企业的组织体系及其形态,也便于从面试人员所处的位置,来判断企业对此次面试的重视程度和该企业员工的水平(参加面试的企业人员多是企业骨干,在一定程度上代表了企业员工的最高水平)。其次要了解企业的核心或支柱产品以及企业在行业中的地位。"他说了我们公司的几个产品,一下子让我心里暖乎乎的!"这是一位人事经理面试时说的。面试中如果让面试官觉得"暖乎乎"而不是"冷冰冰",无疑应聘者的成功概率就很大了。所以,要抓住面试人员的所好,就应当从企业的核心产品和代表产品入手,找出共同语言,再结合本行业特点进行简要分析,就有可能在面试中多得分,也就会增加一份保障,但话不能太多,应言简意赅。

2.了解自己所聘岗位的基本要求

企业中招聘的每一个岗位都是经过再三推敲后才确定的,作为应聘者,面试前一定要弄清楚岗位描述,并对照岗位的具体要求找出自己的优势与不足,如果有可能,还可以有针对性地查阅和准备有关这一岗位的技术资料,做到心中有数。试想,有谁不喜欢头脑清醒有自知之明的员工?

3.对自己投过的简历再细读一遍

不少求职者为了提高自己简历的含金量,加了不少有分量的内容,而有些内容其实连他本人也不知道什么意思,以至于在问答时漏洞百出。如有一位应聘者在其简历中写了一句:"具有出色的组织能力。"面试时,人事经理请其举例说明这句话,这位应聘人员半天没想出一件事。又如一位应聘者在简历中写道:"本人对企业文化有深刻的理解",当面试的老总让他讲讲"什么是企业文化"时,这位应聘者却无言以对。所以,不要以为自己写的简历就没什么问题,相反,许多人之所以面试失败,主要是对自己简历中的内容不能自圆其说。如果以上这些准备工作做好了,在面试问题回答上就基本可以自如了。

<<<<<<<<

【小训练 6-4】

请与同学讨论一下,通过哪些渠道了解所聘企业及岗位的基本情况。

二、面试问答表现不佳的原因

有些应聘者能力水平以及各方面条件都不错,但是当进入问答阶段时却表现不佳,总结起来,其原因有以下四个方面。

1．精神过于紧张,影响水平发挥

应聘者在面试问答过程中出现精神紧张情绪是正常的,但过分紧张就不正常了。有的应聘者由于紧张,面试下来出一身汗,有些平时说话很正常的人,面试问答时竟出现口吃甚至语无伦次的现象,如果出现这种情况必然影响正常水平的发挥。那么,怎样降低和消除面试中的紧张情绪呢? 作为应聘者首先在思想上必须建立起平等意识,要对自己有信心,要不断告诫自己:第一,我有能力有水平,我是来工作的,是来为企业做贡献的,不是乞讨要饭的;第二,在行为举止上不要刻意去表现,最好把面试当成朋友间的一次聚会,把问答当成一次聊天,因为刻意做的动作往往走形,既不自然也不好看;第三,面试问答前可进行一两次深呼吸以减少压力,与面试负责人相见后首先进行礼节性问候,也是减压的方法之一。

2．所谈话题不实,以致回答失常

在面试过程中,很多应聘者因为太想得到这份工作,常在问答中出现对成绩夸大、对缺点隐瞒的现象,但这些小聪明在经验老到的面试负责人员面前非常容易"穿帮"。当然,因为所谈的内容不实也容易造成问答不流畅,因此,最好的方法是实话实说。

如在一次招聘中,经过多次筛选,某大学有两位同专业的同学入选并进入了某公司的最后面试阶段,巧合的是,这两位同学在简历现职一栏中填的都是"学生会副主席"。面试过程中,曾担任过学生会主席的公司负责人向第一位同学提问有关学生会副主席的工作职责及经他手组织的典型案例,没想到这位同学说:"我只担任过系里的组织委员,并未担任过学校学生会的副主席,简历上的这个虚名只是想为求职添点分。"负责人对他的说法虽无好感,但对他的诚实还是满意的,随后的问答也比较顺利。轮到第二位同学,这位负责人上来还是同样的问题,结果这位同学的回答让负责人很不满意,后面的谈话进行得也不顺利。其实,第二位同学也没有当过"学生会副主席",只是他不想纠正自己的错误,但紧急编造案例带来的压力显然影响了他后面的发挥。

面试中有些提问是很刁钻的,而对付这样的难题最好的办法就是实话实说。比如,当面试人员问到应聘者面试过几个公司,以及对这几个公司的印象时,都要照实去说。要知道,一个不喜欢听真话的企业绝不是一个好企业。

3．不会适时反问,未能加深印象

面试中,因为应聘人员所处地位较为被动,通常的面试问答是在一问一答中进行的,然而,对很多参加面试的企业负责人来说,他们更喜欢的是那些适时提问的应聘者。原因

>>>>>>>>>

在于，能适时提问，说明他有勇气和主动性，也说明他在思考问题，至于这些问题是关系到公司的还是个人的并不重要。这些适时反问的勇敢者们，往往让面试负责人眼前一亮。当然有些内容是应聘者必须要知道的，比如岗位的职责内容，工作的地点和时间，试用期及培训，工资待遇及保险等。适时提问也是个互动的好机会，能提出有见地的意见更好，没有就多提问些与自己有关的事情，不用太介意别人"太为自己考虑"的说辞。优秀的企业负责人都明白一个道理：对自己的事情都稀里糊涂的人，能指望他把企业的事情做好吗？但话又说回来，提问要注意"适时"两个字，不然可能适得其反。

4. 回答不够准确、温和，错失大好时机

在面试过程中，准确和温和的回答是应聘者的最好回答。所谓准确，就是要把自己的事情叙述完整，把思想表达准确，切不可所答非所问，也不宜绕圈子；所谓温和，就是不生硬，不要让别人听着不舒服。这样才有可能达到理想效果。现在职场的竞争很激烈，找一份工作不容易，找一份满意称心的工作更不容易。一些求职者过五关斩六将，好不容易挤到了面试关口，却因面试问答不佳与成功失之交臂，是十分令人惋惜的，对招聘企业而言也是很遗憾的事情！我们常说是金子总会闪光，可是当金子发光的一面沾满了泥土的时候，谁又能够发现的了呢？在找工作的时候，时不时把我们"发光"的一面擦拭一下，于自己于企业都没有坏处。

三、面试中常见问题的回答技巧

【小训练 6-5】

面试官问："关于工资，你的期望值是多少？"应试者反问："你们打算出多少？"如果是你，会这样反问面试官吗？为什么？

一般来说，在面试中招聘方提出的问题可分为两类：一类是规定性提问，也就是招聘方事先准备好的，对每一位招聘者都会发问的问题；另一类是自由性提问，亦即招聘方随意穿插的问题，这些问题往往是千变万化，涵盖宽泛，招聘方可以从应聘者不经意的对答中发现其闪光点或缺点。王晶在其主编的《口才训练实用教程》(清华大学出版社，2014年)中归纳了各类常见面试问题的回答技巧。

1. 动机类问题的回答技巧

(1) 出题原因。这通常是面试官最先问到的问题。求职动机类问题能够考察面试者的求职动机与拟任职位的匹配性，内容会涉及面试者的价值取向和生活态度等多个方面，意在从面试者的回答来评估新工作是否合适。

(2) 常见问法。"你为什么选择我们公司？"或"你为何想离开原工作单位，到我们公司来呢？"

(3) 答题思路。建议从行业、企业和岗位三个角度来回答。对于社会新人，由于之前没有工作经验，所以建议可以坦诚地说出自己的动机，不过还是要思考一下用语。求职者必须充分地了解这个部门、这家企业是干什么的，提供的职位应达到的工作目标是什么，

这样才能有针对性地回答求职动机和志愿,即把个人的人生追求与用人单位及职位联系起来。多谈积极性的求职动机,比如"我喜欢有挑战性的工作""可以更好地锻炼自己,实现人生进取的目标""我本人不喜欢轻闲的工作,越是带创意的事业我越爱干""我十分看好贵公司所在的行业,我认为贵公司十分重视人才,而且这项工作很适合我,相信自己一定能做好"之类。少谈、不谈消极性的求职动机,比如"我来求职是因为在家里待着没意思""失业了,没个事干,让人家瞧不起"等。

2．个人爱好、特长类问题的回答技巧

（1）出题原因。业余爱好和特长在一定程度上能反映面试者的性格、观念、心态,这是招聘单位喜欢问该问题的主要原因。

（2）常见问法。"你有什么业余爱好？"或"你有什么特长吗？"

（3）答题思路。不要说自己没有业余爱好或特长,不要说自己有庸俗的、令人感觉不好的爱好和特长,也不要说自己仅限于读书、听音乐、上网等爱好,否则可能令面试官怀疑面试者性格孤僻；最好能有一些户外的业余爱好,如爬山、游泳等来"点缀"你的形象。要尽量突出自己的长处,但也要注意适可而止,不要给对方以浮夸、吹嘘的印象。答问的重心仍要放在对申报的新职位有利的特点、长处上,否则考官不会对你感兴趣,最好以事实为证。

3．实践经验性问题的回答技巧

（1）出题原因。如果招聘单位对应届毕业生提出这个问题,说明招聘单位并不真正在乎"经验",关键看面试者怎样回答。

（2）常见问法。"你是应届毕业生,缺乏经验,如何能胜任这项工作？"或"请谈谈你的工作经验。"

（3）答题思路。对这类问题的回答要体现出面试者的诚恳、机智、果敢。要注意关于工作经验的问题是不能编造的,必须如实汇报,否则会给对方以不诚实的印象。语气既要肯定又要谦虚,应尽量渲染以前的经验如何对这份工作有利。如："作为应届毕业生,在工作经验方面的确会有所欠缺,因此在学校期间我一直利用各种机会在这个行业里做兼职。我也发现,实际工作远比书本知识丰富、复杂。但我有较强的责任心、适应能力和学习能力,而且比较勤奋,所以在兼职中均能圆满完成各项工作,从中获取的经验也令我受益匪浅。请贵公司放心,学校所学及兼职的工作经验使我一定能胜任这个职位。"

4．知识性问题的回答技巧

（1）出题原因。知识性问题能考察面试者对所要从事的工作必须具备的一般性知识和专业性知识的了解和掌握程度。

（2）常见问法。知识性问题包括常识性的知识和专业性的知识。常识性的知识是指从事该工作的人都应具有的一些常识。例如,文秘人员应了解一些必要的秘书实务,人事工作者应了解必要的劳动人事制度和法规。专业知识指专业领域的相关知识,例如,对网络维护人员的面试来说,就可能会提出下列专业问题：什么是计算机病毒？如何更好地

>>>>>>>>>

预防计算机病毒入侵?

（3）答题思路。对于此类问题的回答并没有什么窍门,只有靠面试者自己平时的积累和扎实的基础。

5. 智力性问题的回答技巧

（1）出题原因。智力性问题能够考察面试者的反应能力、逻辑分析能力和判断能力等。

（2）常见问法。选择一些智力题,考察面试者的综合分析能力。在微软的面试中,有这样一道面试题:假如你在飞机上遇到一位高尔夫球的生产商,向你询问中国每年消耗的高尔夫球的数量,你要怎样回答?

（3）答题思路。这类问题一般不是要面试者发表专业性的观点,也不是对观点本身正确与否做评价,而主要是看面试者是否能够言之有理。怎样回答,对于在现实生活中见都没见过高尔夫球的人来说无疑是一头雾水。其实对于这种不可能回答的问题,只要找到它的解决办法就可以了。因为连面试官自己也不知道问题的答案。面试者可以这样回答:"首先,统计中国高尔夫球场的数量。其次,统计平均每天有多少位客人。再次,统计每位客人平均每天消耗的高尔夫球的数量。最后,我们把3个数相乘,再乘以一年的营业天数,就可以知道中国每年消耗的高尔夫球的数量。"

6. 情境性问题的回答技巧

（1）出题原因。此类试题能够考察应试者的应变、计划、协调能力和情绪稳定性,是目前面试中广泛使用的一种提问方式。

（2）常见问题。设计一种假设性的情境,考察面试者将会怎么做。此类试题的基本假设是,一个人说他会做什么,与他在类似的情境中会做什么是有联系的。如:"当你的客户很明显在刁难你的时候,你如何应付?"

（3）答题思路。对于此类试题,面试者首先要理解自己的角色,把自己放到情境中去,然后提出比较全面的行为对策。如:"首先要以公司的利益为重,尽可能让客户明白,公司的宗旨是全心全意地服务于客户。很多时候我相信客户对于我的刁难也是出于对我公司办事能力的一种考验,我一定会竭尽全力使客户相信公司。""相信我,不过,如果客户提出一些很过分甚至违背人性的要求,我不会妥协,我相信公司也一定不会让员工在外受到人格上的侮辱。"

7. 压力性问题的回答技巧

（1）出题原因。这种问题通常是故意给面试者施加一定压力,看看其在压力下的反应,以此考查面试者的应变能力和忍耐性。

（2）常见问题。有时候考官可能提出真真假假的"题外题"。如某电视台招聘记者,小郑前去应聘。面试中,考官指出:"你说你爱好写作,可是我看了你填的报考表,在自我评价栏中居然出现了三处语法错误,现在既没有多余的表格,也不准涂改,你该怎么办?"

（3）答题思路。对于此类问题,面试者不要简单地就题答题,要多一个心眼,想得全面一些,让答案更完整圆满,首尾相顾,不致顾此失彼,留下缝隙,授人以柄。比如对于上面提出的问题,小郑听罢吃了一惊,心想填表时自己是字斟句酌的,怎么会有三处错误呢? 但时间不允许他多想,他当机立断,回答说:"为了弥补失误,我可以在表后附一张更正说明,上面写上'某某地方出现了三处语法错误实属填表人粗心,在此更正,并向各位致歉'。不过⋯⋯"他停顿了一下说:"在发这份更正说明之前,我想知道是哪些错误,因为不能无的放矢,错误地发出一份更正说明,我不愿再犯这种错误。"他的机智应对令考官们笑了,其实他的报表并没有错误,这不过是考官设的一个圈套,用来考查他的自信心和反应能力。从表达角度看,他的得分主要在于后半部分的补充说明。这一段内容的表达十分完满,滴水不漏,印证了他机敏全面、认真仔细、一丝不苟的品格,赢得了好评。

8．薪酬类问题的回答技巧

(1) 出题原因。薪酬问题是敏感问题。面试官在初步接触某位面试者时才会提出薪资问题,同时提问的另一个目的,是观察应试者对工资的态度。如果对工资持无所谓的态度,那就试着给你一份低工资,看你能否接受。有的小公司往往在薪酬问题上讨价还价,能少给就不多给,目的是减少行政开支和降低经营成本。

(2) 常见问题。"你希望挣多少钱?"或"如果你被聘用,你有哪些要求?例如工资、待遇。"

(3) 答题思路。至关紧要的是事先了解这份工作大约应该得到多少薪酬,这个行业的一般薪酬是多少,心里有一个"参照点"。建议应试者利用网络查询薪资定位的相关资料,配合个人的价值观、经验、能力等条件,得出最基本的薪资底线。建议无工作经验者采取保守的态度,以客观资料为主要考虑重点,如果说得低了,会失去一个本来可以得到较高薪酬的机会,还会让用人单位以为你没有什么真本事;如果说得过高,人家会认为你这个人是"狮子大张口","价码"太高,我们"买不起",或者认为你不是来工作的,只为挣大钱,进而把你淘汰掉。如果真的不知道要多少薪酬,也不能说"您看着给就是了",这不是要求对方给赏钱。应试者可以技巧性地回答:"我要回去打听一下,薪酬问题好商量",或者"我不好一下子说定,贵公司真有意聘用我,我再跟各位讲"。在回答薪酬问题时,别忘了问对方的奖金是多少,有没有住房津贴,有没有医疗保险、交通补贴,一年有多少特别假期,有没有年终分红等。这就是一个人的"整体价""总收入"。因为有的单位的确是工资不高但福利特别好,所以要看"整体价"。

【小贴士 6-3】

求职面试中的语言禁忌

(1) 忌问"你们要不要外地人?""你们要不要女性?""你们要招聘多少人?""你们对学历的要求有没有余地?"等。

(2) 忌说"我与 ×× 相熟""我与你们单位的 ×× 认识""我和 ×× 是同学,关系很不错"等。

(3) 忌急问"你们的待遇怎么样?"等。

>>>>>>>>>

（4）忌直说"我不同意""我不赞成"。

（5）忌直说"我适合……不适合……"，如"我适合做管理人员，而不适合去一线工作"。

（6）忌怕说"我不懂""我不知道"。诚恳坦率地承认自己的不足之处，反倒会赢得面试官的信任和好感。

（7）忌不敢说"您问的是不是这样一个问题"。将问题复述一遍，确认其内容，才会有的放矢，不致南辕北辙、答非所问。

（8）忌说"我从没失败过""我可以胜任一切"。这种说法是自诩，令人生厌。

【小训练 6-6】

《当幸福来敲门》是由加布里尔·穆奇诺执导、威尔·史密斯等主演的美国电影。影片取材于真实故事，主角是美国黑人投资专家克里斯·加德纳。克里斯创造了直接面对考官的机会，经过重重考验、种种艰辛，赢得了面试机会。在面试对话中，处处体现了克里斯对一切事物透过表面的一种深刻思考，并完全驾驭了事物的本质，他最终获得了实习的机会，为他成为投资家迈出了坚实的一步。

请课后观看该影片，并从中学习面试的技巧。

课 后 练 习

1．设想你对做一位宾馆公关部经理向往已久，现在有了这样的一个机会，但你的竞争对手如林，在面试时你该如何推销自己？

2．以下是一则面试对话，请分析应聘者面试失败的原因。

面试官："从你的简历得知，你的英语已达到国家六级水平，真是不简单呀！"

面试者："你过奖了。其实我周围很多同学都达到了这个水平，我也是一般而已。况且，我还有很多不足，比如，我的计算机水平老是跟不上，很多同学都过了二级，我还是停留在初级水平上；还有一些专业课也掌握得很不好，这让我头痛得很。有时，我觉得自己很没用。"

面试官："原来你对自己很没信心。"

3．根据面试者的提问，分析哪一种应答更能获得赞许。

（1）你没有工作经验，你认为自己符合我们的要求吗？

应聘者 1："可是你们就是来招聘应届大学生的啊。"

应聘者 2："听说有一只幼虎因为没有狩猎经验而被拒绝在狩猎圈之外，您认为它还有成长的可能吗？"

（2）为什么你读哲学，却来申请做审计工作？

应聘者 1："你们已经说明'不限专业'，所以我想来试试。"

应聘者 2："据说外行的灵感往往超过内行，因为他们没有思维定势，头脑中也没有条条框框的限制。"

应聘者 3："我之所以跨专业谋职，是为了给自己提供这样一种动力，终生学习才不会被社会淘汰。"

（3）假如今天有人说"你穿的西装好像质地不怎么样"，你会怎么回答。

应聘者1："穿着并不影响我的表现，何况我还没工作，买不起更好的。"

应聘者2："昨天我怀揣买西装的钱路过书店，发现两套对我来说至关重要的书，可能会为今天的面试提供帮助，我于是花掉了凑来买西装的钱。"

（4）你不认为你做这项工作太年轻了吗？

应聘者1："我虽然年轻，但我有干劲，敢于接受挑战，相信我一定能做得很好。"

应聘者2："事实上下个月我就满23周岁了，尽管我没有相关的工作经历，但我有两年领导学校学生会工作的经验。您可以想象，负责管理全校3000多名学生并非易事，没有一定的管理才能和领导艺术是无法胜任的。所以，我认为年龄固然能说明一定的问题，但个人素质和能力更为重要，因为这是一个部门经理所不可缺少的。"

4．针对以下情境回答问题。

（1）SUNNY下午5点多在报摊上买了份招聘类报纸，查阅到了一个心仪职位。为在第一时间与招聘方联系，就立刻拨通了对方电话："喂，请问是××公司吗？我看了报纸，想来应聘……"还没等她说完，对方就表示人力资源部负责人正在开会，且下班时间快到了，没空细聊，但还是记下了她的手机号码，表示第二天会联系她。

问题：从上述案例可以看出，SUNNY没有在合适的时间找到合适的人，主动致电变为了被动等候，是一次很失败的电话应聘。请你帮SUNNY分析一下正确的电话应聘应注意哪些礼仪要点。

（2）廖远正在逛街，突然接到某公司的电话面试，此时周围有商场背景音乐和人群的嘈杂声对面试非常不利，于是廖远非常礼貌地告诉对方："不好意思，我正在外面，环境比较吵闹，是否能过10分钟给您打回去？"对方应允，并留下电话。

问题：很多企业在收到简历后，为节约时间，会首先通过电话面试做初步筛选。电话面试会准备几个目的性问题，用以核实求职者的背景，考察求职者的语言表达能力等。请你分析对于上述的电话面试环节，为获得成功，廖远应预先做好哪些准备工作。

（3）李明自认第一轮面试回答顺利，应该能收到复试通知。然而3天后仍未接到电话。焦急的他按捺不住致电对方："喂，您好，我是李明，我想请问一下你们第二轮复试是否已经开始？""对不起，我们的复试已经开始，若你没有接到通知，说明没有进入第二轮面试。"公司方简单地回绝了李明。

问题：若没有接到再次参加面试的通知，表示此次应聘失败，即使打电话询问也无可挽回。但是，李明自认第一次面试给对方留下了非常深刻的印象，且双方交流愉快，想了解应聘失败的真正理由，你能帮助李明想一想应该怎么办吗？

5．案例分析。

巧 答 难 题

临近毕业，一家地市级日报招聘采编人员。在入围面试的10个人中，无论是从学历还是从所学专业来看，我都处于下风，唯一的一点优势就是我有从业经验——在学校主办过校报。

>>>>>>>>>>

接到面试通知后，我把收集到的该日报社的厚厚一摞报纸重新翻了一遍，琢磨它办报的风格、特色、定位及其主要的专栏等，做到心中有数。我记下了一串常在报纸上出现的编辑、记者的名字。

参加面试时，评委竟然有8个。第一个问题是常规性的自我介绍。第二个问题是"你经常看我们的报纸吗？你对我们的报纸有多少了解"。我于是把自己对这个报社的认识，包括其办报的风格、特色、定位等全部都说了出来。最后我说："我还了解咱们报社许多编辑、记者的行文风格。例如王新老师写得简洁明了，李然老师文风清新自然。虽然我与他们并不相识，但文如其人，我经常读他们的文章，也算是与他们相识了。"我当时注意到，许多评委露出了会心的微笑。后来我才了解到，我提到的许多老师就是当时现场的评委。

第三个问题是"谈谈你应聘的优势与不足"。我说："我的优势是有两年办校报经验，并且深爱着报业这一行。我的缺点是拿起一张报纸，总是情不自禁地给人家挑错，甚至有时上厕所也忍不住捡起地上的烂报纸看。"听到这里，评委们不约而同地笑了。

面试结束的时候，我把自己主办的校报挑出了几份分给各位评委，请他们翻一翻并提出宝贵意见，然后说："权当给我们学校做个广告。"评委们又笑了。

最终，我幸运地被录用了。

（资料来源：佚名．设计脱颖而出 [EB/OL].[2011-05-28]. http://www.xiaogushi.com/diy/jishigushi/87060.html.）

思考题：
（1）实例中的"我"回答面试问题的语言艺术如何？请予以分析。
（2）本实例还对你有何启发？

老总的故事

一家公司的老总要招聘一名助手，这一天老总亲自来面试。但奇怪的是，老总并不是对应聘者逐个地进行面试，而是把所有人都集中到大会议室，讲起了故事："唐朝有个大将军，名叫张飞。有一天，张飞带领军队追击敌人。那天是一年中最热的一天，士兵们带的水早就喝干了，沿途中没有可饮用的水，士兵们又累又渴，连前进的力气都没有了。张飞焦急万分，后来灵机一动，指着前面对士兵们说，转过这个山口前面就是一片梅林，梅子已经成熟了，大家加把劲，很快就能吃到可口的梅子了。士兵们在条件反射的作用下，顿时口舌生津，又有力气前进了。"

讲完之后，老总望着大家仿佛有所期待，应聘者则莫名其妙。终于有个人鼓足勇气站起来说："老总，您今天的故事讲得很好，但我们是来参加面试的，不是来听讲故事的。请问老总，面试什么时候开始？"老总没有回答。

过了几分钟，他不易察觉地笑了一下，转身要离开。这时一个人站起来："老总，请等一等！我想指出您的错误。您刚才所讲的故事中至少犯了两个错误。第一，那个将军不是张飞，是曹操；第二，故事发生的时代也不是唐朝，而是三国。尽管我不明白您讲这个故事跟今天的面试有何关系，但我还是想指出来，希望您别介意。"老总听完，脸上露出了微笑。

在这个故事中,老总就是通过讲一个家喻户晓的故事,并故意犯了两个错误,把他的真实意图隐藏起来:他想寻求一个善于发现他的错误并有勇气大胆指出来的助手。

（资料来源：佚名.挑老总的错找老总的茬 为什么录用的却是我？[EB/OL].[2003-01-22].http://edu.sina.com.cn/l/2003-01-22/37094.html.）

思考题：

（1）请结合本实例谈谈面试中如何准确判断对方的意图。

（2）本实例对你有何启示？

参 考 文 献

[1] 毕雨亭. 演讲与口才 [M]. 北京：清华大学出版社，2019.

[2] 云长万丈. 成功演讲,巧妙控场 [J]. 演讲与口才，2019（18）.

[3] 秋声. 形象化的语言听众才爱听 [J]. 演讲与口才，2019（18）.

[4] 王琳. 演讲与口才教程 [M]. 3 版. 大连：东北财经大学出版社，2018.

[5] 刘金来. TED 演讲的技巧：18 分钟高校标的的秘诀 [M]. 北京：中国纺织出版社，2018.

[6] 石世强. 如何结尾能让演讲更圆满 [J]. 演讲与口才，2018（1）.

[7] 蒋红梅,张晶,罗纯. 演讲与口才实训教程 [M]. 3 版. 北京：清华大学出版社，2016.

[8] 刘淑娥. 演讲与口才 [M]. 北京：首都经济贸易大学出版社，2016.

[9] 汪念明. 实用口才教程 [M]. 2 版. 北京：电子工业出版社，2016.

[10] 龙小语. 从零开始学演讲 [M]. 上海：立信会计出版社，2015.

[11] 史钟锋,张传洲. 演讲与口才实训 [M]. 南京：东南大学出版社，2015.

[12] 陶莉. 职场口才技能实训 [M]. 北京：中国人民大学出版社，2015.

[13] 王子蕲. 公共关系口才 [M]. 上海：华东师范大学出版社，2015.

[14] 张波. 口才与交际 [M]. 2 版. 北京：机械工业出版社，2015.

[15] 张波. 口才训练教程 [M]. 3 版. 北京：机械工业出版社，2015.

[16] 周璇璇. 人际沟通 [M]. 厦门：厦门大学出版社，2015.

[17] 程霞. 成大事必备的演讲之道 [M]. 北京：中国宇航出版社，2014.

[18] 李元授. 演讲与口才 [M]. 3 版. 武汉：华中科技大学出版社，2014.

[19] 李元授. 人际沟通训练 [M]. 武汉：华中科技大学出版社，2014.

[20] 徐静,陶莉. 有效沟通技能实训 [M]. 北京：中国人民大学出版社，2014.

[21] 袁红兰. 演讲与口才 [M]. 北京：航空工业出版社，2014.

[22] 王晶. 口才训练实用教程 [M]. 北京：清华大学出版社，2014.

[23] 王宏. 每天一堂销售口才课 [M]. 北京：机械工业出版社，2014.

[24] 刘康生,等. 人际交流艺术 [M]. 2 版. 北京：北京交通大学出版社，2014.

[25] 金常德. 大学生社交口才实践教程 [M]. 北京：北京大学出版社，2013.

[26] 卢海燕. 演讲与口才实训 [M]. 大连：大连理工大学出版社，2013.

[27] 宇琦. 最讨人喜欢的说话方式：会说话一句顶一万句 [M]. 北京：北京联合出版公司，2013.

[28] 杨利平,艾艳红. 实用口才训练教程 [M]. 长沙：湖南人民出版社，2013.

[29] 秦凤岗. 成功的演讲都有一个好的开场白 [J]. 秘书，2013（5）.

[30] 张珺. 实用口才 [M]. 南京：南京大学出版社，2013.

[31] 周刚,袁媛. 实用型演讲开场白解析 [J]. 长春理工大学学报，2013（3）.

[32] 韩虎山. 演讲词结尾的写作艺术 [J]. 写作，2012（3）.

[33] 谭一平. 职场生存——除了沟通还是沟通 [J]. 秘书，2012（4）.

[34] 姚小玲,张凤,陈萌. 演讲与口才 [M]. 北京：电子工业出版社，2012.

[35] 傅春丹．演讲与口才案例教程 [M]．北京：中国水利电力出版社，2011．

[36] 彭义文．口才训练教程 [M]．北京：北京师范大学出版社，2011．

[37] 谢红霞．沟通技巧 [M]．北京：中国人民大学出版社，2011．

[38] 屈海英．新编演讲与口才 [M]．杭州：浙江大学出版社，2011．

[39] 王彤彤，王平．商务口才实用教程 [M]．北京：中国人民大学出版社，2011．

[40] 朱彩虹．大学生实用口才训练教程 [M]．北京：清华大学出版社，2010．

[41] 赵京立．演讲与口才实训 [M]．北京：高等教育出版社，2010．

[42] 谭满益．沟通与演讲 [M]．上海：上海大学出版社，2010．

[43] 陈丛耘．口语交际与人际沟通 [M]．重庆：重庆出版社，2010．

[44] 李阳海．为演讲设计好"开场白" [J]．应用写作，2008（3）．

[45] 牛义顺．问答——面试中的重点 [J]．中国就业，2007（6）．

[46] 彭红．交际口才与礼仪 [M]．上海：华东师范大学出版社，2007．

[47] 张文光，梁志红．实用语文听说教程 [M]．上海：复旦大学出版社，2007．

[48] 黄雄杰．口才训练教程 [M]．广州：广东高等教育出版社，2006．

[49] 周彬琳．实用口才艺术 [M]．2 版．大连：东北财经大学出版社，2006．

[50] 孙海燕，等．口才训练十五讲 [M]．北京：北京大学出版社，2004．